알기 쉬운 음악치료 연구법

알기
쉬운

음악치료 연구법

김경숙, 김지연, 최병철, 황은영 지음

Σ시그마프레스

알기 쉬운 음악치료 연구법

발행일 | 2015년 9월 25일 1쇄 발행

지은이 | 심경숙, 김지연, 최병철, 황은영
발행인 | 강학경
발행처 | (주)시그마프레스
디자인 | 이상화
편집 | 김성남

등록번호 | 제10-2642호
주소 | 서울시 영등포구 양평로 22길 21
선유도코오롱디지털타워 A401~403호
전자우편 | sigma@spress.co.kr
홈페이지 | http://www.sigmapress.co.kr
전화 | (02)323-4845, (02)2062-5184~8
팩스 | (02)323-4197

ISBN | 978-89-6866-538-7

이 도서의 국립중앙도서관 출판예정도서목록(CIP)은 서지정보
유통지원시스템 홈페이지(http://seoji.nl.go.kr)와 국가자료공
동목록시스템(http://www.nl.go.kr/kolisnet)에서 이용하실 수
있습니다.(CIP제어번호: CIP2015024659)

일 찍이 미국음악치료의 아버지로 불리는 E. T. 개스턴 박사는 "음악치료가 발전해 가기 위해 연구는 필수적이다. 임상과 연구가 뒷받침하지 않는 이론은 공허하며 이론과 연구가 없는 임상은 눈먼 것이라 하겠다. 또한 이론과 임상이 없는 연구는 아무짝에도 쓸모가 없다고 할 수 있으니 연구에 대한 이해를 갖지 못하는 것은 음악치료를 지탱하는 이 삼각대의 다리 중 한 개가 제거된 것과도 같다"라 하였다.[1]

오늘날까지도 이것은 사실이다. 음악치료의 발전에 있어 임상, 이론, 그리고 연구의 역할은 동등한 가치와 중요성을 가지며 음악치료라는 학문을 견인해 왔다. 다행스러운 것은 국내 음악치료 교육이 처음부터 석사학위과정에서 개설된 것이다. 그 결과 비록 짧은 세월임에도 많은 학술논문이 출판되었고 임상의 음악치료사들도 연구적 마인드로 지식과 경험을 넓혀 올 수 있었던 것이다. 이는 한국음악치료의 발전을 위해 다행한 일이 아닐 수 없다.

음악치료가 속한 사회과학분야에 이미 많은 연구법 관련 서적들이 출판되어 있음에도 불구하고 금번에 이 책을 소개하게 된 데에는 나름 이유가 있다. 같은 통계와 같은 방법론을 가지면서도 음악치료는 다른 연구와는 조금 다르다. 그것은 '음악' 혹은 '음악적 관계'라는 교류적 상황이라는 특색이 있기 때문이다. 음악과 치료의 결합은 때론 역동적인 새로운 경험의 결합을 창출하기도 한다. 그래서 음악치료에서 고유한 요소의 특정한 결합을 조사할 수 있는 적합한 방법이 필요하고 이에 익숙해져야 한다. 이것이 이 책이 국내 음악치료사에 의해 출간된 첫 음악치료 연구방법 교재로서 갖는 의미이다.

---

1) Gaston, E. T. (1968). *Music in therapy*. New York, NY: The MacMillan Company.

이 책은 기본적으로 음악치료 논문 작성을 위한 교재이다. 그렇지만 이에 제한되지는 않는다. 임상의 음악치료사들도 임상보고서를 쓰거나 과제수행 보고서를 작성하는 데 유용한 도움을 받을 수 있을 것이다. 이 책이 연구의 기초에서부터 프로그램을 통한 분석 및 해석의 방법, 그리고 연구보고서를 작성하는 방법까지를 제시하고 있기 때문이다.

이 책의 제1장에서는 연구의 기본 개념을 설명하면서 연구의 중요성과 의의에 대해 설명하고 있다. 제2장에서는 연구를 수행하기 위해 알아야 할 기본적인 통계 개념을 용어를 서로 비교하면서 설명함으로 이해를 돕고자 하였다. 제3장에서는 실제 임상에서 사용되고 있는 연구를 양적 연구와 질적 연구로 분류하여 설명하고 있다. 특별히 임상가들에게 많이 사용되는 단일대상연구와 질적 연구에 대해서도 간단히 소개함으로써 연구의 전반적인 영역에 대해 폭넓게 설명하고자 하였다.

제4장에서는 사회과학분야에서 가장 많이 사용되고 있는 통계분석 프로그램 SPSS의 최근 버전을 사용하여 분석방법을 소개하고 있다. 구체적으로 실제 예제를 사용하여 자료입력부터 해석의 과정까지 단계적으로 설명하여 이해를 돕고자 하였다. 또한 분석에 대한 간단한 통계적인 근거를 제시함으로써 분석에 대한 원리를 알 수 있도록 하였다. 분석방법에 있어서도 연구 문제에 따라 하나하나 직접 수행하면서 접근할 수 있도록 하여 누구나 쉽게 자료를 입력하고 분석 및 해석할 수 있도록 하였다.

특별히 제4장에서는 여러 가지 어려운 분석을 소개하기보다는 임상에서 많이 사용되는 분석을 위주로 설명하였으며 최근에 많이 적용되는 메타분석과 구조방정식 분석에 대해서도 간단히 소개하여 다양한 연구의 분야를 소개하고자 하였다. 마지막 제5장에서는 실제 연구보고서를 작성하는 단계별로 고려할 사항이나 주의사항을 설명함으로써 연구보고서를 작성하는 데 도움을 주고자 하였다. 모쪼록 음악치료사를 포함한 다양한 임상의 전문가들이 연구의 중요성을 인식하고 임상에 적용할 수 있는 연구적 마인드를 기르는 데 이 책이 유용하게 쓰일 수 있기를 기대하는 마음이다.

저자 김경숙, 김지연, 최병철, 황은영

제3장

연구의 분류

제4장

통계분석 방법

제5장 연구보고서 작성법

부록 참고문헌 쓰기 283

연구의 개요

우 리는 흔히 "저 사람(혹은 사물, 현상, 상태 등)은 연구 대상이야."라는 말을 자주 쓴다. 주로 그 대상에 대해 더 알고 싶거나, 일반적 수준에서 이해하기 어려운 경우, 또는 보편적으로 보이거나 알려진 것과는 다른 양상을 보일 때 그런 표현을 하게 된다. 이때 사용되는 '연구'라는 단어는 인간의 보편적 특성 중 하나인 '호기심'과 더 가깝다고 볼 수 있다.

　인간은 많은 사람들과 함께 많은 환경 요인들 속에서 관계를 맺으며 살아간다. 그 과정 속에서 인간은 어려서부터 학습이나 교육, 훈련을 통해 지식과 기술을 큰 의심이나 저항 없이 습득하고 고착시켜 사회의 구성원으로서 자연스럽게 살아갈 수 있도록 만들어진다. 그럼에도 불구하고 사람들은 뭔가 새롭고 신기한 것에 대해 궁금해하는 특성을 갖고 있는데 특히 많은 양의 정보가 아직 저장되지 못한 어린 아기들의 경우 어른들보다 더 적극적이고 능동적으로 새로운 물건에 대해 무조건 입으로 가져가서 그 정체를 확인하려는 모습을 종종 볼 수 있다. 이러한 '호기심(curiosity)'은 인간이 최적의 상태로 기능하기 위한 필수 요소이며, 자신이 알고 있는 것과 더 알고 싶은 것 간의 정보 차이를 없애기 위해 일련의 탐구 과정이 시작되도록 하는 촉발제가 되며 동기제가 된다(Litman & Spielberger, 2003; Reio, Petrosko, Wiswell, & Thongsukmag, 2006). 그렇지만 우리는 일반적으로 사람이 갖고 있는 호기심과 그것에 기인한 모든 탐구 행동을 '연구'라고 부르지는 않는다. 연구는 단순한 호기심에 기인한 탐구 과정을 넘어 보다 체계적이고 객관적이며 과학

3

적인 단계와 절차를 필요로 한다.

1. 연구의 의미

1) 연구의 정의

'연구'를 의미하는 영어 단어인 '리서치(research)'는 '재(再)', '다시'라는 뜻의 접두어 're'와 '조사, 탐색' 등의 의미를 갖는 'search'가 연결되어 사용된다. 즉 이미 조사되고 탐색된 것을 다시 탐색한다는 의미가 되는데, 앞에서 언급했던 "연구 대상이야."라는 문장이 내포하고 있는 '알고 있지만 더 깊이 있게 탐색할 필요가 있다'거나 '알고 있는 것과 다르기 때문에 다시 조사해야 할 필요가 있다'라는 속뜻과 일맥상통한다. 또 '연구'는 한자로 '硏(갈 연)'과 '究(궁구할 구)'라는 두 자를 사용하는데 '硏'의 문자를 풀이해 보면 돌을 갈아서 평평하게 만들 정도로 연마해야 한다는 뜻이며 '究' 또한 끝까지 이르도록 속속들이 깊게 힘껏 연구한다는 의미를 갖고 있다.

즉 '연구'란 어떤 사람이나 사물, 상태, 현상 등에 대해 꾸준히 깊이 있게 탐색하는 과정을 의미하는데, 이 과정은 원하는 지식이나 답을 얻을 수 있도록 잘 계획되었는지 또 진행 방법과 절차가 적절한지, 그리고 얻어진 결과가 어떤 의미를 갖게 되는지에 대한 명확한 규명을 필요로 한다. 이는 목표로 정한 답을 얻을 수 있는 방법인지를 확인하는 연구의 타당도와 관련이 있으며, 그 과정이 우연히 일어나지 않고 체계성을 갖추고 있는지, 그래서 다시 반복되어 진행되어도 같은 결과를 얻을 수 있는지에 대한 신뢰도와 밀접한 관계를 맺고 있기 때문이다.

Phelps, Ferrara, 그리고 Goolsby(1993)는 연구란 수집된 데이터를 공식적으로 밝히는 잘 조직화된 과정이며 그것을 통해 새로운 지식을 찾아내고, 이미 알려진 사실을 입증하거나, 기존의 잘못된 주장들을 반박할 수 있게 한다고 하였다. Leedy와 Ormrod(2013) 또한 연구란 우리가 관심을 갖고 있고 흥미가 있는 현상에 대한 이해를 증대시키기 위해 관련 정보(데이터)를 수집하고 분석하는 체계적 과정이라고 설명한다.

최근에는 세간의 관심을 끌기 위해 위에서 언급한 연구의 적절한 방법이나 과정 등에 대해 정확하게 검증하지 않은 채로 대중에게 결과를 섣불리 밝히거나 과장하여 발표함으로써 인기를 얻으려 했던 사건들이 가끔 등장하기도 했다. 특히 사람의 생명이나 건강과 직결된 연구를 잘못 적용하면 그 결과를 신뢰하는 불특정 다수에게 심각한 해를 끼칠 수 있게 되므로 윤리적으로도 큰 문제가 야기될 수 있다. 이는 연구 결과가 목적이 아니라 인기의 수단으로 전락해 버린 경우가 되므로 연구자는 연구의 시작부터 끝까지 타당성과 신뢰성을 항상 경계하고 유의해야 한다.

2) 연구의 요소

여러 연구가들이 규명한 연구의 정의에 대한 주장들을 보면 공통적으로 언급되는 핵심 요소들을 발견할 수 있다. 첫 번째 요소는, 관심 대상에 대한 자료의 수집이다. 흔히 연구에서 수집되는 자료는 '데이터(data)'라 불리는데, 이는 정보 또는 지식과 비슷한 의미로 통용되기도 한다. 그러나 더 정확하게 구분한다면, 데이터는 실제로 얻어지는 사실에 대한 값을 의미하며 정보는 이러한 데이터들로부터 제공되는 보다 포괄적인 내용을 의미한다. 그리고 지식은 데이터나 정보보다 더 포괄적이고 추상적인 개념으로서 많은 데이터와 정보를 통해 획득되는 사실에 대한 이해와 인식을 의미한다. 따라서 데이터가 가장 덜 추상적인 개념이며 연구 결과로 도출될 실제 사실과 가장 근접해 있는 자료이기 때문에 정확한 데이터를 수집하는 것이 연구의 정확성을 높이는 데 중요한 요소가 된다. 연구의 데이터는 수치로 환산될 수 있는 양적(quantitative) 데이터와 언어적 기술로 대표되는 질적(qualitative) 데이터가 있으며 연구자는 연구의 목적 달성을 위해 어떤 특성의 데이터가 자신의 연구와 진행, 나아가 의미를 도출하는 데 더 적절할지를 잘 판단하여 데이터를 수집하는 것이 중요하다.

둘째, 연구는 '체계적으로 잘 조직된 과정'이라는 점이다. 영어로는 well-organized 혹은 systematic process라고 설명되는데, 추측이나 상상, 우연에 의한 발견이 아니라 연구자에 의해 의도적으로 계획되어 목표된 방향을 향해 한 단계씩 진행되는 일련의 과정이라는 것이 강조된다. 실제로 연구는 데이터를 많이 찾고 모으는 것만을 의미하지 않는다. 어떤 데이터가 필요하고 어떻게 찾을 것인지, 찾은 데이터를 어떻게 수집하고 정리할 것인지, 수집된 데이터를 어떻게 분석하고 어떻게 해석할 것인지에 대한 체계적인 계획이 필요하다. 이는 단기간이나 한 번에 완성될 수 있는, 또는 우연히 다른 사람의 노력으로 얻어질 수 있는 결과가 아니라 연구자 자신이 그 과정에 충분히 시간과 노력과 열정을 투자해야 얻어질 수 있는 과정을 의미한다. 신뢰할 수 있는 좋은 연구를 위해 정확한 데이터를 수집하는 것이 중요하지만, 우리 속담의 "구슬이 서 말이어도 꿰어야 보배다"라는 말처럼 연구가 처음부터 끝까지 얼마나 객관적이고 체계적으로 절차 있게 진행되었는가에 따라 연구의 결과 또한 크게 영향을 받게 되는 것이 사실이다.

세 번째 요소는 연구를 통해 무엇을 얻을 수 있는가에 관한 것이다. 이것은 연구의 결과뿐만 아니라 연구의 목적과도 밀접한 관계가 있다. 일반적으로 연구를 진행하기에 앞서 연구의 목적이 분명하게 설정되며, 이 목적은 연구를 위한 푯대가 된다. 연구를 위해 많은 자료 수집과 선행 연구들에 대한 고찰 과정에서 연구자는 자신이 기존에 알고 있거나 믿고 있던 사실과 다르거나 새로운 정보를 접하게 되고 그것과 관련된 또 다른 자료들을 더 수집하게 되므로 전개 과정에서 많은 곁가지들이 붙게 된다. 이렇게 연구가 확장되어 진개되면서 종종 처음 목직과는 거리가 멀어지게 되어 연구의 가설이 계속 바뀌게 되거나 어떤 경우 연구의 목적 자체가 변경되어 버리는 경우도 발생하게 된다. 따라서 연구의 목적이 정확히 규명되어야만 진행되는 연구 과정을 정당화할 수 있음은 물론 연구의 결과를 정확히 이끌어 낼 수 있다. 이렇게 얻어진 연구 결과들은 새로운 지식이나 정보를 제공하기도 하고 기존의 이론이나 주장을 재확인하는 역할을 하게 된다. 뿐만 아니라 연구 결과가 기존의 선행 연구 결과들과 다른 사실을 제시하게 되었을 때는 다른 연구자들로 하여금 같은 주제에 대한 추가 연구나 후속 연구에 대한 강한 가능성을 열어 주게 된다.

3) 연구의 목적

일반적으로 연구는 목적을 갖고 시행되며 그 목적 달성을 위해 연구자는 어떤 방법으로 연구를 진행할지를 결정한다. 흔히 연구를 실험실에서 인위적으로 가공하여 이루어지는 과정으로만 생각하기 쉽지만 실제 인간 사회와 생활 속에서 발견할 수 있는 여러 현상이나 사건, 사람들이 연구의 대상이 될 수 있다.

그중에서도 우리가 흔히 접할 수 있는 연구의 한 방법은, 연구 대상이 갖고 있는 많은 정보와 특성을 일정 방법을 사용해 요약하고 축약하여 간단하게 설명하는 방법이다. 특정 사물이나 사람, 상황, 사건 등 눈에 보이는 구상적 대상은 물론이고 최신 경향이나 특정 그룹원의 생각, 아이디어, 또는 대상자의 선호도 등 눈에 보이지 않는 추상적 속성에 대해서도 있는 그대로의 현재 상태를 분석하고 묘사하기 위해 연구가 시행된다. 연구의 초점이 현재 상태에만 집중되어 있고 따라서 연구의 결과도 그 상태에 대한 객관적이고 체계적인 분석을 통해 도출되어 묘사된다. 이렇게 묘사된 결과들은 그러한 상황을 발생시키는 인과관계를 규명하지는 않으며, 단지 현재 상태를 반영하는 정보이기 때문에 영원불변의 진리가 아닌 다양한 변인들의 영향으로 인해 지속적으로 변화하는 특성을 갖게 된다.

이처럼 방대한 양의 데이터를 다양한 변인으로 구분하여 간략하게 요약 기술한 연구를 통해 우리는 또한 그 변인들이 상호적으로 어떤 관련성을 갖고 있는지의 관계 정도를 알 수 있다. 실제 연구에서 탐구되는 대상은 여러 변인에 의해 영향을 받고 있으며 그 변인들 간에는 높은 상관관계가 있음이 자주 보고된다. 상관관계(correlation)라는 것은 변인들이 밀접한 관련을 맺고 있어 상호 간에 영향을 미치는 관계를 의미하는데, 예를 들어 나이가 많아지면 흰머리의 수도 증가하는 것처럼 서로에게 영향을 미쳐 같은 방향으로 변화시키는(+, + 또는 −, −) 정적 상관관계(positive correlation)와 기온이 상승하면 입고 있는 옷의 수가 감소하는 것처럼 서로 반대 방향으로 변화시키는(+, − 또는 −, +) 부적 상관관계(negative correlation)가 존재한다. 연구자는 상관관계 연구를 통해 각각의 변인들이 서로 어떤 관련성을 갖고 있으며 어떻게 영향을 미치고 있는지 그 관계를 파악하고 규명함으로써 탐구 대상의 특성을 더욱 다각적으로 분석하고 파악할 수 있게 된다.

연구의 또 다른 목적 중 하나는 발생한 현상이나 사건의 인과관계를 밝히는 일이다. 인과관계는 위에서 언급한 상관관계와는 달리 하나의 변인이 또 다른 변인을 변화하게 만드는 분명한 원인이 되고 있음을 의미하며, 많은 연구자들이 특정 연구 대상의 발생과 소멸, 변동 등에 대한 원인과 결과를 증명하기 위해 지속적으로 탐구해 오고 있다. 물론 한 변인에 대해 원인을 정확하게 규명하는 일은 매우 어려운 작업이며 오랜 시간과 다각적인 검증 과정이 요구된다. 한 사람의 단 한 번의 연구로 원인이 결정되기보다는 많은 연구들에서 도출된 비슷한 연구 결과들이 종합되고 분석되어 인과관계가 규명될 수 있는 것이며, 따라서 연구자는 자신의 연구 결과에 대한 건설적인 비평과 수정 및 보완에 대한 과정을 반복적으로 수행하여 연구 결과에 대한 신뢰도를 높여야 한다.

또 연구자는 평가를 위해 연구를 시행하기도 한다. 현재 진행되고 있는 과정이나 현재 사용되고 있는 시스템 등을 평가하거나 선행연구에 의해 제언된 연구 결과들을 평가하기 위해 후속 연구로 진행하기도 한다. 흔히 '평가'라는 단어를 시험문제처럼 맞고 틀리는 것을 판단하거나 혹은 대상을 서열화하기 위한 수단으로 잘못 이해하는 경우가 많다. 그러나 연구에서는 결과에 대한 평가만이 아니라 진행 중인 과정에 대해서도 평가함으로써 현재 상황을 더욱 바람직한 방향으로 이끌어 기대한 결과를 도출할 수 있도록 도와준다. 예를 들면, 교육과 관련된 영역에서 교육 과정이나 교과 내용, 교수 방법 등에 대한 평가 연구를 진행하여 양질의 교육을 제공할 수 있게 하고, 집단 내에서의 직무 효율성을 높이기 위해 업무 체계나 직원들의 욕구 등에 대한 평가를 진행하기도 한다.

4) 연구의 영역

연구의 질문이나 가설의 답을 찾기 위해 연구자는 다양한 방법으로 자료를 수집하고 분석하며 그 결과를 보고하게 된다. 어떤 연구 방법이 가장 적절한가는 연구자가 탐구하고자 하는 연구의 목적은 물론 자료 수집의 과정과 수집된 데이터의 특성, 그리고 결과 분석 및 보고 방식을 고려하여 선택해야 하는데, 무엇보다 연구 방법 선택 시에는 자신이 설정한 연구 목적을 가장 잘 달성할 수 있는 방법으로 연구를 진행해야 하며 내용을 가장 정확하게 설명할 수 있는 데이터를 사용해야 한다. 연구 방법은 이러한 여러 요인들에 따라 몇 가지 종류로 분류할 수 있다.

(1) 질적 연구와 양적 연구

연구는 크게 질적 접근법(qualitative approach)과 양적 접근법(quantitative approach),

그리고 혼합적 방법(mixed methods)으로 구분될 수 있다. 질적 연구에서는 관찰 또는 측정되는 대상에 대해 연구자의 관점에서 깊이 있는 탐구를 통해 현상을 이해하고 묘사하는 반면, 양적 연구에서는 대상에 대해 객관적인 측정 방법과 수량화된 데이터를 사용하게 되고, 혼합적 방법에서는 이 두 가지 유형을 적절하게 병행하여 연구를 진행하고 결과를 보고하는 방법을 사용한다.

(2) 실험연구와 비실험연구

어떤 사람들은 연구에서 실험과정이 있는가 그렇지 않은가로 연구를 구분하려 한다. 실험연구의 경우에는 연구자가 설정한 독립변수가 분명하게 밝혀지며 이를 측정하는 종속변수에 대한 설명도 구체적으로 기술된다. 비실험연구로는 기술연구를 포함한 역사연구, 철학연구, 미적 탐구 등이 포함된다.

(3) 기초연구와 임상연구

기초연구(basic research)는 다른 말로 기본연구(fundamental research)라고도 하는데, 과학적 실체나 지식을 증대시키기 위한 일차적인 목적으로 실행되는 연구라 할 수 있다. 이 경우 연구에서 발견된 내용의 적용을 염두에 두지 않고 시행되는 것이 일반적이다. 많은 연구가 실험실에서 이루어지며 당장 임상에 적용되는 실용성은 별로 없다. 음악치료도 과학적인 근거로 기본으로 진행되며 주로 음악에 대한 신체적 반응을 보는 경우가 이에 해당된다고 할 수 있다.

임상연구(applied research)는 실질적인 문제를 해결하기 위해 시행된다. 목적은 관심 있는 실제 상황에서 다른 사람을 치료하고 가설을 알아보기 위한 것이다. 연구의 대상은 대개 연구자가 관심을 가지는 사람들이 된다. 한편 다른 사람을 치료하고 돕는 목적인 음악치료에서는 기초연구가 대개 임상연구로 발전되는 것을 본다. 좋은 예로서, 1991년의 Thaut, Schleiffers와 Davis의 "청각적 리듬의 영향에서의 손발 대근육운동과제 수행에 이두근과 삼두근 EMG 활동분석(Analysis of EMG activity in biceps and triceps muscle in an upper extremity gross motor task under the influence of auditory rhythm)"은 기초연구라 할 수 있는데, 이것을 Thaut, McIntosh와 Rice가 1997년 *Journal of the Neurological Sciences*에 "비정상적 자세의 중풍환자의 재활에서의 보행훈련의 리듬적 자극(Rhythmic facilitation of gait training in hemiparetic stroke rehabilitation)" 연구로 적용시켰다. 이것은 임상연구이다.

(4) 음악치료의 연구 영역

음악치료에서 연구가 시행되는 영역을 구분해 보면 다음과 같다.

① 분야 연구(Discipline Research)

임상 현장과 관련된 연구로서 (a) 진단평가(assessment), (b) 치료(treatment), (c) 평가(evaluation)의 영역으로 구분된다.

- 진단평가 : 진단평가 영역에서는 클라이언트의 컨디션, 문제, 자원, 경험, 필요 등을 알아보는 내용이 된다. 대상 클라이언트를 잘 이해하기 위한 목적으로 행해지는 연구라 할 수 있다.
- 치료 : 치료 영역에서는 임상중재, 다시 말해 치료사가 사용한 치료방법에 초점을 맞춘다. 다양한 주제가 취급되는데, 예로서 치료에서 음악의 역할, 다양한 음악적 경험에 클라이언트가 어떻게 반응하는가, 치료적 과정에서 치료사의 기여, 특정한 대상이나 문제에 유용하게 사용되는 특정한 방법이나 기술, 치료적 과정에서의 환경적 조건, 치료사와 클라이언트와의 관계 또는 음악과 클라이언트와의 관계, 그리고 치료적 다이내믹 등에 대한 내용이 된다. 반면 음악을 사용하지 않거나 배경음악이 상품판매에 미치는 영향 등은 이에 해당되지 않는다.
- 평가 : 평가와 관련된 연구는 치료의 결과 또는 치료의 효과를 평가하는 것으로서 좋은 방법을 적용하였는가, 효과가 이 방법 때문에 일어난 향상인가 등을 다룬다.

② 직업연구(Profession Research)

음악치료사들은 어디서 일하는가, 그들의 취업경향은 어떠한가, 음악치료사들은 그들의 근무지에서 어떠한 직업호칭으로 불리고 있는가, 음악치료사의 봉급은 어떠한가 등을 다루는 것이 직업연구이다. 음악치료사들의 태도, 가치관, 동기, 지역

정보나 교육적 배경을 다루는 연구, 음악치료사 훈련의 학과목 구성이나 인턴과정을 다루는 연구, 음악치료사 인증을 받는 자격과정이나 기준, 그리고 치료적 윤리를 다루는 연구, 음악치료의 규정이나 법제를 다루는 연구, 음악치료의 발전역사나 문헌정리를 수반하는 연구들이 이에 속한다.

③ 기초연구(Foundational Research)

음악이 사람에게 어떤 영향력을 미치는가를 알아보는, 주로 음악의 영향력과 관련된 내용의 연구라 할 수 있다.

2. 연구의 과정

연구는 처음 출발 시점부터 결과를 보고하는 마지막까지 체계적으로 구조화된 일련의 과정을 따라 진행되며 하나의 연구 질문에서 또 다른 연구 질문이 발생하는 순환적 주기를 보여 준다(그림 1-1). 물론 모든 연구가 이러한 과정을 반드시 따르는

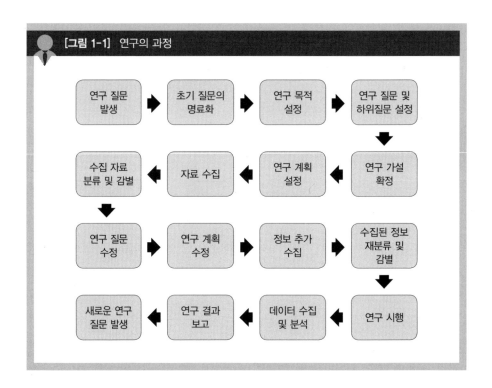

[그림 1-1] 연구의 과정

것은 아니지만 많은 학자들에 의해 제언되고 있는 연구 과정을 따름으로써 연구 과정에서 일어날 수 있는 오류와 실수를 최소화할 수 있으며 궁극적으로는 연구의 타당도와 신뢰도를 높일 수 있게 된다.

1) 연구 질문의 발생

연구의 시작은 질문에서 출발한다. 어떤 현상이나 사람에 대한 "왜?"라는 호기심은 그와 관련된 연속적인 질문들을 발생시킨다. 일반적으로 체계적 사고는 크게 연역적(deductive) 방법이나 귀납적(inductive) 방법으로 추론된다고 할 수 있다. 연역적 추론은 일반적으로 널리 알려진 사실이나 근거로부터 출발해 논리적으로 필연적인 원리에 따라 좀 더 구체적이고 작은 사실을 추정하는 방법이며, 반대로 귀납적 추론은 구체적이고 특정한 사실로부터 출발해 보다 넓고 일반적인 사실에 적용하는 원리를 유도하는 사고 방법이다. 사람의 호기심도 보편적으로 관찰되는 현상으로부터 시작되어 보다 구체적이고 개별적인 현상에 대한 질문이 될 수도 있고, 혹은 특별한 현상이나 반응을 관찰한 후 같은 현상이나 반응이 다른 조건이나 상황, 혹은 더 많은 사람들에게서도 관찰될 수 있을 것인가에 대한 질문으로 나타날 수도 있다. 물론 이 양극단적 방법에 대한 이론은 이후 많은 학자들에 의해 비판받고 수정되었지만 실제 많은 영역에서 적용되고 있으며, Best와 Kahn(1998)은 이러한 연역적 · 귀납적

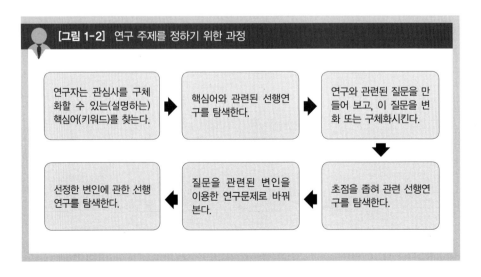

[그림 1-2] 연구 주제를 정하기 위한 과정

연구자는 관심사를 구체화할 수 있는(설명하는) 핵심어(키워드)를 찾는다. → 핵심어와 관련된 선행연구를 탐색한다. → 연구와 관련된 질문을 만들어 보고, 이 질문을 변화 또는 구체화시킨다.

선정한 변인에 관한 선행연구를 탐색한다. ← 질문을 관련된 변인을 이용한 연구문제로 바꿔 본다. ← 초점을 좁혀 관련 선행연구를 탐색한다.

방법들이 이제는 과학적 접근의 한 예로 인식되고 있다고 주장하고 있다. 일반적으로 과학적 접근이란 연구자가 그들의 관찰 경험으로부터 가설을 도출하도록 귀납적으로 유도하고 그 가설로부터 연역적 추론을 통해 실제에서 논리적으로 적용할 수 있도록 하는 과정으로 설명되고 있다(Ary, Jacobs, & Razavieh, 2009).

일반적으로 처음 떠오른 연구 질문은 연구자의 생각에서 구체적 개념이나 아이디어로 나타나지 않고 포괄적이고 광범위한 호기심으로 나타나는 경우가 많기 때문에 연구자는 반복적인 고민과 추론을 통해 연구의 주제를 정리해야 한다. 이런 상황에서는 흔히 일컬어지는 마인드맵(mind map)이나 콘셉트맵(concept map)을 사용하는 것이 도움이 되는데, 포괄적인 하나의 주제를 중심에 놓은 후 그것으로부터 파생될 수 있는 관련 하위 개념들이나 관련 있는 다른 주제들을 주변에 배열해 본다. 그리고 각각의 것들과 중심 주제와의 관련성을 다양한 형태나 색의 선으로 연결하는 그림으로 도식화함으로써 연구의 범위나 질문을 체계적으로 정리할 수 있게 된다. 일반적으로 연구 주제를 선정하기 위한 과정은 다음과 같다(김혜숙, 공윤정, 여태철, 황매향, 2013).

2) 초기 질문의 명료화 및 연구 목적 설정

이렇게 연구자의 호기심과 질문으로부터 시작되는 연구는 그 질문들을 명확히 규명하고 정리하는 과정을 거쳐 연구의 목적이 보다 구체적이고 정확하게 설정될 수 있다. 간혹 졸업 논문을 빨리 써야겠다는 일념하에 충분한 사전 조사나 탐색의 과정 없이 연구 방법부터 먼저 계획해서 논문 지도를 받으러 오는 학생이 있는데, 이런 경우 대부분이 연구의 목적이나 의도, 연구자가 품고 있는 마음속 궁금증에 대해 질문하면 그들은 정확하게 대답하지 못할 뿐만 아니라 자신이 가져온 연구 디자인에서 많은 오류를 발견하게 되어 결국 상처만 안고 돌아가는 모습을 보게 된다. 따라서 연구를 시작하기 위해서는 자신의 질문과 생각을 반복적으로 정리하고 재고하는 과정을 통해 연구 질문을 평가해 봐야 하는데, 연구자 자신이 정말 답을 찾아볼 수 있는 현실적, 환경적, 그리고 연구 역량적 조건이 되는지, 그리고 객관적이고 과학적인 방법으로 답을 얻을 수 있는 질문인지 등을 심사숙고해야 한다.

우선 연구자는 자신과 관련지어 연구 질문을 평가해야 한다. 예를 들면, 과연 설정된 연구 질문이 연구자에게 흥미와 호기심을 불러일으켜 심도 있는 탐구를 하고 싶도록 동기 유발이 되는 주제인지, 본인에게는 물론 연구가 포함되는 전문 영역에서 의미가 있는지, 이러한 유형의 연구를 계획하고 수행하며 문제의 중요성을 이해하고 결과를 해석할 수 있을 만큼의 전문성을 보유하고 있는지, 혹은 필요한 데이터 수집의 방법과 과정, 연구 디자인과 결과 보고에 필요한 통계 등에 대한 지식을 갖고 있는지 등의 여부에 대해 스스로 판단을 해 보는 것이 중요하며, 자신의 역량이 부족할 경우 연구를 도와줄 수 있는 인력 자원을 확보할 수 있는지 등도 고려의 대상이 된다.

또한 연구와 관련된 외부적 요인들에 근거하여 연구 질문을 평가할 필요가 있는데, 무엇보다 연구에 필요한 데이터가 연구자의 역량 안에서 수집될 수 있는 범위의 것인지 또는 현실적으로 수집될 수 있는 것인지에 대해 판단해야 한다. 또한 이 연구를 수행하기 위한 경제적 자원에 대한 평가도 필요한데, 데이터를 수집하기 위한 비용이나 검사비는 물론 연구에 참여하는 인력을 위한 인건비, 결과 처리 비용 등에 대해서도 점검해야 한다. 이 외에도 연구를 완수하기 위한 충분한 시간에 대한 고려와 문제와 관련되어 많은 어려움이 있더라도 연구를 수행하겠다는 결심이 섰는지도 연구자 본인 스스로 점검할 필요가 있다.

이 단계에서 때로는 연구자의 직관이나 논리적 생각이 질문을 정리하고 규명하는 것에 영향을 미치게 되는데 연구자의 생각을 다각적으로 정리해 보고 수정하며 발전시키는 과정을 반복적으로 시행함으로써 모호하거나 불명확했던 연구의 전개 방향이 보다 분명하게 정해지며 비로소 연구의 목적이 결정될 수 있다.

3) 연구 질문 및 가설 설정

연구의 목적이 분명하게 설정되면 연구자는 처음에 생각했던 질문들을 설정된 목적에 맞춰 다시 생각해 볼 필요가 있다. 그 질문들을 통해 연구의 목적이 달성될 수 있을지 혹은 처음에 떠올랐던 질문들과 여전히 유사한지 또는 달라졌는지 등을 검토하여 목적에 적합한 연구 질문들을 명확하게 제시함으로써 기존 초기 질문이 갖고 있는 모호하거나 너무 광범위했던 부분을 좀 더 구체적이고 세부적으로 탐구할 수 있도록 다듬어야 한다. 이때 주의할 점은, 처음 연구자가 품었던 질문은 그와 관련된 다양한 방향의 하위 질문(subproblem)을 파생시키는데, 하위 질문들은 당연히 연구의 목적이나 제시된 질문과 관련이 있어야 하며 궁극적으로 모든 하위 질문들의 답을 모아 전체 질문에 대한 답을 얻을 수 있어야 한다. 한 가지 유의할 점은, 파생된 모든 하위 질문들을 한 연구에서 다루는 것은 불가능하기 때문에 연구자는 어느 수준까지 자신의 연구에서 다룰 수 있을 것인지에 대해 다각도로 평가한 후 진행할 연구의 범위를 결정해야 하며 자신의 연구의 제한점이 무엇인지를 분명히 밝힐 수 있어야 한다.

제시된 질문과 하위 질문들은 이전 선행 연구들의 결과나 보편적 이론, 임상 경험 등에 의해 적절한 대답이 추론될 수 있다. 이러한 추론적 대답 혹은 연구자의 질문에 대한 예측성 대답이 연구의 가설(hypothesis)이 되는데, 가설은 연구에서 다루려는 질문과 관련되어 존재하는 많은 데이터들의 분석 결과에 근거하여 설정되며 진행하는 연구의 정체성과 목적을 반영하게 된다. 일반적으로 연구의 가설은 맞느냐 틀리느냐의 관점이 아니며 또한 어떤 사실 또는 진실을 증명했는지 증명하지 못했는지의 문제도 아니다. 가설은 여러 근거와 이론을 토대로 연구자가 추측해 내는 일종의 가정이며, 연구는 이 가정을 과학적으로 검증함으로써 제시된 가설이 채택되는지 기각되는지가 결정된다. 기존의 데이터들에 근거해 만들어진 가설은 연구자가 진행한 새로운 연구에서 수집된 데이터에 의해서도 이전의 연구들과 같은 결과로 나타났는지 또는 다른 결과로 나타났는지에 대한 것을 보여 주게 되는데 이렇게 반복적으로 많은 연구에서 유사한 결과로 지지될 때에만 특정 가설이 이론으로 발전될 수 있다.

4) 연구 계획 설계

연구 문제가 결정되면 연구자는 그 문제를 해결할 계획(research planning)을 세워야 한다. 성공적으로 연구를 완수하기 위해 제시된 연구의 질문과 연구의 가설을 가장 잘 설명할 수 있는 데이터가 무엇인지, 그것을 어떻게 수집하고 분석하며, 해석된 결과를 어떻게 보고할 것인지에 대한 총체적인 계획을 세우는 것이 필요하다. 이는 우리가 흔히 논문의 연구 방법에서 보고하는 구체적 대상이나 시기, 검사 도구, 통계 프로그램 등만을 의미하는 것보다 더 포괄적이고 총체적인 연구 과정을 의미하는 것이며, 구체적 연구 방법(research methodology)이 확정되기 이전에 반복적인 수정 보완 작업이 필요한 과정이다.

연구 계획은 흔히 사용되는 '연구 디자인(research design)'과 유사한 개념이며 연구를 끝까지 잘 완료할 수 있도록 하는 청사진이 된다. 쉽게 예를 들면, 여행을 떠나려고 할 때 우리는 우선 여행 계획을 세운다. 몇 박 며칠로 다녀올 예정이며 목적지와 경유지는 어디이고, 숙소와 식사는 어떻게 해결할 것이며, 비용은 얼마나 가져가고 어떻게 지출할 것인지에 대해 심사숙고해 결정한다. 그리고 그것이 결정되면 짜인 계획 안에서 즐거운 여행을 다녀올 수 있도록 구체적인 방법을 생각하여 예약도 하고 필요한 물품 구매도 하는 등 실행에 옮기게 된다. 연구의 계획과 방법 간에도 이 둘의 차이와 비슷한 개념 차이가 존재한다. 물론 계획 없이 떠난 여행은 간혹 더 특별한 추억거리를 만들어 주는 경우가 있긴 하지만 계획 없이 실행된 연구는 연구자에게 실패만 안겨 줄 뿐임을 기억해야 한다.

연구 계획을 잘 세우기 위한 요소로서 Leedy와 Ormrod(2013)는 보편성(universality), 복제성(replication), 통제력(control), 그리고 측정(measurement)을 제시하고 있다. 그들이 주장하는 보편성은 해당 분야에 속해 있는 어떤 다른 연구자도 그 문제를 갖고 연구할 수 있어야 한다는 것이며, 복제성은 다른 연구자에 의해 시행될지라도 같은 상황하에서는 같은 결과를 도출할 수 있어야 한다는 것을 의미한다. 통제력은 앞서 언급된 연구의 보편성이나 복제성을 높이기 위해서 반드시 결과에 영향을 미칠 수 있는 다른 변수들을 적절하게 통제할 수 있어야 한다는 것이며, 이를 위해 데이터를 정확하게 측정할 수 있는 측정 또한 중요한 요인이 된다.

5) 자료 수집 및 감별

잘 다듬어진 연구의 질문이나 하위 질문들은 궁극적으로 연구의 가설을 논리적으로 제시할 수 있도록 하며, 연구자는 가설 검증을 위해 연구 계획을 세우고 많은 자료를 수집하기 시작한다. 연구자는 다양한 방법과 경로로 자료를 수집하게 되는데, 수집된 자료들은 연구 질문이나 가설에 맞춰 분류된 후에 연구와 직간접적으로 관련이 있는지의 여부를 감별하고 그 결과에 따라 연구 진행에 중요하게 사용되기도 하고 때로 폐기되기도 한다. 그러나 간혹 초보 연구자들은 자신이 공을 들여 수집한 모든 데이터에 지나친 애착을 보여 연구의 참고문헌 목록에 실제 연구에 인용되지 않은 모든 자료를 나열하는 경우가 있는데 이는 잘못된 방법이며, 연구에 사용되고 본문에서 인용된 자료만을 참고문헌으로 기록해야 한다. 사실 어떤 자료가 사용될지 버려질지를 수집할 당시에 판단하기는 어렵기 때문에 자료를 수집하면서 동시에 연구 질문과의 인접성, 정확성, 신뢰성, 그리고 접근성 등을 참조하여 주요 단어, 출처, 저자, 자료 형태, 내용 요약 등을 기록해 놓고 중요도를 함께 평가한 후 분류해 놓으면 연구 서술 시 그 정보가 필요할 때 보다 용이하게 자료를 찾아 사용할 수 있다. 또한 연구를 위한 자료의 수집은 연구가 진행되는 동안에도 꾸준히 수집되어야 하며 그 내용은 연구 과정에 지속적으로 반영되어야 한다.

연구를 위한 자료는 다양한 형태로 수집될 수 있는데, 책이나 저널 같은 서류 형태, 전자 정보, 혹은 음성이나 영상 자료 등으로 연구자에 의해 수집된다. 어떤 형태의 자료이건 일반적으로 일차적 자료 혹은 이차적 자료로 분류될 수 있는데, 일차적 자료는 연구 대상으로부터 직접 수집되어 더 사실과 밀접하게 관련되어 있는 정보이기 때문에 간접적 자료로 간주될 수 있는 이차적 자료보다 더 신뢰할 수 있다. 예를 들어 연구 대상자와 직접 인터뷰를 하거나 관찰자 또는 목격자에 의한 생생한 보고는 일차적 자료가 되지만, 목격자가 신문사 기자와 그 상황에 대해 인터뷰를 한 후에 기자에 의해 발표되는 기사는 이차적 자료가 되어 그 내용의 진위성과 신뢰성이 떨어지게 된다.

흔히 데이터라고 불리는 연구 자료는 기존에 다른 연구자들에 의해 제시된 정보들이며, 같은 주제에 대해서도 다양한 결과가 도출된 경우를 만날 수도 있다. 데이터는 어떤 상황하에서 얻어진 정보 자료일 뿐 불변의 진리나 보편적 '참'이 아니기 때문에 그 내용은 다른 연구나 다른 상황하에서 다른 결과로 반박되거나 부인되는 경우도 발생할 수 있다. 따라서 연구자는 수집된 자료들의 결과를 있는 그대로 받아들이기보다는 각 연구 속에 숨겨져 있는 절차상의 오류나 제한점, 비논리성 등을 날카로운 시각으로 감별하여야 한다. 또 나아가서는 연구자 자신이 얻어 낸 연구 결과도 하나의 데이터가 되며 다른 후속 연구자들에 의해 선행 연구의 자료로 수집되고 사용될 수 있기 때문에 책임감과 성실함으로 연구 전반에 임해야 한다.

6) 연구 질문, 가설, 계획의 수정

수집된 자료에 대한 분류 및 평가 과정에서는 연구 초기 단계에서 연구자에 의해 설정되었던 연구의 질문과 하위 질문, 그리고 가설이 수정 변화될 수 있다. 수집한 기존의 자료들이 이미 자신의 연구 질문에 대한 명확한 답을 해 주고 있는 경우도 있어 더 이상의 연구가 무의미할 수도 있고, 자신의 가설과 완전히 반대되는 이론들이나 주장들이 보편적으로 받아들여지고 있기 때문에 설정된 가설이 채택되지 못할 확률이 큰 경우임을 깨닫게 될 수 있다. 이때는 연구자가 제시한 연구 질문이나 가설 등을 다시 검토하고 수정해야 하는데 이는 자신의 추론에 대한 신뢰성 문제가 제기될 수 있음은 물론 자신이 투자한 시간과 노력이 아무런 의미나 가치를 갖지 못하고 수포로 돌아갈 수 있기 때문이다. 이런 상황에 대해 전우택(1999)도 "이미 명확한 답이 주어진 연구를 중복해서 시행하는 이유는 철저한 문헌 고찰과 지식의 부족이나 연구 내용의 질보다는 업적 위주의 목적이 주인 경우가 대부분이며 이런 연구는 연구 노력과 연구비의 낭비"라고 일침을 가하고 있다.

연구 시행의 목적은 다양한데, 일반적으로 잘 알려지지 않은 사실을 밝혀내거나 잘 알려진 사실을 재확인하거나 혹은 잘못 알려진 사실을 수정하기 위한 것으로 분류될 수 있다. 어떤 목적하에서 진행되는가와 상관없이 연구는 반드시 논리적이고 과학적으로 계획되고 시행되어야 하는데, 아무리 연구자가 연구를 시행하는 이유 중의 하나가 기존의 통념이나 잘못된 보편적 정보를 바로잡고 반박하기 위해서라 할지라도 반드시 연구 계획과 가설 설정은 기존의 이론과 자료에 근거해 논리적으로 주장되어야 한다. 현존하는 이론에 반대되는 연구 질문이나 가설도 왜 연구자가 그렇게 가설을 설정하게 되었는지를 논리적으로 설명할 수 있어야 하며 그것을 증명하기 위한 실현 가능한 방법을 제시할 수 있어야 한다. 따라서 많은 자료를 수집하고 검토하는 작업은 연구자의 사고와 연구 방향을 바로잡아 주는 역할을 하며 이 과정에서 연구의 질문이나 가설이 수정되고 보완되어 연구의 진행 계획이 보다 명확하게 정리될 수 있다.

7) 연구 시행

연구를 위한 자료들이 어느 정도 수집되고 연구 방향이 확실하게 설정되면 연구자는 연구 방법에 대한 체계적이고 구체적인 방안을 세워 시행해야 한다. 연구 과정 중에는 연구자나 연구 결과를 원하지 않는 방향으로 몰고 가는 함정들이 곳곳에 숨어 있다. 그러므로 연구자는 매 단계마다 세심한 주의를 기울여 연구 결과에 부정적 영향을 미치는 변인들을 통제하거나 피해 갈 수 있어야 한다.

그 첫 번째 단계는 연구 대상 선정(sampling)에 대한 계획과 실행이다. 연구자는 대상자를 구성하기에 앞서 대상 집단에 대한 특성과 표집 방법 등에 대해 검토해야 하는데, 단지 자신의 연구에 참여하게 될 표본들에 국한된 고찰이 아니라 연구에서 의미하는 대상자의 모집단은 어떤 특성과 어떤 분포를 갖고 있는지에 대해 충분히 검토한 후에 그 모집단을 대표할 수 있는 연구의 표본을 결정해야 한다. 연구에 참여할 대상자들을 공정하고 형평성 있게 모집하고 배치하는 일은 성공적인 연구 수행을 위해 매우 중요한 요소가 된다. 그러나 모집단을 정확하게 파악하고 그 특성을 완벽하게 대표하는 표본을 구하는 일은 현실적으로 매우 어려운 일이어서 대부분의 연구자들은 모집단의 요소들이 표집될 수 있는 확률이 균등하게 진행되어야 하는 단순 무작위 표본 수집(simply random sampling)이나 계통 표집(systematic sampling)을 사용하기보다는 손쉽게 접근할 수 있는 대상자들로 구성하는 임의 표집(convenience sampling)이나 연구자의 주관적 판단에 의해 모집단의 특성을 잘 나타내는 대상자들을 선택하여 연구에 사용하는 유의 표집(purposive sampling) 같은 비확률 표집(non-probability sampling)을 주로 사용한다. 그러나 이러한 비확률 표집은 모집단에 대한 대표성이 떨어질 수 있기 때문에 연구 결과의 신뢰도나 타당도를 저하시켜 실제 차이가 없음에도 불구하고 차이가 있는 것처럼 결과가 도출되는 1종 오류를 범하기 쉽다. 따라서 임의로 표집된 대상 내에서라도 무작위로 실험 집단에 배치하도록 하는 것이 필요한데 이때는 가능한 대상자의 수를 많이 사용하는 것이 실제 차이가 있음에도 그것을 증명하지 못하게 되는 2종 오류를 줄일 수 있다.

두 번째 단계는 연구 진행 방법에 대한 계획과 실행이다. 연구자가 연구를 시행하면서 갖게 되는 궁극적 목적은 자신이 예측했던 그리고 검증해 보이고 싶었던 결과를 도출해 내는 것이다. 그러기 위해서는 연구 목적을 충족시키고 기대하는 연구 결과를 얻을 수 있는 가장 적절한 방법을 디자인해야 한다. 연구자가 얻고자 하는 결과가 숫자로 얻어지길 기대하는지 혹은 심층적인 언어 묘사로 결과가 도출되길 기대하는지에 따라 양적 연구를 시행할지 질적 연구로 진행할지를 결정하게 된다. 또 조사 연구일 경우에는 어떻게 연구 대상자들의 연락 가능 정보를 수집하여 접촉할 것인지가 큰 과제가 되는데, 특히 최근에 개인정보보호법이 더욱 강화되면서 개인의 이메일이나 전화번호 등의 수집이 엄격해져 많은 사람들에게 무작위 설문조사를 시행하기는 더욱 어렵게 되었다. 실험 연구에서 실험 내용이나 프로그램의 내용이 중요한 요인이 되는데, 연구에서 목표로 하는 효과를 낼 수 있도록 내용이 잘 구성되었는지에 대한 타당도 검증이 반드시 선행되어야 한다. 이 외에도 관찰자나 참여자가 여럿이 있을 경우 그들에 대한 사전 교육이나 기준에 대한 합의를 어떻게 시행하여 관찰자 간 신뢰도를 높일 것인지, 인터뷰 연구인 경우에는 대상자 선정 외에도 질문을 어떻게 구성하여 진행하고 어떻게 데이터 수집을 할 것인지, 또는 대부분의 호스피스 환자 대상 연구처럼 연구 기간을 짧게 진행해야 하는지 혹은 종단 연구처럼 장기간으로 진행할 것인지 등에 대한 요인들을 매 단계마다 지속적으로 확인해야 한다.

세 번째 단계는 연구 과정에서 일어날 수 있는 윤리적 상황에 대한 대처 계획과 실행이다. 연구를 진행하다 보면 연구자의 입장과 대상자의 입장이 대치되는 상황이 발생하게 된다. 연구자는 중단 없이 연구를 진행하고 싶어 하지만 참여 대상자의 건강상태나 개인 사정, 시행 기관의 상태 등에 의해 원활하게 진행되지 못하는 경우가 있고, 심지어는 참여했던 대상자들이 연구가 종결되기 전에 참여 중단을 선언하여 연구 초반보다 대상자 수가 심각하게 감소하는 경우도 발생할 수 있다. 이때 연구자는 무리를 해서라도 연구를 진행하고 싶지만 연구 윤리상 대상자의 의사는 언제 어디서든 존중되어야 함을 기억해야 한다. 연구를 시작하기에 앞서 연구자는 참여 대상자들이 연구의 목적이나 진행 계획 등을 이해할 수 있도록 설명해야 하며 언제든지 연구 참여를 중지할 수 있고 연구 과정에서 얻어진 어떠한 개인 정보도 연구 외의 목적으로는 절대 사용하지 않을 것임을 그들에게 분명히 알려 줘야 하며 대상자들의 의사를 존중해야 할 의무가 있다.

음악치료 연구에서 자주 접하게 되는 윤리적 상황 중 하나는, 실험 연구를 진행할 때 효과적인 음악치료를 실험 집단에만 제공하기 때문에 통제 집단에 배치된 대상자들은 상대적으로 박탈감이나 차별을 느끼게 된다는 점이다. 특히 연구자가 연구에서 시행하는 프로그램의 효과에 대해 확신하고 있음에도 불구하고 한 집단의 대상자들에게는 중재를 시행할 수 없다는 사실은 연구자가 아닌 치료사로서의 딜레마에 빠지게 만든다. 이런 경우에는 연구가 완료된 후에 통제 집단의 대상자들에게 동일한 프로그램을 시행해 줌으로써 치료 대상자들이 소외되는 부정적 경험을 감소시킬 수 있으며, 혹은 연구 기간 동안에 연구자가 통제 집단의 대상자들과 연구와 관련 없는 다른 활동을 함께함으로써 대상자들 모두가 연구의 한 부분에 기여하고 있다는 긍정적 정서 경험을 유도할 수 있을 뿐만 아니라, 이렇게 함으로써 실험 집단과 통제 집단 모두에게 연구자 또는 치료사 변인을 동일하게 적용하게 되어 시행되는 프로그램만의 순수 효과를 더 정확하게 측정할 수 있게 된다.

8) 데이터 수집

연구 계획 단계에서 세워졌던 청사진을 따라 방법의 타당성과 효율성, 가능성 등을 고려한 후 본격적으로 데이터 수집을 시작하게 된다. 연구의 목적을 정확하게 달성하기 위한 가장 필수적 요소는 정확한 도구나 방법으로 데이터를 수집하는 것이다. 연구에서 밝히고자 하는 변인들이 무엇인지를 연구자가 분명히 규명한 후 그에 적절한 도구가 사용되어야 하는데, 이때 고려되어야 할 점은 다음과 같다.

첫째, 신뢰도와 타당도가 높은 도구를 사용해야 한다. 도구의 일관성 있는 측정에 대한 정도를 의미하는 '신뢰도(reliability)'와 선택한 도구가 측정하려는 것을 정확하게 측정하고 있는가에 대한 정도를 의미하는 '타당도(validity)'는 기존의 도구를 사용할 경우뿐만 아니라 새로 측정 도구를 개발할 경우에도 반드시 고려해야 할 요소이다. 예를 들어, 우리가 사용하려는 30cm 자가 잡아당기는 대로 쉽게 늘어나는 성질을 갖고 있어서 한 가지 사물을 반복 측정할 때마다 다른 결과가 나온다거나 (낮은 신뢰도) 몸무게를 측정하는 체중계를 사용해 사람의 키를 재려 한다면(낮은 타당도) 우리는 정확한 측정치를 기대할 수 없게 된다. 이처럼 연구자가 원하는 정확한 데이터와 연구 결과를 위해서는 사용하는 측정 도구와 방법에 대한 철저한 검증이 필요하다.

둘째, 사용하려는 방법과 도구가 연구 대상자들에게 적절한 도구인가를 고려해야 한다. 특히 기존에 개발된 측정 도구를 사용할 때, 연구 대상은 아동인데 성인용으로 개발된 도구를 사용한다든지 혹은 반대로 아동용을 일반 성인에게 적용하는 경우, 글을 읽지 못하거나 정확한 판단이 어려운 대상자들에게 문항 수가 많은 측정 도구에 직접 답하도록 하는 경우, 언어적으로 불편한 대상이나 개인적 대면을 원하지 않는 대상자를 직접 인터뷰하려는 경우, 최근에 수정된 도구가 있음에도 불구하고 오래전에 개발된 도구를 사용하는 경우, 또는 대상자가 보유하고 있는 집중력이나 지속력을 훨씬 넘는 시간이 요구되는 경우 등등 상황에 적합하지 않은 도구의 사용이 발생해서는 안 된다.

셋째, 도구의 사용 가능성에 대해 점검할 필요가 있다. 연구 대상자에게 매우 적절하고 높은 신뢰도와 타당도가 보고된 측정 도구에 대한 정보를 발견했다 할지라도 연구자가 그것을 어떻게 구해서 자신의 연구를 위해 사용할 수 있는지를 고려해야 한다. 적절한 도구를 선행 연구에서 발견했는데 그것을 개발한 외국 연구자가 번역하여 사용하는 것을 허락하지 않아 적용 못하는 경우, 발견한 도구가 특정 자격이 있는 사람들만이 사용할 수 있는 도구인 경우, 사용과 결과 해석에 매우 높은 비용이 지불되어야 하는 경우, 또는 선행 연구에서 사용은 되었으나 개발자나 출처가 불명확한 경우 등은 연구의 진행을 어렵게 하는 중대한 걸림돌이 될 수 있다.

9) 연구 결과 분석 및 보고

체계적인 연구 과정의 마지막은 얻어진 결과에 대한 객관적이고 명확한 분석과 논리적 보고이다. "구슬이 서 말이라도 꿰어야 보배"라는 속담처럼 아무리 좋은 데이터를 갖고 있어도 과학적인 방법으로 그것을 분석하고 요약하지 못한다면 수집된 데이터들은 쓸모없는 자료가 될 뿐이다. 방대한 데이터를 수집해 놓고 그것들을 그저 단순히 나열하는 것에 그친다면 그 데이터들이 갖고 있는 많은 정보를 잃어버리는 우를 범하게 되는 것이며, 반면에 적은 데이터를 수집하여 연구자가 주관적으로 판단하는 것은 사실이 아닌 것을 사실로 오도하는 결과를 가져오게 된다. 연구의 오류는 1종 오류와 2종 오류로 분류되는데, 실제 효과나 차이가 없음에도 불구하고 마치 연구 결과 효과가 있는 것처럼 오도되는 1종 오류나 이와 반대로 실제 사실은 효과나 차이가 있음에도 불구하고 여러 가지 이유로 그 효과가 밝혀지지 못한 채 무시되어 버리는 2종 오류 모두 결과 분석 시에 반드시 고려되어야 할 사항이다.

연구의 과학적 분석 후에 연구자는 반드시 분석 결과에 대해 논리적으로 보고할 수 있어야 한다. 연구의 목적이나 선행 연구 결과들과 관련지어 자신의 연구 결과에 대해 명확한 진술이 진행되어야 하는데, 결과에 대한 통계 처리 과정에서 타인의 도움을 받아 분석이 이루어진 경우 그 결과에 대해 연구자가 명확한 이해를 하지 못한 채 연구 보고를 하는 경우가 간혹 발생한다. 이런 경우, 결과 보고의 논리성이 매우 부족한 현상을 보이며 결과 보고가 흐지부지되어 연구 목적을 퇴색시켜 버리게 된다. 따라서 연구자는 자신의 연구 결과에 대한 정확한 이해와 확신을 갖고 타인에게 그 결과를 신뢰도 높게 보고해야 하는 책임을 갖고 있음을 항상 기억하고 있어야 한다.

3. 연구 윤리

연구자는 연구를 시작할 때 관련 학회나 기관의 연구 윤리 규정을 확인하고 이에 따라 진행해야 한다(학회를 포함하는 대부분의 기관들은 윤리적 기준이나 규정을 웹 사이트에서 공표하고 있다). 연구 윤리에는 연구자의 책임, 연구 참여자의 권리 보호 및 피해 금지, 연구 결과 보고 등의 내용이 포함된다.

1) 연구자의 책임

연구자는 연구 전체 과정, 즉 연구 주제와 연구 방법의 선정, 연구 결과의 활용 등에서 윤리적 책임을 져야 한다. 연구자는 자신의 연구 결과가 해당 분야의 이론과 실제에 바람직한 기여를 할 수 있는 연구 주제를 설정해야 하며, 연구 대상자가 바람직한 변화를 이루는 데 도움을 줄 수 있는 내용이어야 한다. 그러므로 연구자는 연구 주제를 선정할 때 연구 주제가 이미 선행 연구에서 탐색된 문제를 다루고 있는 것은 아닌지, 적절한 연구 방법을 사용하고 있는지, 연구에 소요되는 비용 대비 효과 면에서 수행할 만한 충분한 가치가 있는지 등을 고려해야 한다.

2) 연구 참여자의 권리 보호 및 피해 금지

연구 참여자란 설문지 응답자, 인터뷰 대상자, 프로그램 참가자 등을 말한다. 문헌 연구를 제외한 대부분의 연구에는 연구 참여자의 도움이 필요하기 때문에 연구자는 연구를 진행하면서 연구 참여자의 권리를 인식하고, 이를 보장해야 한다. 또한 연구 참여자는 자신이 참여하는 연구가 어떤 연구인지 설명을 듣고, 이러한 정보를 기반으로 사전 동의를 거쳐 연구 참여를 결정할 수 있다. 그리고 연구가 진행되는 과정 중 원하면 언제든지 연구 참여를 중단할 수 있는 권리가 있다. 특히 아동이나 청소년 대상의 연구에서는 아동과 청소년의 동의뿐만 아니라 보호자의 동의도 필요하다.

연구를 진행하는 과정에서 얻게 되는 연구 참여자의 개인정보(인구학적 정보, 사회경제적 배경, 다양한 심리적 상태, 부모의 인구학적 정보와 심리적 정보 등)에 대해서 비밀을 유지하는 것도 연구 참여자의 권리 보장에 속한다. 이를 위해 흔히 질문지에 이름을 쓰지 않도록 하거나, 결과를 보고할 때 누구의 응답인지 드러나지 않도록 평균점수로 결과를 제시하는 등의 방법을 사용한다.

한편 사례 연구나 인터뷰 내용을 자세히 제시하는 연구에서 연구자는 연구 참여자의 가명을 사용하는 것도 개인정보에 대해 비밀을 유지하고 피해를 입지 않도록 하기 위함이다. 연구 참여자는 질문지나 인터뷰에 응답하는 과정에서 경험하는 지나친 피로감이나 질문지나 인터뷰 내용으로 인해 촉발되는 지나친 정서적 각성 등으로 피해를 입을 수 있다. 그러므로 연구자는 연구 중에 연구 참여자가 심리적 도움이 필요한 상태인지의 여부를 연구 중에 파악했다면, 도움을 받을 수 있도록 적절한 사람이나 기관에 연계해 주는 것이 좋다.

📍 **참고** : 생명윤리 안전에 관한 법률

생명윤리 및 안전을 확보해 인간의 존엄과 가치를 침해하거나 인체에 해를 끼치는 것을 막고, 생명과학이 인간의 질병예방 및 치료 등을 위해 이용될 수 있도록 하기 위해 2004년에 「생명윤리 및 안전에 관한 법률」이 신규 제정된 이후, 몇 번의 일부 개정과 전면 개정 등으로 그 대상이 인간대상 및 인체 유래물연구까지 확대되었다. 대통령 소속 국가생명윤리심의위원회가 설치되었고, 인간의 생명윤리 및 안전을 확보하기 위해 기관생명윤리심의위원회(Institutional Review Board, IRB)를 두고 있다.

여기에서 인간대상 연구의 범위는 생명윤리 및 안전에 관한 법률 제2조 제1호 "보건복지부령으로 정하는 연구"로서, 사람을 대상으로 물리적으로 개입하는 연구(연구 참여자를 직접 조작하거나 연구 참여자의 환경을 조작하여 자료를 얻는 연구)와 의사소통, 대인 접촉 등의 상호작용을 통하여 수행하는 연구[연구 참여자의 행동관찰, 대면(對面) 설문조사 등으로 자료를 얻는 연구] 및 개인을 식별할 수 있는 정보를 이용하는 연구(연구 참여자를 직접, 간접적으로 식별할 수 있는 정보를 이용하는 연구)가 해당된다.

IRB는 인간대상 연구에서 연구 참여자의 안전, 권리, 복지가 침해되지 않도록 심의·감독하는 책임을 부여받은 위원회로, 과학자 및 비과학자로 구성된 행정 조직, 생명윤리법에 의해 인간대상 연구를 수행하는 자가 소속된 교육 및 연구기관 또는 병원은 IRB를 상설위원회로 설치해야 한다. IRB는 연구계획서의 심사를 통해서 연구계획에 대한 승인과 연구계획에 대한 부결/반려, 연구계획의 수정 또는 보완, 진행 중인 연구에 대한 지속적인 심사, 승인된 연구계획의 중지 또는 보류, 연구 참여자의 동의 획득과 연구 절차에 대한 감독 권한을 가지고 있다.

IRB에서 연구를 승인받기 위해서는 다음의 8가지 기준을 통과해야 한다.

1. 연구의 위험이 최소화되어야 한다.
2. 과학 발전이나 연구 참여자에게 예상되는 이득에 비해 예상 위험 수준이

적정해야 한다.

3. 연구 참여자 선정의 공정성이 있어야 한다.

4. 연구 참여자에게 충분한 정보를 제공하고 동의를 얻어야 한다.

5. 연구 참여자 동의 과정의 문서화가 필요하다.

6. 연구 참여자의 안전 확보를 위해 필요할 경우 연구 참여자로부터 획득한 데이터를 적절하게 모니터링할 수 있도록 계획이 수립되어야 한다.

7. 연구 참여자의 사생활 보호와 연구 데이터의 보안이 유지되도록 관리 체계가 수립되어야 한다.

8. 연구 참여자가 부당한 영향이나 강압적 환경에 의해 연구에 참가할 가능성이 있을 경우 연구 참여자 보호를 위한 부가적 보호 수단이 수립되어야 한다.

3) 연구 결과의 보고

연구자는 연구 결과를 보고할 때 정확하게 기술하고, 다른 사람의 생각이나 글을 자신의 것처럼 보고하지 않아야 한다. 연구자가 연구 결과를 조작하거나, 여러 가지 연구 결과 중 연구 가설에 맞는 결과만을 선택적으로 보고한다면 이는 독자들에게 왜곡된 결과를 제시하는 것이 되므로 연구 결과는 정확하게 제시해야 한다. 또한 연구의 전반적인 작성과 결과 제시 과정에서 표절이 일어나지 않도록 주의를 기울여야 하는데, 표절은 의도적으로 발생할 수도 있고, 의도하지 않았지만 주의를 기울이지 않아서 발생할 수도 있다. 다른 연구자의 생각이나 연구 결과의 출처를 정확하게 밝히지 않고 마치 연구자 본인의 생각이나 연구 결과인 것처럼 기술하지 않도록 다른 연구자의 생각이나 연구 결과는 반드시 정확한 인용과 함께 제시한다.

참고문헌

김혜숙, 공윤정, 여태철, 황매향 (2013). 초보자를 위한 학위논문 작성법. 서울 : 학지사.

전우택 (1999). 사회의학 연구방법론: 연구 설계와 질적 연구를 중심으로. 서울 : 연세대학교 출판부.

Ary, D., Jacobs, L. C., & Razavieh, A. (2009). *Introduction to Research in Education* (*8th ed.*). Belmont, CA; Cengage Learning, Inc.

Best, J. W., & Kahn, J. V. (1998). *Research in Education* (*8th ed.*). Needham Heights, MA: Allyn & Bacon.

Leedy, P. D., & Ormrod, J. E. (2013). *Practical research: Planning and design* (*10th ed.*). Upper Saddle River, NJ: Merrill Prentice Hall.

Litman, J. A., & Spielberger, C. D. (2003). Measuring epistemic curiosity and its diversive and specific components. *Journal of Personality Assessment, 80*, 75–86.

Reio, T. G., Petrosko, J. M., Wiswell, A. K., & Thongsukmag. J. (2006). The measurement and conceptualization of curiosity. *Journal of Genetic Psychology 167*(1), 117–135.

Phelps, R. P., Ferrara, L., & Goolsby, T. W. (1993). *A guide to research in music education.* Metuchen, NJ: Scarecrow Press.

연구와 관련된
기본 통계 개념

연구는 체계적이며 과학적인 절차이다. 따라서 연구를 수행하기 위해서는 표본의 선정부터 분석에 이르기까지 기본적인 통계적인 개념을 아는 것이 필요하다.

1. 통계의 기본 용어

통계란 이론을 도출, 지지, 거부, 수정하기 위해 수집한 자료를 가지고 가설을 확률적으로 판정하는 수리적 논리를 의미한다. 통계학(statistics)은 그리스 · 로마시대에 국가(state)의 상태(state)를 살피는 것에서 유래하였다. 주로 정치적 필요에 의해 연구를 하였는데, 인구, 종교, 산업에 대한 정보 수립 형태로 시작되었다고 전해진다.

1) 기술통계학과 추리통계학

(1) 기술통계학(Descriptive Statistics)

자료 수집, 자료 정리, 자료 해석의 과정을 통하여 관찰한 자료를 편리하게 서술하여 모집단의 특성을 규명하려는 통계학이다. 즉 실험이나 관찰 또는 조사를 통해서 얻은 자료들을 이용하여 평균이나 표준편차와 같은 정보들을 얻는 과정을 말한다.

주어진 자료를 요약, 기술하는 데 관심이 있다.

(2) 추리통계학(Inferential Statistics)

표본에서 얻은 통계량을 기초로 그 자료가 추출된 모집단의 현상이나 특징을 추정, 예견, 일반화하는 통계학을 말한다. 한 표집에서 얻어진 통계치를 통하여 이에 대응하는 모수치를 추정하는 데 관심이 있다. 표본의 결과가 모집단에서도 나타날 가능성을 확률적으로 판단해 준다(그림 2-1 참조).

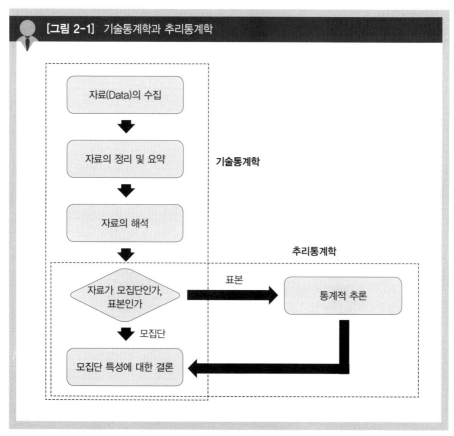

[그림 2-1] 기술통계학과 추리통계학

출처 : 박연식, 윤영선, 현대통계학, 다산출판사, 1993, p. 26.

2) 모수통계와 비모수통계

(1) 모수통계(Parametic Statistic)

모집단의 분포에 대한 가정이 필요한 통계학(대부분 모집단의 분포를 정규분포로 가정한다)으로 대체적으로 수량적 자료 중에서도 연속적 자료가 사용된다. 모집단의 확률분포를 엄격히 가정하고 모집단에서 추출된 표본의 자료를 등간척도나 비율척도로 측정하여 모수에 관한 통계적 추론을 다루는 통계 방법이다. 모수통계 방법은 비모수통계 방법보다 더 효율적이며 검정력이 크다.

모수통계 방법을 사용하려면 모집단분포에 대한 가정, 자료의 측정 수준, 추론하는 가설의 유형에 의거하여 다음의 세 가지 조건이 동시에 충족되어야 한다.

- 모집단의 확률분포의 모수에 관해서 통계적 추론을 할 수 있어야 하고,
- 모집단의 확률분포를 구체적으로 가정할 수 있어야 하며,
- 분석에 이용되는 자료는 적어도 등간척도로 측정되어야 한다.

(2) 비모수통계(Non-parametic Statistic)

모집단의 분포에 대한 가정을 필요로 하지 않는 통계[분포무관 통계(distribution free statistic)라고도 함]로 질적 자료나 수량적 자료 중에서 빈도수와 같은 비연속적 자료를 이용한다. 모수통계에서의 엄격한 가정이 만족되지 않는 상황이나 자료가 서열척도나 명목척도로 측정되었을 때에는 모수통계를 사용할 수 없다. 예를 들어, 조사 연구에서 어떤 사항에 대해 '아주 그렇다, 그렇다, 보통이다, 아니다, 전혀 아니다' 등의 다섯 단계로 측정한다고 했을 때, 모집단의 확률분포를 구체적으로 가정할 수 없으므로 모집단의 확률분포를 서술해 주는 모수를 검정하지 않는 통계법이라는 의미에서 비모수통계라고 지칭한다.

만약 모수통계법의 가정이 충족되지 않음에도 불구하고 모수통계를 사용한다면, 그 결과로 얻어지는 추론은 타당성이 없게 된다. 그러므로 다음의 기준 중에서 어느 한 가지라도 해당하는 경우라면 반드시 비모수통계를 사용해야 한다.

- 자료가 어떤 범주별로 어떤 사건이 발생한 수를 반영하는 계산 자료인 경우
- 자료가 명목척도로 측정되었거나 분석되어야 할 경우
- 자료가 서열척도로 측정되었거나 분석되어야 할 경우
- 모집단 분포의 모수에 대해서 통계적 추론을 하지 않는 경우
- 분석에 이용되는 통계량의 확률분포가 모집단의 확률분포의 구체적인 사항에 의하여 영향을 받지 않고, 오직 모집단의 분포의 대칭성이나 연속성과 같은 일반적인 가정에 근거를 둔 경우

3) 모집단과 표본

(1) 모집단(Population)

연구자의 관심대상이 되는 모든 개체의 전체 집합, 즉 연구 대상이 되는 모든 가능한 관측값이나 측정값의 집합이다.

(2) 표본(Sample)

모집단을 대표하는 추출된 대상의 집합으로, 통계적 처리를 위하여 모집단에서 실제로 추출한 관측값이나 측정값의 집합이다. 좋은 표본이 되기 위해서는 추출된 표본이 모집단의 특성을 잘 반영하는 것이 되어야 한다.

4) 전수조사와 표본조사

(1) 전수조사

모집단 전체에 관한 완전한 조사를 말한다.

(2) 표본조사

모집단에서 일정 수의 대상을 선정하여 조사하는 것을 말한다. 선택된 표본집단은 이렇게 모집단을 대표할 수 있는 부분집합이라 할 수 있는데, 비록 100%의 정확도

는 아닐지라도 설계하는 방법에 따라 표본집단을 통해 모집단의 특성을 신뢰도를 가지고 추정할 수 있다.

5) 모수와 통계량

(1) 모수(Parameter)

모집단이 지니고 있는 속성을 의미하는데, 신만이 안다고 하여 그리스 문자로 표기한다. 모평균은 μ, 모표준편차는 σ, 모분산은 σ^2이다.

(2) 통계량(Statistic)

모집단의 모수치를 추정하기 위해 모집단에서 추출된 표본의 속성으로 로마 문자로 표기한다. 표본평균은 $\bar{x}$, 표본표준편차는 s, 표본분산은 s^2이다.

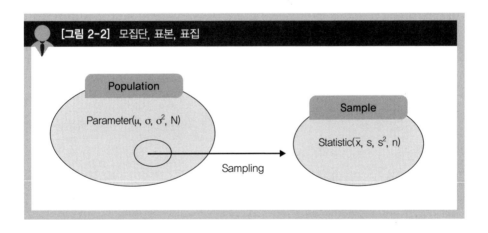

[그림 2-2] 모집단, 표본, 표집

6) 표집(Sampling)

표본추출을 의미한다. 현실적으로 연구자가 모집단과 정확하게 동일한 크기의 표본을 추출하지 않는 이상 모집단의 특성과 완전히 동일한 특성을 가진 표본을 구성하는 것은 불가능하다. 이를 달리 표현하자면 표본이 '편향(bias)되어 있다'는 것이다. 표본이 모집단의 특정한 성향만으로 편중되어 있는 것을 '편향된 표본' 또는 '편견 있는 표본'이라고 한다. 따라서 표집에 있어서 바람직한 표본은 모집단을 완벽하게 반영하지는 못할지라도 '편향'이 적은 표본이어야 한다.

표본을 추출할 때 사용하는 방법은 다음과 같다.

(1) 단순임의추출법(Sample Random Sampling)

N개의 모집단으로부터 동일한 n개를 무작위로 선택하는, 즉 모집단을 구성하고 있는 모든 개별 요소들이 표본에 선발될 수 있는 확률이 모두 동일하도록 표본을 선택하는 방법이다. 예를 들어, 1부터 45까지의 45개 숫자가 있고, 이 중에서 5개를 선택한다고 가정해 보자. 숫자 45개 중 아무거나 5개를 선택하는 것이다.

(2) 층화임의추출법(Stratified Random Sampling)

한 모집단을 동질적인 소집단으로 층화시키고, 그 집단의 크기에 따라 무작위로 표본을 선택하는 방법이다. 예를 들어, 1부터 45까지의 45개 숫자가 있고, 이 중에서 5개를 선택한다고 가정해 보자. 1~9, 10~18, 19~27, 28~36, 37~45로 구간을 나눈 후에 각 구간에서 1개씩 추출하는 것이다.

(3) 계통추출법(Systematic Sampling)

모집단에 있는 관찰값들에 번호를 임의로 배정한 후 추출간격을 두어 표본을 선택하는 방법이다. 즉 모집단에 있는 모든 관찰값에 1, 2, 3, … 등으로 숫자를 매긴 후에 일정한 간격을 두어 표본을 선택하는 것인데, 여기서 추출간격이란 모집단의 크기에서 표본의 크기를 나눈 값을 말한다. 예를 들어, 1부터 45까지의 45개 숫자가 있고, 이 중에서 5개를 선택한다고 가정해 보자. 모집단이 45이고 뽑아야 하는 표본의 크기는 5이므로 45÷5=9, 즉 9의 배수를 추출하는 것이고, 이것이 추출간격이다.

(4) 군집추출법(Cluster Sampling)

한 모집단을 동질적인 소집단으로 나누고, 그중 하나의 소집단을 선택하거나 선택된 소집단의 일부만을 선택하는 방법이다. 예를 들어, 대통령 후보 여론조사가 있다. 1단계에서 특별시, 광역시, 도를 표본추출 단위로 하여 이 가운데서 몇 개를 무작위로 추출하고, 2단계에서는 선택된 특별시, 광역시, 도에서 몇 개씩의 시, 군, 구를 무작위로 추출하며, 3단계에서는 표본으로 선택된 시, 군, 구에서 읍, 면, 동 등의 행정구역을 무작위로 추출한 후, 4단계에서는 최종적으로 선택된 읍, 면, 동에서 거주하는 유권자들의 명부를 보고 이들에 대해서 전수조사하거나 일부를 무작위로 추출하는 방식이다.

7) 표본오차와 비표본오차

(1) 표본오차(Sampling Error)

모집단의 일부인 표본에서 얻어진 데이터를 바탕으로 모집단 전체의 특성을 추론하기 때문에 발생하는 필연적인 오차를 말한다. 모집단의 모수와 표본의 추정 결과의 차이를 의미한다. 예를 들어, 국회의원 선거 전에 언론기관들이 여론조사를 하여 A후보자의 지지율이 45%, 표본오차는 ±3%, 신뢰도 95%라고 발표하는 것을 볼 수 있는데, 이는 100회 조사했을 때 95회는 A후보자의 지지율이 42~48%로 나온다는 의미이다.

　표준오차가 작으면 작을수록 표본의 통계치로부터 모집단의 모수치를 보다 정확하게 추정할 수 있기 때문에 표준오차는 작아야 한다. 모집단의 표준편차가 작으면 작을수록 그리고 표본의 크기가 크면 클수록 표준오차는 작아지게 된다. 대체로 표준편차는 고정되어 있어 표준오차를 줄이기 위한 가장 효과적인 방법은 표본의 크기를 증가시키는 것이다. 표본조사에서는 표본오차와 비표본오차 모두 발생하지만, 전수조사에서는 표본오차는 없고 비표본오차만 발생한다. 일반적으로 대규모 통계조사에서는 비표본오차가 표본오차보다 훨씬 더 심각한 문제를 일으킨다.

(2) 비표본오차(Nonsampling Error)

표본의 불완전한 선택, 기록이나 관찰에서의 오류 등으로 인해 발생하는 오차이다. 비표본오차에는 세 가지 유형이 있다.

- 자료 수집상의 오차 : 자료를 기록할 때 실수로 잘못 기입하거나, 질문 자체가 부

정확하여 부정확한 응답을 했을 때 발생하는 자료의 기록 오류이다.

- 무응답 오차 : 표본의 일부로부터 응답을 받지 못하는 경우에 발생된다.
- 선택편의 오차 : 표본을 추출할 때 표본이 모집단을 대표하지 못할 때 발생한다.

8) 독립변수와 종속변수

(1) 독립변수(Independent Variable)

관찰하고자 하는 현상의 원인이라고 가정한 변수로, 다른 변수에 영향을 주는 변수이다.

(2) 종속변수(Dependent Variable)

영향을 받는 변수로 독립변수의 영향을 받아 변화되리라고 가정한 변수이다. 예를 들어, "교수 방법에 따라 학업성취도에 차이가 있는가?"라는 연구에서 교수 방법이 독립변수가 되고 학업성취도가 종속변수가 된다.

9) 질적 변수와 양적 변수

(1) 질적 변수(Qualitative Variable)

분류를 위하여 용어로 정의되는 변수이다. 개개의 단위가 어떤 성질을 갖는지를 개별적으로 식별하여 계수에 의해 관찰할 수 있는 변수를 말한다.

(2) 양적 변수(Quantitative Variable)

양의 크기를 나타내기 위하여 수량으로 표시되는 변수로, 각 단위가 갖는 특정한 양적 성질을 측정하여 계량에 의해 관찰할 수 있는 변수를 말한다.

양적 변수는 이산변수(discrete variable)와 연속변수(continuous variable)로 나뉠 수 있다. 이산변수는 셀 수 있는 숫자로만 값을 가지는 변수이므로 정수값을 취한다. 반면에 연속 변수는 일정한 범위 내에서 어떠한 값이라도 가질 수 있는 변수로, 연속적인 모든 실수값을 취한다.

10) 측정과 척도

(1) 측정(Measurement)

측정은 이론을 구성하고 있는 개념들을 현실세계에서 관찰이 가능한 자료와 연결시켜 주는 과정을 말한다. 측정의 최종 결과는 숫자의 형태를 띠게 되므로 측정하려는 대상의 속성에 일정 규칙으로 수치를 부여하는 것이다. 자료는 변수를 관찰·측정하여 기록한 결과인 데 반하여, 변수는 측정 과정을 거쳐 자료가 되는데 변수의 성격에 따라 측정척도가 달라지고 그 결과인 자료의 성격(종류)도 달라진다. 예를 들어, 종교나 성별 등은 수치 측정의 어려움이 있다. 이들은 단지 구분만 가능하도록 측정하기에 질적 자료에 속한다. 그러나 시험 점수, 수출액이나 맥주 용량 등은 수치로 측정이 가능한 양적 자료이다.

(2) 척도(Scale)

척도는 측정 대상의 속성에 일정한 숫자를 부여하는 과정이다. 이때 부여된 숫자들 사이의 관계에 어떠한 의미를 부여해 주느냐에 따라 척도의 형태를 구분한다.

① 명목척도(Nominal scale)

명목척도는 어떤 대상이나 사람 또는 특성을 구분, 분류하기 위해 수치를 부여하는 것을 말한다. 예를 들어, 성별, 자동차번호, 주민등록번호, 지역구분, 선호상표 등이 이에 해당한다. 이 척도는 숫자로 표시될 수는 있지만(예를 들어, 남자는 1번, 여자는 2번) 여기에서의 숫자는 단지 분류를 위한 기호에 불과하므로 사칙연산(+, −, ×, ÷)은 불가능하다. 명목척도의 분석 방법으로는 퍼센트와 최빈수는 가능하며, 산술평균과 중앙값은 불가능하다.

② 서열척도(Ordinal scale)

서열척도는 순서(상대적인 크기)를 나타내는 척도를 의미한다. 예를 들어, 태도, 제품선호도, 기업의 신용등급평가 등이 이에 해당한다. 서열척도는 상대적인 비교가 가능하지만 '얼마나 크다' 혹은 '얼마나 작다'라는 것을 측정할 수 없으므로 사칙연산(+, −, ×, ÷)이 불가능하며, 분석 방법으로는 최빈수와 중앙값이 가능하고, 산술평균과 분산은 불가능하다.

③ 등간척도(Interval scale)

등간척도는 서열척도처럼 측정 대상 간에 순위를 부여하되, 순위 사이 간격이 동일한 척도를 말한다. 예를 들어 온도, 성적, IQ 등이 이에 해당한다. 원점(zero point)이 있지만 임의적이다. 즉 40℃는 20℃보다 덥기는 하지만 두 배가 덥다고 할 수 없으며 IQ 140도 IQ 70보다 높지만 지능이 두 배라고는 할 수 없다. 분석 방법으로는 최빈수, 중앙값, 산술평균, 분산, 상관계수, Z검정 등 대부분 분석 가능하다.

④ 비율척도(Ratio scale)

비율척도는 절대영점이 존재하는 척도이다. 절대영점이란 속성이 전혀 없는 경우에 0의 값을 갖는 것을 말하는데, 예를 들어, 나이, 소득, 무게, 길이, 시간, 원가, 매출액 등이 이에 속한다. 절대영점이 있으므로 상대적 비율은 의미가 있다. 예를 들어, 60kg은 30kg보다 두 배가 더 무겁고 그 비율은 80kg/40kg과 같다. 모든 사칙연산(+, −, ×, ÷)이 가능하며, 분석 방법으로는 모든 모수통계기법이 가능하다.

이상의 척도들의 특성을 정리하면 다음과 같다(표 2-1 참조).

[표 2-1] 척도 특성 비교

특성 구분			상호 배타성	순서 비교 가능성	표준측정 단위존재	사칙 연산	'0'으로서의 미존재	평균 측정	적용가능 분석방법
최하 단계	범주형 자료	명목 척도	○	×	×	×	×	최빈값	빈도분석 교차분석 비모수통계
		서열 척도	○	○	×	×	×	중앙값	서열상관관계 비모수통계
		등간 척도	○	○	○	△ (+, −)	×	산술평균	모수통계
최고 단계	연속형 자료	비율 척도	○	○	○	○	○	기하평균 조화평균	모수통계

2. 자료의 분포

1) 자료의 정리

(1) 도수분포(Frequency Distribution)

도수분포는 자료를 체계적으로 요약, 정리한 것으로 여기에는 히스토그램과 도수
분포다각형이 있다(그림 2-3 참조).

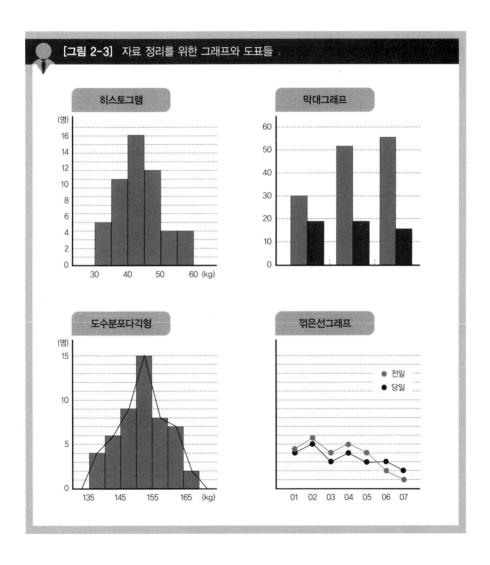

[그림 2-3] 자료 정리를 위한 그래프와 도표들

① 히스토그램(Histogram)

히스토그램은 도수분포표에서 각 계급의 크기를 밑변, 도수를 높이로 하여 만들어진 직사각형의 그래프를 말한다. 연속변량을 나타내는 데 편리하다.

> 📍 **참고** : 막대그래프
>
> 막대그래프는 계급의 크기가 없을 때 막대로 띄엄띄엄 나타낸 그래프를 말한다. 흩어져 있는 이산변량을 나타내는 데 편리하다. 계급은 보통 변수의 구간이고, 서로 겹치지 않는다. 그림에서 계급(막대기)끼리는 서로 붙어 있어야 한다(그림 2-3 참조).

② 도수다각형(Frequency Polygon, 도수분포다각형)

도수다각형은 히스토그램의 각 직사각형의 중점을 차례로 선분으로 연결하여 만든 다각형이다. 특히 양 끝점은 도수가 0인 계급이 하나씩 있는 것으로 생각하여 그 중점을 잡은 것이다(그림 2-3 참조).

> 📍 **참고** : 꺾은선그래프
>
> 시간의 흐름에 따른 경향을 보여주기 위해서 많이 이용되는 그래프로, 자료들을 좌표평면에 점으로 표시한 뒤 선분으로 연결한다(그림 2-3 참조).

2) 자료의 요약

(1) 중앙경향치(Measures of Central Tendency, 중심경향도, 중심화경향, 집중경향치)

중앙경향치는 자료가 어디에 집중되어 있는가를 나타내는 정도로, 자료의 중심을 측정하는 척도이다. 가장 많이 쓰이는 특성으로 분포의 대표값이라고도 한다. 주로 산술평균, 중앙값, 최빈수를 사용한다.

① 산술평균(Mean, 산술적 평균치 μ, calculated values(Normal))

산술평균은 중앙경향의 척도로 가장 많이 사용한다(그냥 평균이라고도 한다). 자료의 모든 값을 합산해서 총 자료 수로 나눈 값인데, 단점은 극단적인 값에 영향을 받는다는 것이다. 점수를 일정 수로 나누거나 곱해도 변하지 않고, 평균은 분포의 중앙점(새로 첨가되면 변함)이며, 평균치로부터 편차의 합은 '0'인 특징이 있다.

② 중앙값(Median, 중앙치, 중위수, 물리적 중심, Me=Md, counted value(skewed))

중앙값은 자료를 크기에 따라 순서대로 나열할 때 가운데에 위치하는 값으로, 극단적인 값에 영향을 받지 않으나, 추가적인 수학적 연산이 불가능하다는 단점이 있다. 양적 자료에만 사용하는데, 이산적 자료일 경우 자료의 총수(n)가 홀수이면 가운데 숫자를 의미한다. 자료의 총수가 짝수이면 가운데 있는 두 값의 평균을 의미한다. 예를 들어, 60, 64, 65, 69, 70, 74의 중앙값은 $Md = \dfrac{65+69}{2}$ 이다.

③ 최빈수(Mode, 가장 빈번한 수, Mo, counted value(bimodal))

최빈수는 가장 빈번하게 (많이) 나타나는 관찰값으로 연속 자료일 경우, 도수분포표에서 가장 빈도수가 많은 최빈계급의 중간값을 의미한다. 극단적인 값에 영향을 받지 않으나 추가적인 수학적 연산이 불가능하다는 단점이 있다. 예를 들어, 60, 60, 60, 65, 67의 최빈수는 60이다.

(2) 산포도(Measure of Variability, 분산도, 변산도)

산포도는 자료의 흩어진 정도를 측정하는 수치를 말한다. 범위, k분위수, 분산, 표준편차 등으로 측정한다.

① 범위(Range)

범위는 가장 큰 수치와 가장 작은 수치의 차이로 가장 간단하다. 그러나 극단적인 값에 영향을 받아 왜곡될 수 있고, 표본의 크기가 커질수록 범위가 커지므로 크기가 다른 자료의 산포도를 비교하기는 곤란하다.

② k분위수

k분위수란 자료를 오름차순으로 정렬 후 k개로 나누었을 때 그중 몇 번째에 위치한

데이터인지 알려 주는 것으로, k가 100이면 백분위수, k가 10이면 십분위수, k가 4이면 사분위수 등으로 부른다. 다시 말해서, k분위수는 자료를 k등분한 값이다. 사분위수(quartiles)는 자료를 4등분한 값으로, 예를 들어 400개의 값을 크기순으로 배열하여 작은 값부터 100번째 값이 1사분위수(Q1), 200번째 값이 2사분위수(Q2), 300번째 값이 3사분위수(Q3)이다. 사분위수 범위(interquartile range, IQR)란 3사분위수와 1사분위수의 차이로 분포의 퍼진 정도를 표현한다(IQR = Q3 − Q1). 즉, 전체 자료의 중앙에 위치한 50%의 값들이 지니는 범위이다. 사분위수가 산포도를 설명하는 데 사용되면 사분위편차로 변환할 수 있는데 사분위편차 Q = (Q3 − Q1)/2이 된다. 극단점수에 거의 영향을 받지 않으나 개별 점수 간의 실제 간격을 계산하지 못하는 단점이 있다.

③ 분산(Variance, 변량)

분산은 평균값을 이용한 측정치로, 각 관측값들이 자료의 중심, 즉 평균으로부터 어느 정도 떨어져 있는가를 측정하는 수치이다. 각 관측값과 평균 간의 차이를 제곱하여 모두 더한 후 관측값의 수로 나누어 준 수치이다.

④ 표준편차(Standard deviation)

표준편차는 평균과의 차이를 나타내며 분산의 제곱근이다. 어떤 표본이 분산이 작은 모집단에서 나온 경우 대표성이 있다고 한다.

(3) 정규분포곡선

정규분포(normal distribution)는 표본을 통한 통계적 추정 및 가설 검증 이론의 기본이 되는 분포로 실제 우리가 자연적, 사회적 현상에서 접하는 여러 자료들의 분포도 비슷한 형태를 띠고 있다. 이는 '가우스 분포'라고도 불리는데, 19세기 초에 K. F. 가우스가 물리계측의 오차계산 과정에서 도입된 확률분포를 정규분포라 부르기 때문이다. 정규분포곡선을 가우스 곡선 또는 오차곡선이라 하며, A. J. 케틀레가 통계에 이용했다는 이유로 이것을 케틀레 곡선이라고도 한다.

정규분포곡선은 도수분포곡선이 평균값을 중앙으로 하여 좌우대칭인 종모양을 이루는데(예를 들면, 키, IQ의 분포 등), 정규곡선과 x축 사이 전체 면적은 1이다.

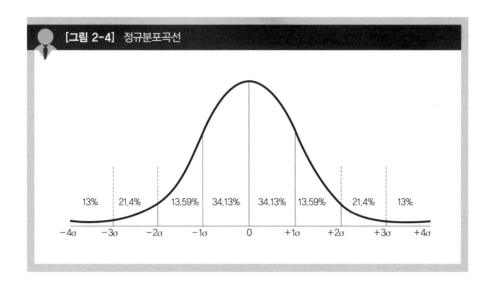

[그림 2-4] 정규분포곡선

| 13% | 21.4% | 13.59% | 34.13% | 34.13% | 13.59% | 21.4% | 13% |

-4σ -3σ -2σ -1σ 0 $+1\sigma$ $+2\sigma$ $+3\sigma$ $+4\sigma$

정규분포곡선에는 변곡점이 세 군데가 생기는데 그 거리는 평균에서 표준편차만 큼의 거리에 생긴다. 따라서 편차란 평균으로부터의 차이를 의미하는데, 그 편차의 합은 일정하게 0이 된다. 즉 항상 일정하게 편차(σ)의 합이 0이 되는 대칭 곡선이기 때문에 정규분포곡선이라 부르는 것이다. 정규분포곡선의 양쪽 끝은 무한히 진행해도 절대로 x축과 만나지 않는다(그림 2-4 참조).

① **표준편차와 표준점수(Z score)**

표준점수는 평균과 자신의 점수(관찰하는 점수) 사이의 차이를 표준편차로 나눈 것이다. 만일 어떤 분포의 평균이 60이고 내 점수가 70일 때 단순하게 내 점수는 평균보다 10점 위라고 말할 수 있겠지만, 70이란 숫자가 그 분포 속의 어떤 위치를 나타내고 있는가는 알 수 없다.

$$Z = \frac{X - \overline{X}}{s}$$

② **중심극한정리(Central limit theorem)**

중심극한정리는 통계학에서 가장 중요한 원리로, 표본의 크기가 충분히 클 때 모집단의 분포와 상관없이 정규분포가 됨을 의미한다. 연구 대상이 되는 자연현상이나 사회현상이 정규분포가 아닐지라도 표본의 크기가 어느 정도만 되면 정규분포임을 가정할 수 있다. 보통 표본의 크기는 30 이상을 말한다.

3. 신뢰도와 타당도

1) 신뢰도(Reliability)

신뢰도는 측정하고자 하는 척도가 얼마나 '신뢰성이 있는가'에 대한 정도를 나타내는 것이다. 신뢰도에 접근하는 방법은 두 가지로 나눌 수 있다(송인섭, 2005). 첫째, 동일인을 대상으로 반복 측정할 때, 신뢰성 있는 측정 도구는 어느 정도 일관성 있는 결과가 나올 것이라고 예상할 수 있다. 이는 항상성, 예언성으로 해석될 수 있는데 개인내 변산의 일관성과 관련된 것이다. 둘째, 순서에 차이를 두고 두 번 실시한결과 첫 번째 실시할 때와 두 번째 실시할 때 결과가 일관성 있을 것으로 예상할 수

[표 2-2] 검사점수 변동의 원인

원인	내용
개인의 영속적, 일반적 특징	• 일반적 기능 차이 • 문항 지시를 이해하는 일반적인 능력, 검사에 익숙한 정도 • 이 검사에 출제된 형식의 문제를 푸는 일반적인 능력 • 검사 장면과 같은 상황에서 일반적으로 작용하는 태도, 정서적인 반응 습관
개인의 영속적, 특수한 특질	• 이 검사의 문항이 요구하는 지식과 지능 • 특정한 검사 자극에 관련된 태도, 정서적 반응, 습관
개인의 일시적, 일반적 특질	• 건강, 피로, 정서적 긴장 • 동기, 감독자와의 인간관계 • 온도, 광선, 통풍 등의 영향 • 검사의 문항형식이 요구하는 기능에 대한 연습의 정도 • 현재의 태도, 정서적 반응, 습관의 강도
개인의 일시적, 특수한 특질	• 검사를 받는 도중에 생긴 피로와 동기의 변화 • 주의력, 조절력, 판단 기준의 동요 • 특수한 사실에 대한 기억력의 동요 • 검사가 요구하는 지식이나 기능에 대한 연습의 정도 • 특정한 검사 자극에 관련된 일시적인 정서 상태, 습관의 강도 • 추측에 의해서 답할 경우의 운수

출처 : 송인섭(2005). 연구방법론. 서울 : 상조사.

있다. 이는 안정성, 일관성으로 해석될 수 있다.

신뢰도는 오차에 의해 변동이 될 수 있는데 오차는 개인간, 개인내 오차와 관련이 있다. 이러한 오차가 발생하는 원인에 대해 Thorndike는 다음과 같이 말하고 있다(송인섭, 1999, 재인용).

신뢰도를 검증하기 위해서는 다양한 방법이 적용된다. 주로 많이 사용되는 방법은 검사-재검사신뢰도, 동형검사신뢰도, 반분신뢰도, 그리고 내적 일관성 신뢰도이다.

(1) 검사 - 재검사신뢰도(Retest Reliability)

검사-재검사신뢰도는 동일 검사를 동일인에게 두 번 실시한 후 상관관계를 계산하여 신뢰도를 산출하는 것이다. 만약 상관관계가 높으면 신뢰도가 높다고 할 수 있다. 이 신뢰도는 검사 도구가 어느 정도 안정성이 있는가를 보기 때문에 안정성 계수라고 한다.

간단하게 계산될 수 있지만 실시 간격에 따라 다르고 피검사자의 상태, 태도 등의 내적 동기를 동일하게 통제할 수 없기 때문에 기억과 연습의 효과에 의한 영향을 적게 받는 경우를 제외하고는 거의 쓰이지 않는다.

(2) 동형검사신뢰도(Alternate-form Reliability)

동형검사신뢰도는 측정하고자 하는 내용은 동일하지만 문항 형태가 다른 2개의 동형검사를 제작하여 그 점수의 상관관계를 계산하여 신뢰도를 산출하는 것이다. 역시 검사-재검사신뢰도와 마찬가지로 상관관계가 높으면 신뢰도가 높다고 할 수 있다. 이 신뢰도는 동형성 계수라고 한다. 기억효과나 연습효과는 극소화할 수 있지만 동질적인 검사를 제작하는 데 어려움이 있다.

(3) 반분신뢰도(Split-half Reliability)

반분신뢰도는 여러 개의 문항으로 구성된 검사를 분할하여 각각 하나의 검사 도구로 보고 얻은 점수의 상관관계를 계산하여 신뢰도를 산출하는 것이다. 역시 상관관계가 높으면 신뢰도가 높다고 할 수 있다. 이 신뢰도는 동질성 계수라고 한다. 반분하는 방법에 따라서 앞부분과 뒷부분을 나누는 전후 반분신뢰도, 홀수 문항과 짝수 문항으로 구분하는 기우 반분신뢰도, 난수표에 의해 분할하는 신뢰도가 있다.

반분신뢰도는 하나의 검사에서 사용하기 때문에 편리할 수 있지만 문항을 동질적으로 반분하는 것이 쉽지 않으며 따라서 신뢰도가 크게 측정될 수 있는 단점이 있다.

(4) 내적 일관성 신뢰도(Intermal Consistency Reliability)

내적 일관성 신뢰도는 1개의 문항을 각각 하나의 검사로 생각하고 각 문항 간의 상관관계를 종합하여 신뢰도를 산출하는 방법으로 현실적으로 가장 많이 사용된다. 이 방법을 일반화한 것이 cronbach α 계수이다. 이 신뢰도는 다른 방법에 비해 작은 값을 가지기 때문에 최소한의 신뢰도라고 할 수 있다.

내적 일관성 신뢰도가 높기 위해서는 문항 간의 상관관계가 높아야 하며 일반적으로 이 값이 0.8 이상이면 높은 신뢰도, 0.6~0.8이면 중간 정도의 신뢰도, 0.6 이하이면 낮은 신뢰도로 판단한다.

2) 타당도(Validity)

타당도는 측정하고자 하는 것을 얼마나 정확하게 측정하는가에 대한 정도를 나타내는 것이다. 즉 타당도는 측정하고자 하는 것을 그 목적에 맞게 얼마나 잘 측정하고 있는가에 대한 정도라고 할 수 있다. 타당도는 내용타당도(논리적 타당도), 기준관련 타당도(경험적 타당도), 구인타당도(개념타당도), 액면타당도(안면타당도)로 구분된다. 기준관련타당도는 다시 예언타당도와 동시적 타당도로, 구인타당도는 이해타당도, 수렴타당도, 판별타당도로 구분한다.

(1) 내용타당도(Content Validity)

내용타당도는 이론타당도라고도 하는데 측정하고자 하는 내용을 얼마나 내용적으로 잘 반영하고 있는가에 대한 정도이다. 예를 들면, 다중지능을 측정하기 위해 그 문항들이 본질적으로 얼마나 잘 구성되어 있는가에 대한 정도를 전문가들의 의견을 통해 평가하는 것이다. 따라서 내용타당도는 전문가의 입장에서 논리적이고 합리적인 정도를 평가하기 때문에 주관적 판단이 개입될 가능성이 높다. 따라서 평가에 대한 객관성을 높이기 위해 평정자들 간 혹은 검사 도구 개발자와 평정자들 사이에 일치도를 계산할 수 있다.

(2) 기준관련타당도(Criterion-related Validity)

① 예언타당도(Predictive Validity)

예언타당도는 측정 도구를 사용하여 측정한 결과가 검사 대상자의 미래 행동을 얼마나 정확하게 예측할 수 있는가를 나타내는 정도이다. 예를 들어, 음악적성 검사에서 높은 점수를 받은 학생이 이후 음악적인 능력을 보여 준다면 이 검사는 예언타당도가 높다고 할 수 있다. 이처럼 예언타당도는 검사와 준거검사와의 상관관계로 나타낼 수 있는데 두 검사 사이에 상관이 높다면 타당도가 높은 것으로, 그렇지 않으면 타당도가 낮은 것으로 판단할 수 있다. 이때 중요한 것은 검사와 준거검사 모두 신뢰도가 높은 검사여야 한다는 것이다.

② 동시적 타당도(Concurrent Validity)

동시적 타당도는 예언타당도와 기본개념은 비슷하지만 시간차원과 준거의 성질 면에서 차이를 보인다. 즉 예언타당도가 미래의 행동과의 관계를 평가하는 것이라면 공인타당도는 현재의 행동과의 일치를 평가하는 것이다. 따라서 동시적 타당도는 검사에 의한 특성이 현재 또 다른 어떤 검사와 어느 정도 일치하는가를 파악하는 것이다. 예를 들어, 새로 검사한 우울검사가 기존의 우울검사와 상관관계가 높다면 공인타당도가 높다고 할 수 있다.

(3) 구인타당도(Construct Validity)

구인타당도는 어떤 검사 도구가 그 검사가 측정하고자 하는 속성과 목적이 이론적으로 얼마나 잘 반영하고 있는가에 대한 정도를 나타내는 것이다. 예를 들면, 스트레스를 측정하기 위해서 제작된 검사 도구가 스트레스에 대한 심리적 개념에 따른 이론적 모형을 기초로 제작된 것이라면 구인타당도가 높다고 할 수 있다.

　구인타당도는 예언타당도나 공인타당도처럼 다른 기준이 되는 검사 도구와의 관계가 아닌 이론적인 측면에서 얼마나 잘 반영하고 있는가를 보여 주는 것이다. 따라서 구인타당도를 검증하기 위해서는 요인 분석, 집단 간의 차이 비교, 검사 과정 분석 등의 연구 방법이 다각적 측면에서 사용된다.

① 이해타당도(Nomological Validity)

이해타당도는 특정 개념에 대해 이론적 구성을 토대로 어느 정도 체계적, 논리적으로 이해하고 있는가를 나타내는 타당도이다.

② 수렴타당도(Convergent Validity)

수렴타당도는 동일한 개념을 측정하기 위해 서로 다른 측정방법을 사용하여 얻은 측정값들 간에는 상관관계가 높아야 한다는 것을 의미하는 타당도이다. 예를 들면, 같은 우울검사 도구라면 두 검사로 측정한 결과의 상관관계가 높아야 한다는 것이다.

③ 판별타당도(Discriminant Validity)

판별타당도는 서로 다른 개념을 측정하기 위한 문항들 간에는 상관관계가 낮아야 한다는 것을 의미하는 타당도이다. 예를 들면, 우울을 측정하는 문항과 지능을 측정하는 문항은 서로 다른 것을 측정하기 때문에 서로 상관관계가 낮아야 한다는 것이다.

(4) 액면타당도(Face Validity)

액면타당도는 전문가가 아닌 일반인이 검사 문항을 읽고 그 검사가 얼마나 타당한가에 대해 평가하는 것이다.

참고문헌

박연식, 윤명선 (1993). 현대통계학. 서울 : 다산출판사.

송인섭 (1999). 통계학의 이해. 서울 : 학지사.

송인섭 (2005). 연구방법론. 서울 : 상조사.

03

연구의 분류

다른 철학적 관점에 근거를 두고 있는 두 가지 구별되는 접근법, 즉 양적 연구와 질적 연구는 관련 문헌에 대한 고찰은 물론 데이터 수집 방법이나 분석 방법, 그리고 결과의 보고 방법까지 다르게 진행된다. 양적 연구에서는 연구 초반에 많은 양의 참고문헌들을 근거로 하여 연구 질문이나 가설 방향을 정하게 되는 반면에 질적 연구에서는 관련 선행 연구들이 탐구할 연구 문제의 틀을 제공하고 연구 계획 초기 단계에서 귀납적으로 연구를 수행할 수 있도록 한다. 또한 연구의 목적도 양적 연구에서는 변인이나 구성 개념들 간의 관계나 비교에 초점을 두게 되는 반면에 질적 연구는 자연스런 상황에서 발생되는 개인적 경험에 근거하여 진행되는 과정에 대한 탐구에 초점을 둔다.

1. 개요

연구는 이미 언급한 것처럼 크게 양적 연구와 질적 연구로 분류할 수 있다. 양적 연구는 연구 변인들을 엄격하게 통제할 수 있는 연구 디자인이나 통계적 분석을 통해 연구 대상을 관찰하고 측정하여 제시된 이론을 검증하는 방법이며, 실증적인 관찰과 측정으로부터 객관적인 데이터가 수집되며 그것에 대한 신뢰도와 타당도 검증 등은 의미 있는 연구 결과를 도출하도록 한다(Creswell, 2009). 무엇보다도 그 이름에서 알 수 있듯이 수집되는 데이터와 분석, 결과 보고 등에 모두 숫자가 사용되는

데, 그 숫자들은 일반적으로 어떤 변인 혹은 요소가 연구 결과에 어떤 영향을 얼마만큼 미치는지 그리고 어떤 관계가 있는지를 설명한다.

신뢰도(reliability)와 타당도(validity)는 양적 연구에서 중요한 개념 중의 하나이다. 신뢰도란 연구에서 시행하고 있는 측정 방법이 측정 대상이 되는 내용을 어느 정도의 안정성을 가지고 일관성 있게 측정하고 있느냐, 즉 반복 측정해도 동일한 값을 얻을 수 있을 것인가라는 것과 관련된 정확성(accuracy)을 말한다. 타당도는 측정하고자 하는 것을 정확하게 측정하고 있는지에 대한 정도를 나타낸다. 질적 연구에서와는 달리 양적 연구에서는 다양한 방법으로 신뢰도와 타당도를 검증할 수 있다(신뢰도와 타당도에 대한 추가 정보는 제2장 참조).

앞에서 언급된 바와 같이 양적 연구는 변인들 간의 관계나 원인 등을 규명하고 설명하기 위해 다양한 방법으로 시행되는데, 좀 더 넓은 의미에서 실험 연구(experimental research)와 비실험 연구(non-experimental research)로 구분 지어 볼 수 있다. 실험 연구는 실험에서 사용하는 변인들을 조작하고 통제하여 결과에 미치는 영향을 알아보는 것으로 요약할 수 있는 반면, 비실험 연구는 변인들에 대한 연구자의 통제 대신 발생하고 있는 현상에 대한 설명이나 예측 등을 가능하게 한다.

Gall 등(2003)은 비실험 연구를 연구 목적에 따라 분류하고 있는데, 일정 시기의 현상이나 상태에 대해 묘사하는 것이 목적이라면 기술 연구(descriptive research)가 적절하며, 오랜 시간 동안의 변화에 대한 묘사가 목적이라면 종단 연구(longitudinal study)가 적절하다고 주장한다. 또한 연구의 목적이 예측과 관련된 것이라면 상관 관계 연구(correlational study)가, 그리고 현상에 대한 설명과 인과관계에 연구의 초점을 두고 있으면 인과 비교 연구[causal-comparative design, 혹은 사후 연구 설계(ex post facto study)]가 시행되어야 한다고 하였다.

질적 연구와 양적 연구의 차이를 설명하기 위해 자주 기준으로 사용되는 관점이 실증주의(positivism)적 입장의 여부이다. 실증주의는 지식의 목적은 우리가 경험하고 있는 현상을 설명하려는 것이고 과학의 목적은 우리가 객관적으로 관찰할 수 있고 측정할 수 있는 것을 증명하는 것이라는 입장이기 때문에 직접적인 조작과 관찰을 통해 법칙을 식별하는 실험이 과학적 방법의 주요 접근법이라고 주장한다(Trochim, 2006). 지식과 인식에 대한 이러한 관점은 경험론(empiricism)의 입장과 유사한데 즉 과학의 핵심은 관찰과 측정이라는 것을 주장한다. 반면에 후기실증주의(post-positivism)적, 후기경험주의(post-empiricism)적, 또는 구성주의(constructivism)적 관점은 연구자와 관찰 대상의 세계가 결코 독립적으로 분리되어 있지 않으며 사회적 환경 내에서의 교류를 통해 각기 다른 개인들에 의한 다른 진실이 만들어질 수 있기 때문에 실증주의자들이 주장하는 분석적 방법만으로는 탐구될 수 없는 총체적 실체가 있다고 주장한다(Creswell, 2009; Gall et al., 2003).

이처럼 과학적 탐구에 대한 관점의 차이는 연구의 가정과 방법에 있어서도 확연히 다른 차이를 보이고 있는데, 실증주의적 입장에서는 사회적 환경의 특성들은 하나의 독립된 진실로 구성되어 있으며 그것은 비교적 시간과 상황에 따라 변화하지 않고 지속된다는 가정하에 수량화된 데이터 수집과 분석을 통해 지식을 확장시키게 된다. 반면에 후기실증주의적 연구에서는 사회 환경의 양상들은 개인의 해석에 의해 달라질 수 있으며 그 해석도 상황과 시간에 따라 변화될 수 있다는 가정하에 주로 대상자와의 집중적인 연구를 통해 언어적 데이터 수집을 한 후 분석적으로 결과를 도출하게 된다. 일반적으로 이러한 차이를 보이는 연구들을 전자는 양적 연구(quantitative research)로 후자는 질적 연구(qualitative research)로 구분 짓고 있다.

실험 연구는 연구자에 의해 조작되고 통제되는 독립변수(independent variable)가 종속변수(dependent variable)에 미치는 영향을 탐구하며 가장 정밀하게 인과관계의 가설 검증을 제공한다. 독립변수는 실험자가 통제, 조작할 수 있는 조건이며, 종속변수는 독립변수의 변화에 따라 나타나기도 하고 사라지기도 하며 변화되는 특성이다. 이러한 변인들을 사용하여 실험 연구는 다양한 디자인으로 시행될 수 있는데, 대상 그룹이 1개인지(single subjects/group design) 혹은 2개 이상인지(control group design), 관찰과 측정이 한 번 시행되는지(one-shot case study) 혹은 사전과 사후(pretest-posttest design) 또는 반복적으로 여러 번 시행되는지(time-series design), 연구의 독립변수와 종속변수가 1개인지(one variable design) 혹은 2개 이상인지(multiple condition design), 그리고 연구 대상이 무작위로 표집되었는지(true experimental design) 편의 표집되었는지(quasi-experimental design) 등에 따라 다양한 수준의 연구 결과를 도출해 낼 수 있다.

양적 연구는 보건의학, 교육학, 심리학 등 대부분의 분야에서 보편적으로 적용되는 연구 방법이며 그 객관성과 신뢰성에 있어서 비교적 높이 평가되고 있다. 그러나 이러한 긍정적 평가도 받고 연구자가 의도한 연구 목적을 성공적으로 달성하기 위해서는 양적 연구에 대한 기본 개념과 수행 방법, 통계적 분석 및 해석, 논리적 결과 보고 등은 물론 연구 수행 과정에서 발생할 수 있는 윤리적 문제에 대한 대처 방안까지 정확하게 이해한 후에 연구를 시행하는 것이 중요하다.

2. 양적 연구

1) 기술연구

기술연구(descriptive research)는 있는 그대로의 현상을 설명하고 해석하는 것이다. 즉 기술연구는 연구자가 어떤 변인을 조작하지 않고 현상을 있는 그대로 설명하는 것을 목적으로 한다. 기술연구에는 조사연구, 발달연구, 사례연구, 상관연구, 내용분석, 관찰연구 등이 있다.

(1) 조사연구

조사연구에는 조사 대상에 따라 인구조사같이 전체 모집단을 조사하는 전수조사와 표본을 설정하여 조사하는 표본조사가 있다. 또한 문헌을 조사하는 문헌조사도 있다. 한편 자료를 수집하는 방법에 따라서는 질문지를 통한 조사, 전화를 통한 조사, 면접을 통한 조사 등의 방법이 있다.

① 분류

조사연구는 기술연구의 대표적인 연구법으로 어떤 변인에 대해 아무런 조작이나 통제를 가하지 않은 자연적인 상황에서 관련 변인을 조사하여 정확하게 기술하는 것이다. 조사연구는 연구 결과 수준에 따라 기술적 조사와 진단적 조사로 구분될 수 있다. 조사 결과가 무엇인가에 대해 단순히 설명하는 것을 기술적 조사라고 하며, 이러한 설명을 통해 어떤 관계를 규명하는 것에 관심이 있을 때는 진단적 조사라고 한다.

또한 조사대상의 통제 정도에 따라 조사대상에 영향을 거의 주지 않는 조사방법과 조사 조건 자체를 조성하는 조사방법이 있다. 예를 들면 문헌을 조사하는 연구는 조사 대상에 거의 영향을 주지 않고 조사하는 방법이다.

마지막으로 표집방법에 따라 전수조사와 표본조사가 있다. 전수조사는 연구 조사 대상을 모두 조사하는 것으로 모집단이 비교적 작고 표본조사를 할 기술이 없을 때 사용할 수 있다. 한편, 표본조사는 조사대상 전체에서 일부 표본을 추출하여 조사하는 것으로 전수조사에 비해 인력과 시간 및 비용은 적게 들지만 전문적인 기술이 필요하다.

② 자료수집 방법

조사연구에서 자료를 수집하는 방법은 질문지를 통한 방법, 전화를 통한 방법, 면접을 통한 방법이 있다. 최근에는 온라인 조사를 통해 자료를 수집하기도 한다.

ⓐ 질문지법

질문지법은 어떤 문제나 상황에 대한 것을 알아보기 위해 일련의 문항을 체계적으로 만들어 자료를 수집하는 방법이다. 질문지법의 장점은 동시에 많은 응답자로부터 정보를 얻을 수 있기 때문에 시간과 비용을 절약할 수 있으며, 또한 응답자에 따른 영향을 최소화면서 비교적 개인적, 심리적인 반응을 알 수 있다는 점이다. 하지만 구조화된 질문의 경우 응답에 대한 융통성이 제한되며 응답자의 이해력과 표현능력에 따라 응답의 진위 파악이 어려울 수 있다. 설문지를 사용하여 자료를 수집할 경우 설문에 대한 동기부여가 잘되면 응답을 잘하지만 그렇지 않을 경우 거짓 응답과 회수율이 낮은 게 문제가 될 수 있다. 따라서 응답의 회수율을 높이기 위해 여러 가지 시도가 필요하다.

한편 질문지는 그 형식에 따라 개방형 질문, 양자택일형 질문, 선다형 질문, 순위형 질문, 평정척도형 질문으로 구분될 수 있는데 그 내용은 〈표 3-1〉과 같다.

질문지를 작성하기 위해서는 다음의 사항을 고려해야 한다.

- 설문 문항이 적절해야 한다. 설문조사의 경우 응답자의 동기와 성실성에 따라 자료의 신뢰도가 달라지기 때문에 집중을 유지하기 위해서는 문항 수가 적절

[표 3-1] 질문의 형식과 내용

형식	내용
개방형 질문	당신이 좋아하는 과일은 무엇입니까?
양자택일형 질문	당신은 자동차를 소유하고 있습니까? ① 예 ② 아니요
선다형 질문	당신이 생각하는 결혼의 제1조건은 무엇입니까? ① 직업 ② 외모 ③ 가정환경 ④ 성격
순위형 질문	대학선택에 가장 많은 영향을 주는 요인을 정하여 1~4까지 순서대로 써 주세요. ① 성적 ② 부모님 ③ 선생님 ④ 진로
평정척도형 질문	학생들의 수업 참여도는 어떠합니까? ① 매우 적극적 ② 적극적 ③ 보통 ④ 소극적 ⑤ 매우 소극적

해야 한다. 특별히 문항이 개인적인 태도나 가치관을 묻는 경우 20~30개, 혹은 10~15분 정도로 구성하는 것이 좋다.

- 단순하고 명확한 단어를 사용해야 한다. 문항에 사용되는 단어나 질문은 그 의미가 명확하게 전달되어야 하며 모호하거나 추상적인 단어는 사용하지 않는 것이 좋다. 또한 질문에 이중적이거나 포괄적인 의미를 갖는 단어나 어휘는 피하는 것이 좋다.

- 응답 방식이 연구 목적에 적절해야 한다. 예를 들면 연령의 경우 10대, 20대처럼 연령대로 조사할 것인지, 혹은 23, 34 등으로 직접 조사할 것인가를 연구 목적에 맞게 결정해야 한다. 전자의 경우 이산형 변수이기 때문에 교차분석, 혹은 t-분석, ANOVA 등을 적용할 수 있으며 후자의 경우, 연속형 변수이므로 상관관계 분석, 회귀분석 등도 적용할 수 있다.

- 설문의 시작에 안내문을, 끝에 감사의 말을 넣는다. 설문의 표지인 안내문에는 연구자 신분, 조사의 목적, 응답의 이유, 비밀의 보장 등을 명시해야 하며 마지막에는 감사의 인사말을 사용하여 응답자에게 불쾌감과 저항감을 주지 말아야 한다. 또한 초반부는 쉽게 응답할 수 있는 일반적인 문항을 사용하며 민감한 주제나 개방형 질문 등은 후반부에 배치하는 것이 좋다.

- 대조적인 설문은 공간적 거리를 두고 배치한다. 이는 설문의 의도가 노출됨으로 인해 발생하는 응답의 왜곡을 막기 위한 것이다. 의도적으로 응답 태도의 진실성을 알기 위해 대조설문을 사용하는 경우가 있는데, 이 경우에도 대조적인 문항은 가능한 거리를 두고 배열하는 것이 좋다.
- 선행 연구에서 사용된 설문을 응용한다. 보통 조사연구의 경우 아주 특별한 경우가 아니면 선행 연구에서 사용된 설문을 응용하는 것이 좋다. 이러한 설문지는 이미 신뢰도와 타당도를 검증받은 것이기 때문에 연구에 적절하다. 단 연구 목적에 맞는 설문을 적용해야 한다.
- 설문의 내용이 응답자에게 적절해야 한다. 조사 대상이 청소년이라면 대상이 이해할 수 있는 문항과 어휘를 사용해야 하며 그들이 응답할 수 있는 내용의 설문을 구성해야 한다. 예를 들어, 학생들에게 가정의 소득에 대해 묻는 것은 적절하지 않을 수 있다.
- 설문지 조사 후 사전조사를 통해 질문을 수정하고 보완해야 한다. 설문 작성 후 본조사 이전에 응답에 대한 난이도 등을 검사하여 문항을 삭제하거나 수정해야 한다.

ⓑ 면접법

면접법은 질문지를 통해 수거한 자료들을 보충하거나 확실하게 하기 위해 사용되는 방법이다. 면접법의 장점은 질문을 이해하지 못할 경우 다른 방식으로 표현하여 질문할 수 있는 융통성이 있다는 것과 응답에 대한 회수율도 높일 수 있다는 것이다. 하지만 설문을 위한 시간과 장소가 필요하며 표준화된 자료를 얻기 어려운 단점이 있다.

면접법은 질문의 순서와 내용을 일관성 있게 준비하는 표준화 면접법(standardized interview)과 적당하게 순서를 변경하여 질문하는 비표준화 면접법(unstandardized interview)이 있다. 또한 직접 대면하는 직접 면접과 전화 면접도 있으며 대상자에 따라 개인 면접과 집단 면접으로 구분할 수도 있다.

(2) 발달연구

발달연구는 주로 연령의 변화에 따른 발달 과정에 관심을 가진다. 따라서 연령이 중요한 변인이 된다. 발달연구는 접근 방법에 따라 종단적 접근 방법과 횡단적 접근 방법으로 구분될 수 있다.

종단적 접근 방법은 한 연령을 표집하여 동일한 연구 대상을 오랜 기간 동안 반복적으로 관찰함으로써 연령에 따른 발달적 변화 과정을 관찰하는 방법이다. 연구자가 경험이 없을 때 힘이 많이 들고 비생산적이며 연구자의 훈련과 사전지식이 필요하다. 또한 이 방법은 소수의 대상에게서 얻은 결과를 다른 집단으로 일반화함에 있어서 어려움이 있음을 주의해야 한다.

횡단적 접근 방법은 다른 연령의 서로 다른 개인을 대상으로 필요한 발달 특성을 알아보는 방법이다. 종단연구에 비해 경비와 노력이 덜 들지만 각 연령의 대표값으로 개인의 발달 성향을 보는 것이므로 참 모습을 보기 어려운 단점이 있다. 이러한 두 방법의 장단점을 보완한 것이 종단적-연속적 설계 방법과 횡단적-연속적 설계 방법이다. 종단적-연속적 설계 방법은 연령이 다른 집단을 동일한 종단적 연구기간 동안 연구하여 서로 비교하는 것이다. 예를 들면 3~7세를 종단적으로 연구할 경우 3~5세를 3년간 연구하여 비교하는 것을 말한다. 반면 횡단적-연속적 설계 방법은 다른 출생 집단에서 표집한 아동을 일정 기간 횡단적으로 연구하는 것이다. 예를 들면 5~9세 아동을 연구할 경우 첫해는 5~7세를, 다음 해는 6~8세를 표집하여 연구하는 것을 말한다.

(3) 사례연구

사례연구는 한 가지 사실이나 상황에 관련된 측면을 여러 각도에서 포괄적으로 다루는 방법이다. 여러 측면에서 자료를 모으고 이 자료에 대한 예리한 통찰과 균형을 활용하여 집중적인 분석과 해석을 한 다음 진단과 적절한 지도를 하게 된다. 따라서 사례연구는 개별화, 변별화, 조직화, 포괄화의 개념을 동시에 가지고 있다. 사례연구는 한 개인에 대한 여러 가지 종류의 필요한 정보를 조사해서 개인이 가지는 문제의 원인을 진단하고 적절한 치료를 모색하는 방법으로 조사 대상에 대한 모든 자료를 포함할 수 있다.

사례연구의 장점으로서 비교적 소수의 대상을 시간적인 변화에 따라 연구할 수 있으며 구체적으로 연구하여 조사 대상에 대한 문제의 원인을 파악할 수 있다. 또한 개인을 신체적, 심리적, 환경적인 모든 요인의 종합으로 보고 포괄적으로 다룰 수 있다. 반면 대표성과 비교가 불분명하고 주관적 해석에 빠질 우려가 있다.

(4) 상관연구

상관연구는 사건과 사건, 현상과 현상 사이에 나타나는 관계를 보여 주는 것을 말한다. 상관은 두 변수 간의 관계를 양적으로 보여 주는 것으로 −1~1 사이의 값을 가지며 1에 가까울수록 상관관계가 높다고 할 수 있다. 한 변수가 증가할 때 다른 변수도 증가하면 정적 상관(positive, +), 한 변수가 증가할 때 한 변수가 감소하면 부적 상관(negative, −)이라고 한다. 상관관계 연구는 체계적으로 독립변수를 조작하기 어려울 때 시도되며 인과관계로 해석하지 않도록 주의해야 한다.

2) 실험연구

(1) 실험연구 디자인

연구 디자인은 연구 문제의 해결 방안과 가설을 검증할 수 있는 계획 및 절차로, 연구 전체 밑그림에 해당한다. 어떤 방법론을 적용하여 자료를 수집하고 분석하려고 하는지에 대하여 대략적인 설명을 제시하는 것이다. 연구자는 실험연구 디자인을 구축할 때 연구 목적, 관찰 대상, 조사 상황, 조사 시기 등을 종합적으로 고려하여 이에 적합한 실험연구 디자인 방법을 선택해야 한다. 실험연구 디자인의 구분 기준은 실험연구 디자인의 조건, 즉 실험 처리의 조작화, 외생변수 통제, 관찰 대상의 무작위화 등이다(표 3-2 참조).

① 전실험 디자인(Pre-experimental Design)

전실험 디자인에서는 연구자가 단일집단을 연구하며 실험 기간 동안 중재를 한다. 이 디자인은 실험집단과 비교할 통제집단이 없기 때문에 비실험 디자인(non-experimental design)이라고도 부른다.

[표 3-2] 실험연구 디자인의 분류

전실험 디자인[Pre-experimental Design, 비실험 디자인(Non-experimental Design)]	일회성 사례연구[One-shot experimental case study, 단일집단 사후검사 디자인(One group posttest only design)]
	단일집단 사전–사후검사 디자인 (One group pretest-posttest design)
	비동질적 집단 사후검사 디자인 [Posttest only design with non-equivalent group, 정적 집단 디자인(Static group comparison design)]
진실험 디자인(True-experimental Design)	사전–사후 통제집단 디자인 (Pretest-posttest control group design)
	솔로몬 4집단 디자인(Solomon four-group design)
	사후검사 통제집단 디자인 (Posttest only control group design)
준실험 디자인(Quasi-experimental Design, 유사실험 디자인)	비무선표집 사전–사후 통제집단 디자인 (Nonrandomized control group pretest-posttest design)
	시계열 디자인(Time series experiment)
	통제그룹 시계열 디자인 (Control group time series design)
	등가시간표본법(Equivalent time-samples)
상관적이며 역학적인 디자인 (Correlation and ex post facto design)	상관관계 연구(Correlational studies)
	사후 디자인 : 사후 역추적 연구(Ex post facto studies)

**각 실험 디자인을 도식화할 때는 기호를 사용한다. O(observation)는 관찰 또는 측정을, X(treatment)는 실험처치 또는 독립변수를, R은 무선표집 또는 무선배치를 의미하는 것으로 사용한다.

출처 : Campbell & Stanley, 1963.

ⓐ 일회성 사례연구(One-shot experimental case study)

단일집단을 중재 이후 일회 관찰하는 방식으로 단일집단 사후검사 디자인(one group posttest only design)이라고도 부른다. 대부분의 사회실험이 여기에 해당되는데, 사전 측정이 없어 실험의 순수한 효과를 측정했다고 볼 수 없고, 외생변수의 통제도 불가능하므로 내적, 외적 타당성이 모두 결여된다.

$$\text{X} \Rightarrow \text{O}$$

ⓑ 단일집단 사전-사후 검사 디자인(One group pretestposttest design)

단일집단에 대하여 실험처리 전후를 검사한 뒤 이를 비교하는 방식이다. 이 방법은 O_1이 있어서 비교가 가능하다는 것이 장점이나, (O_2-O_1)가 X 이외에 다른 요인(외생변수)으로도 설명 가능하기 때문에 인과관계를 추론하기가 곤란하다는 단점이 있다. 또한 (O_2-O_1)의 시간 차이가 길수록 문제가 있다.

$$O_1 \Rightarrow \text{X} \Rightarrow O_2$$

ⓒ 비동질적 집단 사후검사 디자인(Posttest only design with non-equivalent group)

실험 대상을 2개의 집단으로 나누어 실험변수를 조작하는 집단과 그렇지 않은 집단으로 구분한 후 사후검사 결과의 차이로 실험변수 조작의 효과를 측정하는 디자인이다. 정적 집단 비교 디자인(static group comparison)이라고 부르기도 한다. 이 방법은 무작위배정이 되지 않아 두 집단의 동질성을 확보하기 어렵기 때문에 내적 타당성과 외적 타당성이 낮다.

$$\begin{array}{lll} \textbf{group I} & \text{X} \Rightarrow & \text{O} \\ \textbf{group II} & \Rightarrow & \text{O} \end{array}$$

② 진실험 디자인(True Experimental Designs)

실험집단과 통제집단을 갖추고 있으며 피험자들을 각 집단에 무선으로 배치하는 것이 특징이다. 피험자들의 무선배치는 내적 타당도 저해요인이나 처치변인 외의 모든 변인을 철저하게 통제할 수 있기 때문에 실험의 타당성이 높은 완벽한 실험 디자인이다.

ⓐ 사전-사후 통제집단 디자인(Pretest-posttest control group design)

실험연구에서 가장 많이 쓰이는 디자인으로서 표집으로 구성된 두 집단에 사전-사후검사를 실시하여 그 결과 두 집단 간에 일어난 차이가 독립변수에 의해서만 일어난 결과임을 확인하려는 것이다. 이 디자인은 높은 내적 타당도를 확보할 수 있다는 장점이 있다.

$$R \cdots O_1 \Rightarrow X \Rightarrow O_2$$
$$R \cdots O_1 \Rightarrow \Rightarrow O_2$$

즉 무선표집한 피험자들을 실험집단과 통제집단에 배치하여 각각의 사전검사(O_1)를 실시한 후, 무선적으로 한 집단(실험집단)에만 실험처치를 가하고 다른 집단(통제집단)에는 아무런 실험처치를 가하지 않은 다음, 실험집단과 통제집단 각각의 사후검사(O_2)를 실시한다. 실험처치의 효과는 두 집단 각각의 사전-사후 검사치의 차이($O_2 - O_1$)로 평가하게 되는데, 실험집단의 사전-사후 검사치의 차이가 통제집단의 차이보다 통계적으로 유의하게 클 경우 실험처치가 있다고 할 수 있다.

ⓑ 솔로몬 4집단 디자인(Solomon four-group design)

사전검사의 영향과 실험처치에 의한 영향이 상호작용하여 실험의 외적 타당도를 낮추고 실험 결과의 일반화를 저해하는 것을 막음으로써 사전-사후검사 통제집단 디자인의 결함을 보완할 수 있는 솔로몬(Solomon)이 고안한 실험 디자인이다. 사전검사를 하지 않는 두 집단을 첨부함으로써 사전-사후 통제집단 디자인과 사후검사 통제집단 디자인을 통합한 디자인이다.

$$R(A\ group) \cdots O_1 \Rightarrow X \Rightarrow O_2$$
$$R(B\ group) \cdots O_1 \Rightarrow \Rightarrow O_2$$
$$R(C\ group) \cdots   X \Rightarrow O_1$$
$$R(D\ group) \cdots   \Rightarrow O_1$$

가능한 모든 매개변수를 통제하기 위한 디자인으로서 A, B, C, D 4개의 집단을 모두 무선으로 배치하고 A, B 두 집단은 각각 사전검사(O_1)를 하며 C, D 두 집단은 사전검사를 하지 않는다. 또한 A, C 두 집단은 실험처치를 하고 B, D 집단은 실험처치를 가하지 않는다. 그리고 사후검사는 4개 집단 모두 실시한다. 사전검사의 효과는 그룹 A, B의 사후검사값과 그룹 C, D의 사후검사값을 비교하여 구한다. 검사와 실험처치 간 상호작용의 효과는 그룹 A의 사후검사값과 그룹 C의 사후검사값을 비교하여 구한다. 이 방법은 다른 실험 디자인에서는 불가능한 각종 매개변수의 영향을 완벽히 분리해 낼 수 있지만, 디자인이 복잡하고 집단의 수가 많기 때문에 집단 간 격리에 어려움이 있고 많은 시간과 비용이 드는 단점이 있다.

ⓒ 사후검사 통제집단 디자인(Posttest only control group design)

사전–사후검사 통제집단 디자인과 기본 형태는 같지만 사전검사는 하지 않고 단지 사후검사만을 실시하는 디자인이다.

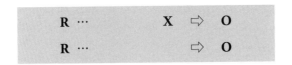

무선 표집한 피험자들을 실험집단과 통제집단에 배치한 후, 실험집단에는 실험처치를 가하지만 통제집단에는 어떠한 처치도 가하지 않은 채 그대로 두었다가 두 집단 모두에게 사후검사만을 실시하여 이 두 집단의 사후검사 결과치의 차이로써 실험처치의 효과를 검증한다. 그러나 사전검사가 없기 때문에 실험처치의 효과크기를 알 수 없는 단점이 있다. 따라서 사전검사가 불필요한 경우, 사전검사를 실시하기 매우 어려운 경우, 검사 실시 비용이 많이 드는 경우, 적당한 사전검사를 찾지 못할 경우, 사전검사와 실험처치의 상호작용이 예상되는 경우 등에 유용하게 사용할 수 있다.

③ 준실험 디자인(Quasi-experimental Design)

피험자들을 각 집단에 무선으로 배치하는 것이 곤란하여 처치변수 외 변인에 대한 엄격한 통제가 불가능할 경우에 연구자가 실험통제를 완전하게 이루지 못한 상황하에서 자료를 수집하여 실험적 분석과 해석을 하게 되는 디자인이다. 따라서 무선 표집 또는 무선배치를 의미하는 R은 준실험 디자인 도식화에서는 모두 공통적으로 제외된다. '유사실험 디자인'이라고도 부른다.

ⓐ 비무선표집 사전-사후 통제집단 디자인(Nonrandomized control group pretest-posttest design)

진실험 디자인의 사전-사후 통제집단 디자인과 유사하나, 무선표집을 전제로 하지 않는다는 차이점이 있다. 비동질적 통제집단 디자인이라고도 한다. 실험에서 엄격한 의미의 표본추출을 할 수 없을 때에는 대신 임의의 표본집단을 선정하고, 표본을 무선 지정하는 방법을 사용하기도 한다.

$$O_1 \Rightarrow X \Rightarrow O_2$$
$$O_1 \Rightarrow \Rightarrow O_2$$

ⓑ 시계열 디자인(Time series experiment, time-series design)

어느 한 개인이나 집단을 대상으로 삼아 종속변수를 주기적으로 측정하고, 이러한 측정의 시간계열 중간에 실험적 처치를 도입하는 방법이다. 한 집단의 대상에게 처치를 하되 시간계열에 따라 처치 전후에 검사를 여러 번 반복 실시함으로써 시간에 따른 변화를 알아볼 수 있다.

$$O_1 \Rightarrow O_2 \Rightarrow O_3 \Rightarrow O_4 \Rightarrow X \Rightarrow O_5 \Rightarrow O_6 \Rightarrow O_7 \Rightarrow O_8$$

이 디자인은 정책이나 프로그램이 개입 전, 후의 여러 시점에 걸쳐서 어떤 변화를 보이는지를 관찰하는 방법으로, 통제집단을 구할 수 없는 경우에 많이 사용되어 왔다. 동일한 대상에 대하여 실험변수에 노출되기 전, 후의 종속변수에 대한 측정을 실시하여 변화의 추세를 파악하고 실험 효과를 분석한다. 한 실험집단을 실험처치 전, 후로 여러 번 관찰하며, 기간이 길면 길수록 좋다. 그러나 측정 기간에 우발적인 사건의 영향을 배제할 수 없고 측정 수단의 변화와 같은 외생변수의 영향을 받을 가능성이 많다는 것이 단점이다.

ⓒ 통제그룹 시계열 디자인(Control group time series design)

시계열 디자인에 하나 또는 그 이상의 통제집단을 부가하는 방법이다.

$$O_1 \Rightarrow O_2 \Rightarrow O_3 \Rightarrow O_4 \Rightarrow X \Rightarrow O_5 \Rightarrow O_6 \Rightarrow O_7 \Rightarrow O_8$$

$$O_1 \Rightarrow O_2 \Rightarrow O_3 \Rightarrow O_4 \Rightarrow \quad \Rightarrow O_5 \Rightarrow O_6 \Rightarrow O_7 \Rightarrow O_8$$

ⓓ 등가시간표본법(Equivalent time-samples)

똑같은 측정인데 실험처치를 다르게 하여(X_1, X_0, X_1 …) 관찰하는 방법이다. 시간표본(time-sample)에 따라 달라진다.

$$[X_1 \Rightarrow O_1] \Rightarrow [X_0 \Rightarrow O_2] \Rightarrow [X_1 \Rightarrow O_3]$$

④ 상관적이며 역학적인 디자인(Correlation and Ex Post Facto Design)

어느 요인의 영향을 측정하고 싶은데, 실험설계가 어려운 경우 적용한다. 이미 과거에 발생했던 어떤 사실이나 사건을 나타내는 변수와 종속변수와의 상관관계를 보는 연구 디자인으로, 독립변수가 종속변수의 원인이 되었다고 단정적으로 말할 수 없고, 단지 상관이 있다.

ⓐ 상관관계 연구(Correlational studies)

복합적으로 존재하는 변수를 서로 격리하기가 어려워 한 변수를 유일한 원인은 아니고 여러 원인 가운데 하나라고 추정하든가, 그런 정도의 인과관계마저 인정하기가 이르지만, 적어도 두 변수 간 어떤 관계가 나타날 때 상관관계라고 부른다. 그 연관성은 일부 인과관계일 수도 아닐 수도 있다.

ⓑ 사후 디자인

사후 역추적 연구(Ex post facto studies) : 'ex post facto'는 실험에서 실험 전에 결정되지 않고 어떤 조작이 자연적으로 발생된 후에만 정해지는 조건을 의미한다. 전형적으로 관계 연구는 실험에서처럼 변인들의 조작을 포함하지 않으므로 관계 지어진 자료들은 종종 'ex post facto' 자료라고 불리는데, 이 말은 '사건 발생 후'란 뜻이다. 즉 관련이 있는 결과들은 보통 이미 발생된 것인데, 왜냐하면 이것들은 자연적으로 발생한 어떤 사건들이며, 실험이 직접적으로 조작한 결과가 아니기 때문이다. 연구자는 자료를 범주화하거나 평가하며, 그러고 나서 그 관계를 엄밀히 조사한다.

종속변수의 관찰에 의하여 독립변수가 종속변수에 미친 영향 또는 독립변수와 종속변수의 관계를 찾아내는 연구로, 이 연구는 독립변수가 이미 발생한 후에 이로 인하여 나타난 종속변수를 관찰하는 연구이기 때문에 사후연구(post hoc study)라고 한다. 이 분야의 연구는 독립변수를 조작할 수 없는 경우, 즉 실험적 연구가 여러 가지 이유로 불가능한 경우에 이루어진다. 예를 들면 암(癌)의 원인이 과연 담배인지를 알기 위해서는 담배를 독립변수로 하고 암을 종속변수로 하는 실험설계에 따라야 하겠지만, 실제에 있어서 이러한 연구가 불가능하기 때문에 암 환자를 관찰하여 그들의 흡연 정도를 보고 암과 흡연의 관계를 살피는 수밖에 없다. 이 분야의 연구는 사회과학 분야에서 많이 이루어지고 있는데, 다만 이 연구는 결과 해석에서 상당히 조심을 해야 한다.

(2) 가설검증

가설(hypothesis)은 연구를 유도하기 위한 잠정적 진술이며 가설검증은 표본을 통해 얻은 사실을 근거로 하여 모집단에 대한 가설이 맞는지 틀리는지를 분석하는 통계적 방법이다.

① 영가설과 대립가설

영가설(H_0)은 가설의 차이가 없다는 것으로, 검정의 대상이 되는 가설이다. 연구자는 영가설을 수용하거나 기각할 수 있다. 대립가설(H_1)은 가설의 차이가 있다는 것으로, 영가설이 기각될 때 받아들여지는 가설이며, 연구자가 주장하고 싶은 가설이다. 가설검증 측면에서 연구의 목적은 영가설을 설정할 때 연구자가 주장하고 싶은 반대의 가설을 설정하여 최종적으로 영가설을 기각시키는 것이다.

② 유의수준과 임계치

유의수준(significance level)은 제1종 오류(type I error)의 수준, 즉 오차를 허용할 수 있는 수준으로 α로 표기한다. 의사결정의 기준이 되기 때문에 연구 시작 전 연구자

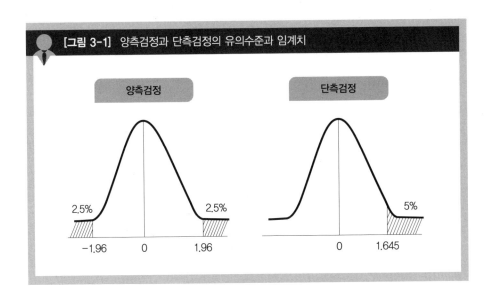

[그림 3-1] 양측검정과 단측검정의 유의수준과 임계치

양측검정

단측검정

2.5% 2.5%

-1.96 0 1.96

5%

0 1.645

[표 3-3] 유의수준과 임계치의 관계

유의수준	신뢰수준	임계치(Z값) (양측검정 시)
$\alpha = 0.1(10\%)$	90%	1.645
$\alpha = 0.05(5\%)$	95%	1.96
$\alpha = 0.01(1\%)$	99%	2.54

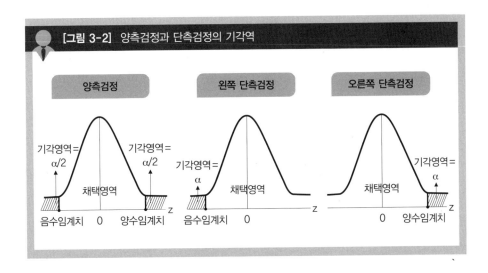

[그림 3-2] 양측검정과 단측검정의 기각역

양측검정

왼쪽 단측검정

오른쪽 단측검정

기각영역= $\alpha/2$

기각영역= $\alpha/2$

채택영역

음수임계치 0 양수임계치

기각영역= α

채택영역

음수임계치 0

기각영역= α

채택영역

0 양수임계치

가 결정한다. 유의수준은 신뢰수준과 반대 개념으로 이해할 수 있는데, 예를 들어 유의수준 5%는 신뢰수준 95%를 의미한다.

임계치(critical value)는 주어진 유의수준에서 영가설의 채택과 기각에 관련된 의사결정을 할 때 그 기준이 되는 점으로, 유의수준을 결정하면 유의수준에 따른 임계치가 결정된다. 그러므로 유의수준에 따라 임계치가 같이 변한다(그림 3-1, 표 3-3 참조).

③ 양측검정과 단측검정

양측검정은 기각영역이 양쪽에 있는 검정이며 단측검정은 기각영역이 한쪽에 있는 검정을 말한다. 즉 양측검정은 방향성이 없으며 단측검정은 크다 혹은 작다의 방향성을 지닌다. 단측검증과 양측검증은 유의수준의 정도를 결정하는 데 영향을 미친다. 연구자가 어느 한 집단이 분명한 증가를 보일 것이란 가설을 설정한 경우 단측검증을 하게 된다.

예를 들어, "어느 중학교 한 반 남학생들의 평균키가 165cm보다 크다"로 가설을 세워서 단측검정을 하는 경우와 "어느 중학교 한 반 남학생들의 평균키가 165cm와 차이가 있다"고 가설을 세워서 양측검정을 하는 경우에 계산되는 통계량은 같지만 그 임계치는 양측검정인 경우에는 단측검정인 경우보다 더 커지게 된다(유의수준 5%일 때 단측검정의 임계치는 1.645이지만, 양측검정의 임계치는 1.96이다). 따라서 경우에 따라서는 구한 통계량이 단측검정의 임계치보다는 크지만, 양측검정의 임계치보다는 작게 나올 수 있다. 이런 경우, 단측검정으로는 세워진 가설이 유의하게 나오지만, 양측검정으로는 가설이 유의하지 않게 나올 수 있으므로 유의해야 한다(그림 3-2 참조).

④ 가설검정의 오류

가설검정은 표본의 통계량을 기초로 모집단의 특성을 알아보는 것이기 때문에 표본의 선택에 따라 잘못된 결론을 내릴 수 있다. 그러므로 표본을 근거로 하는 가설검정에서도 항상 오류가 발생한다. 이러한 오류에는 두 가지 종류가 있다. 심각한 오판을 1종 오류(type I error)라 하는데, 1종 오류는 영가설이 참일 때 영가설을 기각하고 대립가설을 채택하는 오류이다. 따라서 연구자는 1종 오류 가능성을 최소화

[표 3-4] 가설검정 오류

연구자의 결정	실제상태	
	H$_0$은 참	H$_0$은 거짓
H$_0$을 수용	옳은 결정 P=1−α 신뢰수준	제2종 오류 P=β
H$_0$을 기각	제1종 오류 P=α 유의수준	옳은 결정 P=1−β POWER(검정력)

해야 한다. 1종 오류를 허용하는 수준을 유의수준이라 하고 α로 표기한다.

1종 오류보다 덜 심각한 오판을 2종 오류(type II error)라 하는데, 2종 오류는 영가설이 거짓일 때 영가설을 수용하는 오류인 β이다. 즉 연구자는 처치가 영향을 미쳤는데도 표본이 처치로 인해 아무 영향도 받지 않은 것처럼 보여 아무런 효과가 없다고 결론 내리게 된다. 이는 표본을 통한 처치 효과가 너무 작아 인식할 수 없을 때 주로 발생한다.

연구자가 유의수준을 엄격하게(예를 들어, 5% 대신 1%로) 할수록 영가설을 쉽게 기각시키지 못하므로 1종 오류는 감소하지만 2종 오류는 증가한다. 또한 1−β는 영가설이 거짓일 때 영가설을 기각하는 확률로 검정력(power)이라 하며, 연구자는 검정력이 커지는 것을 바란다. 즉 검정력은 높을수록 좋다.

3) 단일대상연구

단일대상연구는 개별 대상자를 중심으로 중재의 효과를 깊이 있게 평가할 수 있도록 계획된 연구 방법이다. 일반적으로 한 명 또는 두세 명의 참여자를 대상으로 이루어져서 '1인 연구(N-of-one research)', '소수대상자연구(small-N research)', '단일사례연구(single-case research)' 등으로 불리기도 한다. 단일대상연구는 특수교육, 심리학, 사회복지학, 언어병리학 등 많은 영역에서 자주 사용되고 있다.

단일대상연구는 시간의 흐름에 따른 행동의 지속적인 평가를 통해 중재효과에

[표 3-5] 단일대상연구와 집단연구의 비교

	연구주제의 범위	연구대상자 선정방법	측정절차	수집자료 규모	자료분석 방법
단일 대상 연구	목표행동의 습득이나 일반화, 유지 효과를 입증하기 위한 연구 주제에 주로 사용한다.	무선표집할 수도 있지만, 사전에 계획한 구체적인 대상선정 기준에 맞춰 표집한다.	직접적인 관찰, 측정이 이루어진다. 연속적인(예: 매 회기마다) 측정을 한다.	종속변수의 수가 적다(주로 1개). 대상자가 많지 않아도 된다(예: 3~4명).	그래프를 통한 시각적 분석을 한다(변화 수준, 변화 경향성, 변화 변동률, 조건 간의 중복성 등).
집단 연구	연구 주제의 제한 없이 어떤 주제의 연구에도 적용할 수 있다.	무선표집	간접적인 측정을 주로 한다. 사전이나 사후 검사와 같은 불연속적인 측정을 한다.	종속변수가 많아도 된다. 대상자가 많아야 한다(예: 집단당 30명).	추리통계적으로 처리한다.

대한 결론을 유추하는 특징을 가지고 있다. 또한 중재효과가 시간이 지남에 따라 동일한 대상자에게서 반복적으로 나타난다는 특징을 가지고 있는데, 이는 연구 대상자 스스로가 자신의 행동 변화에 대한 통제집단의 역할을 하게 됨을 의미한다. 수행 변화에 대한 비교는 동일한 대상에게 시간의 차이를 두어 실험이 이루어지게 된다(단, 대상자 간 AB 설계가 반복되는 중다기초선 설계에서는 예외이다). 단일대상연구가 지니는 또 다른 특성 중 하나는 관찰 가능한 명백한 행동에 대한 평가를 중심으로 이루어진다는 것이다. 그러나 이렇게 겉으로 드러나는 명백한 행동을 측정하는 것이 필수적인 요소는 아니며, 보편적으로 많이 적용되는 일반적인 특성이라고 보면 된다.

(1) 단일대상연구 이해를 위한 기본 용어

① 기초선(Baseline)

기초선은 독립변수의 중재가 있기 전에 수집된 자료를 말한다. 즉 현재 상태를 그대로 유지하면서 목표행동과 관련된 자료를 수집하는 것인데, 단일대상연구에서 기초선은 연구자가 종속변수의 현행 수준에 대한 정보를 얻음으로써 미래에 일어날 변화와 비교할 수 있는 근거로 활용할 수 있으며, 종속변수에 대한 수행과 환경에 대한 추가적인 정보를 얻을 수 있는 기회로 활용할 수 있기 때문이다.

기초선을 측정함에 있어 최소한 3~5회, 경우에 따라서는 10회까지 계획하는 것이 좋다고 알려져 있으나 정해진 규정은 없다. 측정하는 행동의 특성에 따라 기초선의 측정이 1회로 제한되는 경우도 있다. 예를 들어 중재가 시급한 자해행동이나 공격행동과 같은 위험행동인 경우이다. 이처럼 중재가 시급한데도 불구하고 정확한 기초선 측정을 위해 기초선이 길어지는 것에 대한 문제가 발생한다면 비록 실험적인 통제가 약화된다고 할지라도 기초선 기간을 줄일 필요가 있다.

한 실험조건 내에서 평행을 이루는 자료 표시선으로 나타나는 수행의 변동이 거의 없는 경우나 지속적으로 증가 또는 감소하는 자료 표시선으로 나타나는 분명한 경향을 가지고 꾸준히 나타날 때에는 수집된 기초선의 측정 횟수가 적을지라도 신뢰로운 결과를 도출할 수 있다. 그러나 수행의 변동이 심할 때는 상대적으로 기초선의 측정 횟수가 많아야 한다.

자료의 변동성이나 경향이 행동 특성에 따라 정확하게 분석되어야만 기초선 자료로서의 채택을 결정할 수 있고, 이를 통하여 중재 프로그램의 시작을 결정한다.

② 중재(Intervention)

중재는 독립변수가 체계적으로 적용되는 시기로, 기초선에 바로 뒤따르게 된다(경우에 따라서는 기초선 없이 적용되기도 한다). 중재의 원하는 성과가 이루어졌는지를 결정하기 위해 실험이 시작되기 전에 종속변수에 대한 일정 수행 수준을 정해 놓게 되며, 독립변수의 효과를 결정하기 위해서 지속적으로 종속변수를 측정하게 된다. 혹시 원하는 수행 수준까지의 변화가 나타나지 않았다면 독립변수를 수정하거나 수행 수준을 조절하는 등의 결정을 내리기도 한다.

③ 유지(Follow-up)

유지는 중재가 성공적으로 적용되어 원하는 성과를 보였을 때 중재를 더 이상 제공하지 않아도 종속변수상의 변화가 유지되는지를 측정하는 것이다. 일반적으로 유지 구간을 두는 이유는 중재를 제거하기 위해서이며, 특히 중재가 누군가의 개입적인 노력을 필요로 할 때 그러한 노력이 더 이상 주어지지 않아도 그 효과가 유지된다는 것을 보여 주기 위함이다. 즉 종속변수상의 변화가 독립변수가 제거된 후에도 비교적 영구적으로 지속된다는 것을 증명하기 위해서 포함시키게 된다. 유지는 모든 단일대상연구에 적용되는 것은 아니며, 연구자의 의도에 따라 설계에 반영되기도 하고 그렇지 않을 수도 있다.

④ 일반화(Generalization)

실험 중에 목표행동의 일반화를 관찰하는 것은 중재를 통해서 습득된 기술이나 변화된 행동이 중재가 아닌 다른 자극 상황에서도 나타나는지를 파악하기 위해서이다. 일반화는 중재가 끝난 후에 독립된 구간으로 설계할 수도 있고, 관찰이 이루어지는 전 회기를 통해서나 몇 차례의 관찰 구간을 두어 측정할 수도 있는데, 유지와 마찬가지로 모든 단일대상연구에 적용되는 것은 아니며, 연구자의 의도에 따라 설계에 반영되기도 하고 그렇지 않을 수도 있다.

⑤ 안정성(Stability)

안정성은 자료 변동의 양 또는 자료 수치의 범위를 뜻하는 용어이다. 보통 수행 수준의 평균값(mean) 또는 중앙값(median)을 산출하여 평균선을 그리거나 수행 수준의 범위(range)를 2개의 선으로 표시하여 결정한다(그림 3-3 참조). 또한 실험조건 내의 첫 번째 자료와 마지막 자료의 수치를 비교하거나 처음과 마지막의 두세 개씩의 자료들의 평균값을 비교하여 결정하기도 하는데, 자료 수치의 범위가 작을 때 안정성이 있다고 한다.

⑥ 경향(Trend)

경향은 자료 표시선의 방향을 검토함으로써 결정되는 행동 발생의 변화 양상을 의미하는 용어이다. 연구자들은 자료의 경향을 분석하여 일반적으로 수집된 행동 반응이 증가 또는 감소하는지, 변동적인지 안정적인지를 살펴본다. 그래프상의 자료 표시선이 분명하고 지속적으로 한 방향으로 향하는 경우에 자료의 전반적인 경향이 분명하게 나타난다고 할 수 있다. 그러나 대부분의 자료들이 변동적이기에 전반적인 자료의 경향이 분명하게 나타나지 않아 연구자들은 경향선을 그려 봄으로써 자료의 경향을 결정하기 위한 보조 수단으로 사용한다. 경향선은 시각적 분석을 위

[그림 3-3] 평균선, 중앙선, 범위선 사용의 예

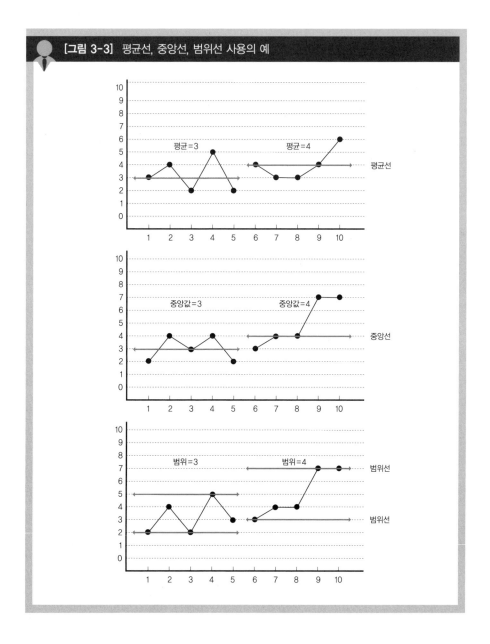

한 보충자료이므로 실제 그래프상에 그려진 자료점과 자료 표시선들을 대체해서는 안 된다.

경향선을 그리는 방법은 다음과 같다.

- 손으로 그리는 방법(freehand method, Parsonson & Bear, 1978) : 자료를 시각

적으로 검토하여 자료점들이 양분되도록 직선을 그려 넣는 방법이다. 이 방법은 연구자의 시간을 절약해 준다는 장점을 지니고 있으나, 자료점들의 경향을 정확하게 파악하는 데 대한 신뢰도가 비교적으로 낮은 것으로 평가되고 있다. 이때의 경향선을 진보선(line of progress)이라 부르기도 한다.

- 반분법(split-middle method, White & Haring, 1980): 현장에서 주로 사용되고 있는 방법으로, 자료의 경향을 좀 더 신뢰롭게 측정할 수 있는 장점이 있다. 경향선을 그리는 단계는 다음과 같다(그림 3-4 참조).

❶ 자료점의 수를 반으로 나누고 이들을 반분하는 수직선을 그린다(이때 자료점의 수가 홀수인 경우 수직선이 자료점을 지나가고, 짝수인 경우 수직선이 두 개의 자료점 사이로 지나간다).

❷ 반분된 자료점들 각각에 대해서 다시 중간 자료점을 찾아 수직선을 그린 후, 세로좌표상의 중간 수치를 보이는 자료점에 수평선을 그려 십자선이 되게 한다.

❸ 그려진 두 개의 십자선의 교차점을 서로 연결시키는 직선을 그린다.

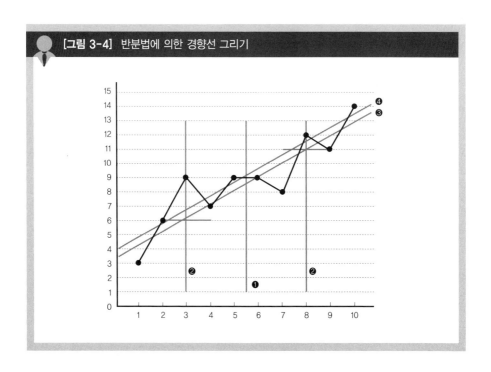

[그림 3-4] 반분법에 의한 경향선 그리기

❹ 그려진 경향선의 위쪽과 아래쪽에 동일한 수의 자료점이 포함되는지를 확인하여, 동일한 경우에는 중단하고 동일하지 않은 경우에는 자료점의 수가 동일해지도록 원래의 선과 평행하는 경향선을 다시 그린다.

(2) 행동 관찰과 측정

단일대상연구는 적은 수의 대상이나 조건, 목표행동 등을 대상으로 하기 때문에 매 회기마다 정확하고 민감하게 행동 변화를 관찰하고 측정하는 것이 가능하며 이러한 과정은 매우 중요하다. 이러한 행동 관찰과 측정은 실험자 외에 누가 하더라도 같은 결과가 나올 수 있어야 한다.

① 행동 측정 방법

행동의 측정은 대상자의 현 수준을 파악하고, 중재의 진행 정도를 점검하고 그 효과를 결정하기 위해서, 임상가나 대상 또는 부모에게 피드백을 제공하기 위해서, 효과적인 중재의 증거를 제시하기 위해서 꼭 필요하다.

측정을 하기 위해서는 우선 측정하고자 하는 측정 대상 행동을 결정해야 하는데, 측정 대상 행동은 중재를 하는 교사나 임상가의 행동(예 : 과제 수행 지시하기)이 될 수도 있고(독립변수 측정), 중재 대상자의 행동(예 : 지시한 과제 수행하기)이 될 수도 있다(종속변수 측정).

종속변수는 독립변수의 영향으로 변화하는 행동을 의미하므로 중재의 효과를 나타내는 지표가 된다. 연구에서 종속변수는 연구 문제나 중재 목표와 직접적으로 연관된 것으로, 증진(예 : 지시 따르기) 또는 감소(예 : 문제행동)시키고자 하는 것일 수 있다.

한편 측정 대상 행동을 결정하면 그에 대한 조작적(기능적) 정의를 내려야 한다. 조작적 정의(operant/working definition)란 측정 대상 행동에 대하여 관찰과 측정이 가능한 용어로 정의하는 것으로, 관찰과 측정이 가능하기 위해서는 그 대상 행동이 어떤 행동이며, 어떤 조건(상황)에서 발생할지, 그리고 어떤 성취 수준(준거)에 도달해야 발생했다고 분석할지에 대한 기준도 포함해야 한다. 시간제한(예 : 10분 이상 착석 유지하기), 정확도(예 : 2마디의 짧은 리듬 패턴 10개 중 6개 이상의 리듬

[표 3-6] 조작적 정의의 예		
행동유형	부정확한 정의	정확한 정의
자조기술	지시 따르기를 할 수 있다.	교사의 과제수행 지시에 대해 스스로 90% 이상 정확하게 수행한다.
상호작용기술	또래와 함께 논다.	또래 아동이 같이 놀자고 제의하면 5초 이내에 적절한 반응을 한다.
언어능력	상대방의 질문에 대해 적절하게 반응한다.	예, 아니요로 답하는 상대방의 질문에 대해 스스로 3초 이내에 적절하게 선택하여 대답한다.

패턴을 정확하게 모방 연주하기) 및 반응빈도수(예 : 1시간 동안 2번 이상 상대방과 상호작용 시도하기)로 성취 수준에 대한 기준을 설정할 수 있다(표 3-6 참조).

② 종속변수 측정단위

측정 대상행동을 정의한 후에는 그 행동을 수량화하여 관찰기록할 수 있는 방법을 정한다. 행동을 수량화하기 위해서 연구문제나 행동의 특성에 따라 종속변수의 측정단위를 정하는데, 빈도, 지속시간, 잠복시간 등의 단위를 사용한다.

ⓐ 빈도 또는 횟수(Frequency)

일정 시간 동안 발생한 행동이나 사건의 수를 의미한다. 단순하게 발생한 행동의 횟수를 세기 때문에 매우 간단한 방법이지만, 매 회기의 시간이 일정해야 하고, 매 회기마다 목표행동이 나타날 기회가 동등하게 이루어질 수 있는 중재에서만 적용 가능하다.

ⓑ 비율(Rate)

일정한 관찰 기간 동안 발생한 반응의 횟수이다. 비율은 발생 횟수를 전체 시간 단위(예 : 초, 분, 시간)로 나누어서 산출한다. 예를 들어, 30분짜리 회기에서 대화 시작하기 행동이 세 번 나타났다면 분당 발생 횟수는 0.1이 된다.

ⓒ 지속시간(Duration)

발생한 행동이 얼마나 오래 지속되는지를 측정하는 것으로, 총지속시간을 측정하는 방법과 발생 행동당 지속시간(duration per occurrence)을 측정하는 방법이 있다. 총지속시간은 관찰시간 중에서 관찰대상자가 목표행동에 참여한 총시간으로, 이를 측정단위로 사용하기에 적합한 행동은 얼마나 자주 발생했는가보다는 얼마나 오래 지속되었는가가 더 중요한 행동들(예 : 과제집중시간)이다.

발생 행동당 지속시간은 행동 발생의 횟수와 지속시간을 모두 반영할 수 있는 방법으로, 관찰시간에 발생한 행동의 발생빈도와 총지속시간을 반영하여 평균치, 중앙치, 최빈도 지속시간 등으로 산출 가능하다. 이것은 목표행동이 얼마나 자주, 얼마나 오래 나타나는지를 보여 주기 때문에 행동의 강도를 나타내는 지표가 된다고도 할 수 있다.

ⓓ 잠복시간(Latency)

자극(언어적 지시나 과제지시)이 주어진 때부터 반응이 일어난 때까지의 시간을 말한다. 잠복시간은 반응속도에 대한 지표로서 과제의 이해능력이나 운동능력 등을 측정할 때 사용 가능하다. 예를 들어, 지시어("공을 잡으세요.")가 끝난 순간부터 수행, 즉 공을 잡기 시작하는 순간까지 걸리는 시간으로 언어 이해 과정의 속도나 운동 능력을 측정할 수 있다. 잠복시간을 측정단위로 사용할 경우에는 잠복시간이 짧은 것이 반드시 좋은 것만은 아닌데, 잠복시간이 짧아질수록 실수가 많아진다면 잠복시간과 실수율의 관계도 고려해야 한다.

ⓔ 형태(Topography)

행동의 모양을 가리킨다. 예를 들어, 순희는 트라이앵글을 왼손에 들고 오른손으로 연주를 하였다.

ⓕ 강도(Force)

행동의 크기, 강도를 가리킨다. 예를 들어, 철수는 북을 연주하는데 너무 작게 연주하여 옆사람에게조차 북소리가 들리지 않는다.

ⓖ 위치(Locus)

행동이 어디서 발생했는가를 가리킨다. 예를 들어, 순희는 피아노를 연주하는데 검은 건반만을 사용하였다.

(3) 행동기록 및 측정방법

목표행동을 기록하고 기록된 자료를 측정함에 있어 어떤 방법을 사용할 것인지는 연구문제나 목표행동의 특성에 따라 결정해야 한다.

① 자동수량화 기록법(Automated-quantitative Recording, 자동기록법)

행동반응을 기기를 통하여 자동으로 기록하는 방법으로, 예를 들어 음성분석기를 이용하면 청각장애인의 목소리 강도, 음도, 변동률 등을 자동으로 기록할 수 있다. 이 방법은 객관적이고 정확하지만, 상황에 따라 일치하지 않을 수도 있다는 단점이 있다. 음성분석기가 분석하는 과대비성이나 조음정확도는 듣는 사람의 지각에 의존한 분석 결과와 다를 수 있다.

② 수행결과 기록법(Direct Measurement of Permanent Products)

수행결과 기록법은 일반적으로 학습평가 상황에서 가장 많이 사용하는 방법으로, 반응이 일어난 후에 결과물을 측정하는 방법이다. 예를 들어, 연구대상자가 직접 문제를 푼 답안지나 표준화검사 결과, 녹음 및 녹화된 행동 등이 이러한 방법에 해당된다.

③ 직접관찰 기록법(Direct Observational Recording)

직접관찰 기록법은 행동이 발생할 때 관찰하고 이를 수량화하는 방법이다. 측정단위에 따라 여러 가지 방법이 있다.

ⓐ 사건기록법(Event recording, frequency recording, 사건횟수기록법, 빈도기록법)

사건기록법은 특정 시간 동안에 발생하는 행동의 발생 빈도(횟수)를 기록하는 방법으로, 목표행동이 발생할 때마다 기록지에 체크하여 한 회기에 나타난 총발생빈도를 기록한다. 그러나 이 방법은 행동의 정도를 반영하지 못한다는 단점이 있다. 예를 들어, 2초씩 3번 발생한 자해행동은 3회 발생으로 기록되지만, 2분간 지속된 자해행동은 단지 1회 발생으로 기록된다. 따라서 이 방법은 비교적 짧은 시간에 발생했다가 사라지는 행동에 적합하다. 행동의 발생 지속시간이 비교적 통일되고 간결하게 반복되고 있을 때 사용하는 것이 좋다. 즉 정도나 지속시간보다는 발생 횟수가 중요한 행동을 위해서만 사용하는 것이 적절하다.

ⓑ 동간격 관찰기록법(Interval recording)

정해진 관찰시간을 동일한 단위시간 간격으로 짧게 나누어 각 단위시간에 행동이 발생하였는지를 기록하는 방법이다. 예를 들어, 30분짜리 회기를 1분 간격으로 나누면 30개의 구간이 된다. 기록지에 30개의 칸을 미리 만들어 놓고 각 칸에 목표행동의 발생 여부를 ○ 또는 ×로 표시한다. 측정단위는 백분율을 사용한다.

이 방법은 목표행동의 특성에 따라 관찰구간을 적절하게 설정하는 것이 가장 중요하다. 예를 들어, 말더듬 환자가 말할 때마다 나타나는 특이행동(머리 뒤로 젖히기, 입을 씰룩거리기 등)을 동간격 관찰기록법으로 측정한다고 할 때, 한 구간을 10초로 한다면 관찰시간이 너무 빨라 적절하지 못할 것이다. 적절한 구간시간은 대상자의 특성을 잘 파악한 후 대체적으로 문헌이나 예비검사를 통하여 결정한다.

ⓒ 시간표집법(Time sample recording)

동간격 관찰기록법처럼 회기를 작은 구간으로 나누는 방법이다. 동간격 관찰기록법은 관찰시간 내내 목표행동이 발생했는지를 기록하지만, 시간표집법은 각 구간의 마지막 순간 한 번만 행동을 관찰해서 그 행동이 발생했는지를 +, −로 기록한다. 집단치료나 교실환경처럼 모든 대상자를 관찰하기 어려울 때 시간표집법을 이용하면 편리하다.

ⓓ 지속시간기록법(Duration recording)

목표행동의 총지속시간을 측정단위로 기록하는 방법이다. 이 방법은 사건기록법과 달리 행동의 발생 횟수보다는 지속된 시간이 중요한 정보가 되는 행동에 사용하는 것이 좋다. 지속시간기록법은 시계나 스톱워치를 사용하여 행동이 시작될 때의 시간과 행동이 끝날 때의 시간을 기록하여 행동이 끝날 때의 시간에서 행동이 시작될 때의 시간을 빼서 산출한다.

ⓔ 잠복시간기록법(Latency recording)

자극이 주어진 순간부터 행동이 발생하기 시작한 순간까지의 시간을 기록하는 방법이다. 지속시간기록법처럼 시계나 스톱워치를 사용하여 자극이 주어진 순간의 시간과 행동이 발생하기 시작한 순간의 시간을 기록하여 행동이 발생하기 시작한 순간의 시간에서 자극이 주어진 순간의 시간을 빼서 산출한다.

(4) 측정 신뢰도

신뢰도란 평가자가 평가하려고 하는 것을 얼마나 일관성 있게 안정적으로 측정하였는지를 나타내는 지표이다. 신뢰도에는 같은 관찰자 또는 평가자가 전체 자료에 대해 얼마나 일관성 있게 측정하였나를 나타내는 관찰자내 신뢰도(intraobserver reliability)와 다른 관찰자들이 어느 정도 일치된 평가를 하는지를 나타내는 관찰자간 신뢰도(interobserver reliability)가 있다. 신뢰도는 목표행동, 즉 종속변수에 대한 신뢰도도 중요하지만 연구자가 얼마나 일관성 있게 중재를 하였는지에 대한, 즉 독립변수에 대한 신뢰도 검증도 중요하다.

① 독립변수에 대한 신뢰도

일반적으로 독립변수에 대한 신뢰도는 객관적으로 수량화하여 산출하는 데 어려움이 많지만, 단일대상연구에서는 각 실험단계(기초선단계, 중재단계, 유지단계 등)와 실험조건(예 : 중재 ①, 중재 ②)마다 적어도 한 회기를 무작위로 선정하여 그에 대한 실험자 행동의 일관성을 측정한다. 독립변수에 대한 신뢰도를 산출하기 위해 일반적으로 강화 방법이나 강화 횟수, 단서의 제시와 같은 실험자의 행동으로 측정한다.

② 종속변수에 대한 신뢰도

종속변수에 대한 신뢰도는 두 명 이상의 관찰자가 독립적으로 목표행동을 관찰하여 그 일치도를 제시하는 관찰자간 신뢰도 측정법을 가장 많이 사용한다. 좀 더 객관적이고 신뢰성 있는 관찰을 위해 관찰자(들)는 연구의 구체적인 문제나 목적을 모르는 것이 좋은데 관찰자가 연구의 목적을 알면 예상되는 행동만을 관찰하려는 편견을 가질 수 있기 때문이다. 그러나 실제로는 연구자가 직접 관찰을 해야 하는 경우가 훨씬 많으므로 이럴 경우 연구의 결과에 이러한 편견이 반영되지 않았다는 것을 증명하기 위해 연구의 목적을 모르는 제2관찰자를 두어 관찰자간 일치도를 밝히는 것이 좋다(전체 관찰자료의 20% 이상).

관찰자는 실험이 시작되기 전에 가능한 한 실제상황과 같게 충분한 훈련을 통하여 관찰하는 행동과 방법에 대해 익숙해져야 한다. 또한 연구기간이 긴 경우에는 관찰자가 정확하고 일관성 있게 관찰하고 있는지 확인이 필요하며, 행동을 관찰하고 기록하는 동안에는 가급적 다른 사람들과 대화를 하지 않는 것이 좋다. 왜냐하면 관찰자 간의 대화는 목표행동에 대한 재해석을 유도하여 객관적이지 못한 기록을 야기할 수도 있기 때문이다.

ⓐ 사건기록법의 신뢰도 측정

사건기록법으로 측정한 경우 한 회기에서의 총 발생행동 빈도나 점수에 대해 신뢰도를 산출하게 된다. 이렇게 총수로만 비교할 때에는 두 관찰자가 관찰한 행동의 발생빈도나 점수에 대해 전체신뢰도(total reliability)를 산출할 수 있다(Kelly, 1977).

$$\frac{작은\ 수}{큰\ 수} \times 100$$

예를 들어, 제1관찰자는 한 회기에서 허공에 손을 흔드는 행동이 10회 나타났다고 관찰하였고, 제2관찰자는 허공에 손을 흔드는 행동이 8회 나타났다고 평가하였다면, $\frac{8}{10} \times 100 = 80\%$의 신뢰도가 산출된다. 그러나 여기서 주의해야 할 점은 신뢰도 계산을 통해서 각각의 행동 발생에 대한 관찰자 간의 동의 여부를 알 수는 없으며, 행동의 전체 발생횟수에 대한 신뢰도만이 점검된다는 것이다. 경우에 따라서는 각각의 행동 발생에 대한 동의가 거의 이루어지지 않았더라도 신뢰도는 높게 산출될 수 있다. 따라서 위의 예에서와 같이 80%의 신뢰도가 산출되었을 때는 단지 두 관찰자의 행동 발생에 대한 관찰 숫자가 얼마나 비슷한지만을 알려 주는 것이다.

ⓑ 동간격 관찰기록법/시간표집법의 신뢰도 측정

동간격 관찰기록법이나 시간표집법으로 행동 발생을 측정한 경우나 행동 발생이 정해진 기회(trial)에 따라 이루어지는 경우에는 구간 대 구간 신뢰도(interval-by-interval, point-by-point reliability)를 흔히 사용한다(Koorland & Westling, 1981). 구간 대 구간 신뢰도는 행동이 관찰되는 구간이나 발생기회가 분명하게 나뉘어 있는 경우에 각각의 구간이나 발생기회에 대해서 두 관찰자 간의 행동 발생에 대한 동의 또는 비동의 수치를 통해 산출된다.

$$\frac{동의\ 구간수}{동의\ 구간수 + 비동의\ 구간수} \times 100$$

예를 들어, 10분 동안 손이나 팔을 무는 행동을 10초 간격으로 관찰했다면 행동 발생이 가능한 전체 구간은 60개가 된다. 이때 두 관찰자가 행동 발생에 대해서 동의한 구간수가 45개이고 행동이 발생하지 않은 것으로 동의한 구간수가 5개이며 행동 발생에 대해서 동의하지 않은 구간수가 10개라고 했을 때, 신뢰도는 $\frac{50}{(45+5)+10} \times 100 = 83.3\%$이다.

구간 대 구간 신뢰도는 전체 발생횟수에 대한 신뢰도를 계산하는 방법보다 정확하며, 행동이 발생한 각각의 구간이나 발생기회에 대한 동의 정도를 평가할 수 있다는 장점이 있지만, 신뢰도를 계산하는 방법에 대해서 문제점이 지적되고 있다. Kazdin(1982)은 위에 제시한 예처럼 신뢰도 산출을 위한 관찰자 간 동의 구간수는 행동이 전혀 발생하지 않은 구간에 대한 동의도 포함하고 있어 실제 행동 발생에 대한 신뢰도보다 과장된 수치가 산출될 수 있다고 하였다. 그러므로 연구자들 간에는 위에 제시한 위한 공식에서 동의수가 행동 발생에 대한 동의와 행동 비발생에 대한 동의를 모두 포함해야 하는지에 대한 논의가 있었다. 특히 발생빈도가 비교적 높은 행동의 경우에는 우연에 의해서도 어느 정도의 신뢰도가 산출될 수 있기 때문에 좀 더 정확한 신뢰도를 산출하기 위해서는 행동 발생과 행동 비발생으로 나누어 신뢰도를 산출하도록 권장하고 있다. 각각의 신뢰도를 산출하는 공식은 다음과 같다.

행동 발생 신뢰도
$$= \frac{\text{행동 발생에 대한 동의 구간수}}{\text{행동 발생에 대한 동의 구간수} + \text{행동 발생에 대한 비동의 구간수}} \times 100$$

행동 비발생 신뢰도
$$= \frac{\text{행동 비발생에 대한 동의 구간수}}{\text{행동 비발생에 대한 동의 구간수} + \text{행동 비발생에 대한 비동의 구간수}} \times 100$$

행동 발생 신뢰도와 행동 비발생 신뢰도 중 어느 것을 사용할지는 일반적으로 목표행동의 발생빈도에 따라 연구자가 결정해야 한다. Tawney와 Gast(1984)는 행동 발생이 75% 이하로 낮은 경우에는 행동 발생 신뢰도를 산출하고, 행동 발생이 75% 이상으로 높은 경우에는 행동 비발생 신뢰도를 산출하도록 하였다.

위에서 제시한 손이나 팔을 무는 행동을 예로 들어 살펴보면, 행동 발생에 대한 신뢰도는 $\frac{45}{45+10}\times100=81.8\%$, 행동 비발생에 대한 신뢰도는 $\frac{5}{5+10}\times100=33.3\%$가 된다.

이처럼 행동 발생과 행동 비발생을 고려하지 않고 전체적으로 산출한 신뢰도와는 차이가 난다. 따라서 정확한 신뢰도를 산출하기 위해서는 행동 발생과 행동 비발생으로 나누어 생각하는 것이 좋다.

ⓒ 지속시간기록법/잠복시간기록법의 신뢰도 측정

지속지간기록법이나 잠복시간기록법처럼 시간 중심의 측정단위를 사용했을 경우에는 불일치한 시간의 정도도 계산에 넣어 $\frac{\text{짧은 시간}}{\text{긴 시간}}\times100$으로 산출한다. 예를 들어, 사물을 따라 시선이 움직이는 기본반응인 추시반응의 지속시간을 관찰하였다면, 전체 구간에 대해서 $\frac{45}{47}\times100=95.7\%$의 신뢰도가 산출된다.

구간	1	2	3	4	5	6	7	8	9	10	계
제1관찰자	6초	4초	3초	6초	5초	5초	4초	5초	4초	5초	47초
제2관찰자	6초	4초	5초	6초	4초	5초	4초	5초	4초	2초	45초

어느 정도의 신뢰도가 산출되어야 신뢰할 수 있는 관찰이었다고 할 수 있는지에 대한 정해진 규정은 없지만, 보통 80% 이상이면 만족할 만한 신뢰도로 인정한다. 그러나 연구 현장에서는 90% 이상의 신뢰도가 선호된다고 하였다(Gast & Gast, 1981). 지금까지 설명한 백분율에 의한 신뢰도 외에도 피어선 상관계수(Pearson product-moment correlation) 등을 통한 통계적 분석에 의해서도 신뢰도를 산출할 수 있다. 이 경우는 관찰이 이루어진 각각의 회기에 대한 신뢰도가 아닌 전체 회기에 대한 두 관찰자 간의 관찰 결과가 어느 정도의 상관관계를 보이는지에 대한 정보를 제공하게 된다.

(5) 연구설계

① 반전설계(Reversal Design, Withdrawal Design)

반전설계는 중재의 효과를 입증하기 위한 단일대상연구방법이다. 여기서 반전 (reversal)은 실험기간 중 하나 또는 그 이상의 단계에서 중재를 제거하여 목표행동에 미치는 영향을 알아보는 것을 의미하는데, 이처럼 중재를 제거한다는 설계 방법상의 절차를 보다 잘 나타낸다는 의미에서 중재제거설계(withdrawal design)라는 이름이 사용되기도 한다.

ⓐ AB설계(기초선 → 중재)

AB설계는 단일대상연구의 가장 기본적인 형태로, A는 기초선을, B는 중재를 의미한다(그림 3-5 참조). 연구자가 기초선 자료를 수집한 후에 중재를 실시하여 목표행동에 미치는 영향을 알아보는 연구로 교육 및 임상현장에서 많이 이루어지는 사례연구가 이에 해당된다. AB설계는 비록 행동의 기능적 분석이 가능하지는 않지만 행동 변화가 단순한 시간경과(성숙)의 기능이 아니라는 사실을 입증할 수 있는

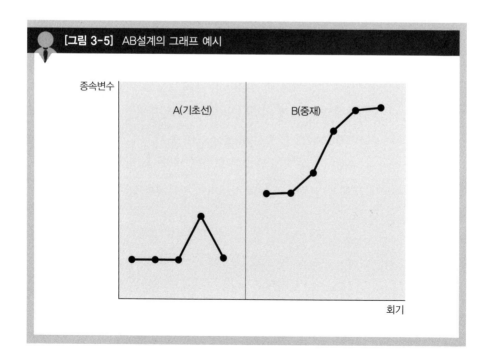

[그림 3-5] AB설계의 그래프 예시

장점이 있다.

특히 기초선 자료가 일정 기간 동안 안정세를 보인 후에 중재의 시작과 함께 즉각적이고 급격한 변화가 나타났다면 이러한 입증은 분명해진다. 그러나 이 설계는 중재 이외에 제3요인에 대한 통제는 불가능하여 행동의 변화가 반드시 중재에만 의한 것이라 단정 지을 수 없기 때문에 독립변수와 종속변수 간의 기능적 관계를 입증하기가 매우 어렵다는 단점이 있다.

중재가 제거되었을 때 목표행동이 어떻게 자연스럽게 변화되어 나타나는지에 대한 정보가 부족하므로 통제되지 않은 변인들이나 시간의 경과가 종속변수에 미치는 영향을 배제하면서 결론을 내릴 수가 없다. 따라서 AB설계는 상관관계적인 결론만을 내릴 수 있는 설계로 인식되어야 하며, 이 설계를 사용하기 위해서는 관찰의 정확성과 일관성이 높아질 수 있도록 종속변수가 될 목표행동을 정확하게 측정 가능하고 관찰 가능한 용어로 정의해야 한다.

최소한 3회 이상 연속적인 기초선 자료를 수집해야 하며, 기초선 자료에서 수용할 만한 안정된 경향 및 정도/수준을 보일 때에만 독립변수를 소개한다. 또한 중재 상황에서 목표행동에 대한 자료를 연속적으로 수집하고, 인과관계적인 결론을 내리지 않아야 한다. 유사한 대상자들에게 실험 결과를 반복한다(Gast & Tawney, 1984).

ⓑ ABA설계(기초선 → 중재 → 제2기초선)

ABA설계는 AB설계를 강화한 설계로 독립변수와 종속변수 간의 기능적 관계를 설명할 수 있는 가장 단순한 단일대상연구이다. AB설계와 동일하게 기초선(A_1)과 중재(B)가 실시되고 중재기간 중 종속변수가 안정세를 보인 후 다신 기초선(A_2) 조건으로 되돌아가는 방법이다.

ABA설계는 AB설계와는 달리 행동의 기능적인 분석이 가능한 것이 장점이다. 연구자로 하여금 목표행동의 변화가 중재에 의해서 발생했다는 사실을 확실하게 결론지을 수 있게 해 준다. 동일한 실험을 다른 대상자에게 반복적으로 실행하여 동일한 결과가 발생한다면 이러한 인과관계에 대한 결론은 더욱 강조되고, 결과에 대한 외적 타당도도 높아진다. 그러나 두 번째 기초선(A_2)에서 목표행동의 변화가 첫

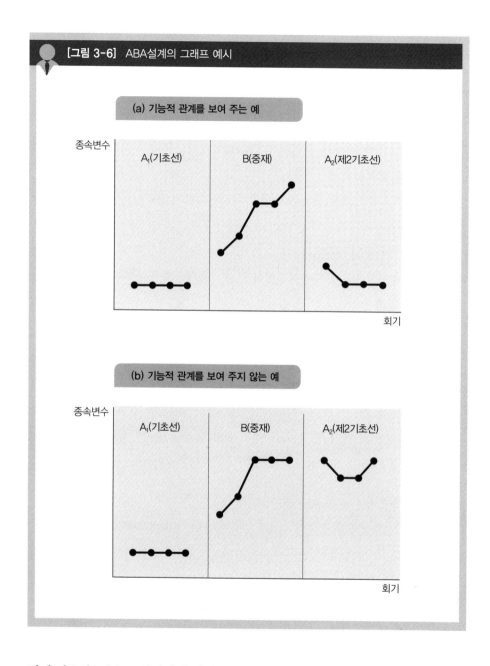

[그림 3-6] ABA설계의 그래프 예시

(a) 기능적 관계를 보여 주는 예

종속변수

A₁(기초선) | B(중재) | A₂(제2기초선)

회기

(b) 기능적 관계를 보여 주지 않는 예

종속변수

A₁(기초선) | B(중재) | A₂(제2기초선)

회기

번째 기초선(A₁)으로 완전하게 반전되지 않는 경우 내적 타당도는 낮아질 것이며, 반전하기 어려운 행동을 측정하는 프로그램의 효과를 평가하기에 부적절한 단점이 있다. 〈그림 3-6〉은 기능적 관계를 보여 주는 그래프와 기능적 관계를 보여 주지 않는 그래프의 예를 나타내고 있다.

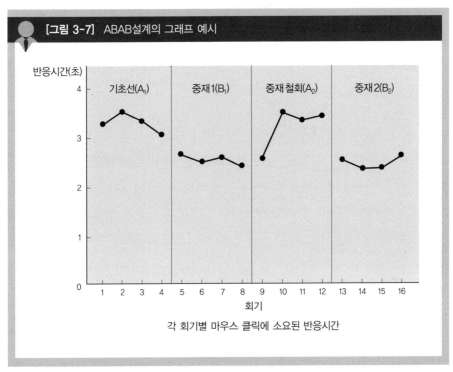

[그림 3-7] ABAB설계의 그래프 예시

반응시간(초)

기초선(A₁)　중재1(B₁)　중재 철회(A₂)　중재2(B₂)

회기

각 회기별 마우스 클릭에 소요된 반응시간

출처 : 정동훈(2012). 맞춤형 착석장치를 통한 자세지지가 뇌성마비 아동의 상지 마우스 사용에 미치는 영향 : 단일대상연구. 재활복지, 16(2), 287-309.

　모든 목표행동에 대해 ABA설계의 적용이 가능한 것이 아님을 고려해야 한다. 또한 독립변수의 소개 및 제거가 목표행동이 자연적으로 발생하는 주기적 변화와 일치할 가능성이 있고, 기초선 상태에서 실험을 종료하는 것은 현실적으로 비윤리적이라는 비난을 받을 수 있다. 제2기초선 단계에 대한 중재의 이월효과가 문제될 수 있다.

　ⓒ ABAB설계(기초선 → 중재 → 제2기초선 → 중재)

　ABAB설계는 AB설계의 반복실시로 내적 타당도를 강화한 설계이며, 외부사건의 영향을 배제한 중재효과성을 평가한다는 측면에서 ABA설계와 동일한 논리를 사용하는 설계이다(그림 3-7 참조). ABA설계의 윤리적 문제를 극복하기 위해 두 번째 기초선 단계를 가능한 짧게 하고 두 번째 중재단계를 도입하여 동일한 대상자의 동일한 행동에 대한 결과를 직접적으로 반복 연구하는 방법이다.

중재의 반복된 도입과 제거를 통해서 독립변수와 종속변수 간의 인과관계를 가장 강력하게 입증할 수 있는 장점이 있다. 그러나 ABA설계의 윤리적 문제를 완전히 극복하지 못했고, 연구기간이 길다는 점과 이월효과 배제의 어려움 등의 단점이 있다.

ⓓ BAB설계(중재 → 기초선 → 중재)

ABAB설계를 변형한 설계로, 처음 기초선을 설정하지 않고 바로 중재단계를 도입한다. 다시 중재를 제거하여 목표행동을 살펴본 후 또다시 중재단계를 도입한다. 기초선 없이 바로 중재단계에 들어가 빠른 중재에 유용하고, 반복된 중재를 통해 중재의 효과를 가져올 수 있다는 장점이 있다. 그러나 외부요인 통제가 어렵고, 중재효과가 지속적인 경우 중재효과를 평가하기 힘들다는 단점이 있다.

ⓔ ABABAB설계

ABAB설계를 변형한 설계로, 중재의 도입과 제거가 ABAB설계에서보다 한 번 더 반복된다. 이러한 반복을 통해 독립변수와 종속변수 간의 기능적 관계 입증을 더욱 확실히 할 수 있다는 장점이 있다. 그러나 앞에서 제기된 현실적이고 윤리적인 문제가 동일하게 적용되는 단점이 있다.

ⓕ ABCD설계

ABAB설계를 변형한 설계로, 하나의 기초선 자료에 대해서 B, C, D라는 복수의 다른 중재 방법들을 연속적으로 도입해 보는 설계이다. 이전의 중재가 일정한 상태의 경향성을 보이면 다른 중재 방법을 도입해 보고, 다시 안정된 경향성이 나타나면 또다시 새로운 중재 방법을 적용한다. 그러나 이월효과의 문제가 발생할 수 있으며, 해석의 한계로 인해 각 중재 방법에 대한 독자적인 효과성의 인과관계를 파악하기 어렵다는 단점이 있다.

> 📍 **참고** : 임상문헌의 예

Becker, I. (1983). Control of acquisition of eye contact by distorted and undistorted music stimuli. *Journal of Music Therapy*, *20*, 132-142.

Curtis, S. L. (1986). The effect of music on pain relief and relaxation of the terminally ill. *Journal of Music Therapy*, *23*, 10-24.

Dorrow, I. & Horton, J. (1982). Effects of the proximity of auditory stimuli and sung versus spoken stimuli on activity levels of severely/profoundly mentally retarded females. *Journal of Music Therapy*, *19*, 114-124.

② 중다기초선설계(Multiple Baseline Design)

중다기초선설계는 여러 개의 기초선을 측정하여 순차적으로 중재를 적용하고 그 외의 조건을 동일하게 함으로써 목표행동의 변화가 오직 중재에 의해서만 변화한 것임을 입증하는 설계로, 반전설계의 단점인 목표행동의 반전성을 극복할 수 있는 연구방법이다. 중다기초선설계에서는 적절한 시점에 중재를 순차적으로 도입하는 것이 매우 중요하므로, 연구자의 전문적 판단이 요구된다. 이 설계는 실험통제를 입증하기 위해서 중재를 제거하거나 반전하지 않아도 되고, 몇 가지 목표행동, 상황, 대상자에게 동시에 실시되므로 실제적인 상황에서 널리 적용될 수 있다는 장점이 있지만, 다수의 기초선을 동시에 측정해야 하고, 기초선 기간이 길어진다는 단점이 있다. 기초선 측정이 길어질수록 대상자를 지치게 하는 등의 부정적인 영향이 미칠 수 있어 타당성이 없는 결과가 나타날 수도 있다.

ⓐ 행동간 중다기초선설계(Multiple baseline across behaviors)

행동간 중다기초선설계는 한 실험조건을 두 가지 이상의 행동에 적용할 경우에 적합한 방법으로, 예를 들면, 발달장애 아동의 학교생활 문제행동에 대한 효과를 살펴보기 위해 중재프로그램을 징징대는 행동, 식사문제행동, 정리하지 않는 행동에 적용하는 경우이다. 이 설계는 한 대상자의 유사한 행동들에 대한 중재의 효과를 보여 줄 수 있다는 장점이 있다. 그러나 행동 간의 동시변화가 일어날 가능성이 있는데, 이럴 경우 독립변수와 종속변수 간의 기능적 관계 입증을 약화시킬 수도 있다(그림 3-8 참조).

ⓑ 상황간 중다기초선설계(Multiple baseline across settings, muliple baseline across conditions)

상황간 중다기초선설계는 한 대상자를 선정하는 것이 행동간 중다기초선설계와 같지만, 연구자는 대상자가 동일한 행동을 나타내는 상황(환경)을 최소한 3개 선정해야 한다. '상황(환경)'은 개인이나 집단이 동일한 행동을 보이는 자극조건을 의미하는데, 장소와 같은 단순한 물리적 환경이나 시간, 참여하고 있는 활동, 또래집단의 구성 등이 이에 해당된다(그림 3-9 참조). 이러한 상황은 기능적으로 유사하면서 서로 간에 영향을 받지 않는 독립성을 갖고 있어야 한다. 즉 같은 대상자의 같은 행동에 대해 서로 다른 환경에서 중재를 제공하는 것이다. 이 설계는 한 대상자에 대한 중재효과의 일반성을 여러 상황에서 보여 줄 수 있다는 장점이 있다. 그러나 서로 다른 상황에서 중재효과에 영향을 줄 수 있는 기타 변인들을 예측하거나 통제하기 어렵다는 단점이 있다.

ⓒ 대상자간 중다기초선설계(Multiple baseline across subjects)

대상자간 중다기초선설계는 동일한 상황에서 동일한 목표행동을 보이는 대상자를 적어도 세 명 이상 선정해야 하는 방법으로, 예를 들면 유치원 과정 특수학교에 재학 중인, 생활연령에 비해 발달연령이 1년 이상 지체되고, 시·청각 및 신체 장애를 동반하지 않으며, 편식이나 올바르지 못한 식사행동 문제를 교사에게 호소한 부모의 발달지체 유아 3명을 선정하여 대상유아 A의 기초선에서 발생률이 일정한 수준에서 안정세를 보일 때 대상유아 A에게 실험처치를 실시하고, 나머지 두 유아는 기초선 관찰을 계속한다. 대상유아 A의 실험처치 효과가 안정세를 보이면 대상유아 B에게 동일한 과정의 실험처치를 적용하고, 대상유아 B에게서 안정적인 효과가 나타나면 대상유아 C에게 실험처치를 실시하는 경우이다(그림 3-10 참조). 이 설계는 유사한 행동 변화의 필요성이 있는 다수의 대상자들에 대해 중재효과를 입증할 수 있다는 장점이 있다. 그러나 대상자 간 행동의 동시변화로서, 다른 대상자의 경험을 통해 비의도적인 학습이 일어날 가능성이 있다는 단점이 있다. 또한 기초선

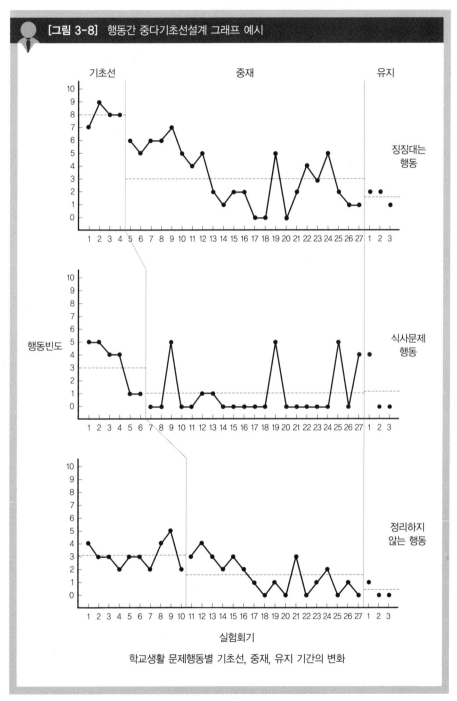

[그림 3-8] 행동간 중다기초선설계 그래프 예시

학교생활 문제행동별 기초선, 중재, 유지 기간의 변화

출처 : 차재경, 김진호(2009). 다중요소로 구성된 긍정적 행동지원 중재가 발달장애아동의 학교생활 문제행동에 미치는 효과. 특수교육학 연구. 44(3), 169-191.

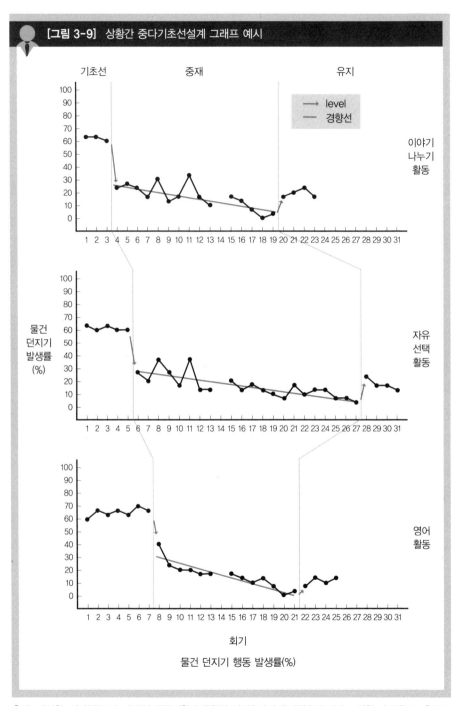

[그림 3-9] 상황간 중다기초선설계 그래프 예시

기초선   중재   유지

이야기 나누기 활동

물건 던지기 발생률 (%)

자유 선택 활동

영어 활동

회기

물건 던지기 행동 발생률(%)

출처 : 배성현, 이병인(2014). 긍정적 행동지원이 통합된 장애유아의 문제행동에 미치는 영향. 유아특수교육연구. 14(1), 69-95.

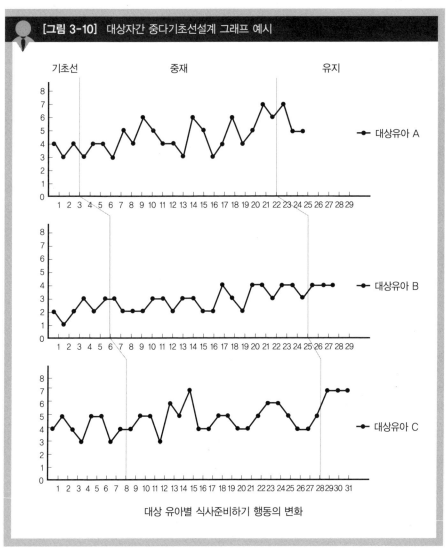

출처 : 이선화, 최혜진, 최민숙(2014). 기능적 생활중심교육이 발달지체유아의 식사행동에 미치는 영향. 유아특수교육연구, 14(1), 153-180.

이 길어지고, 여러 대상자를 동시에 관리해야 하는 어려움 등이 있다.

ⓓ 중다간헐기초선설계(Multiple probe design)

중다간헐기초선설계는 중다기초선설계의 변형으로 중재를 시작하기 전에 기초선 수준에 큰 변화가 없었음을 확인할 수 있을 정도로만 간헐적으로 자료를 수집하

[그림 3-11] 대상자간 중다간헐기초선설계 그래프 예시

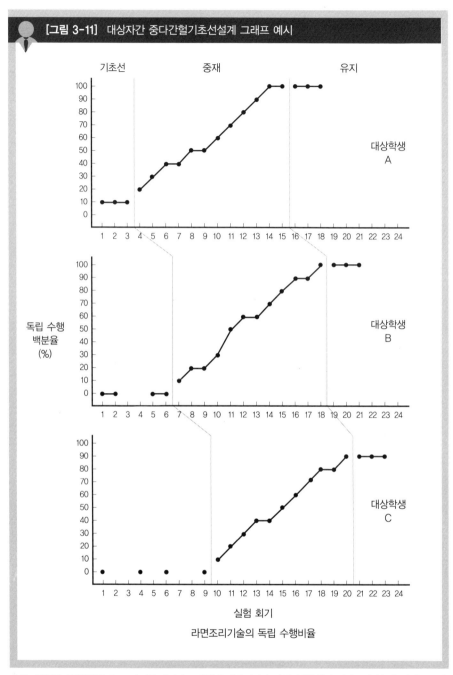

라면조리기술의 독립 수행비율

출처 : 김영준, 강영심(2013). 스마트폰 어머니 모델링 중재패키지가 지적장애학생의 라면조리기술에 미치는 효과.
특수교육학연구. 48(3), 89-110.

[그림 3-12] 행동간 중다간헐기초선설계 그래프 예시

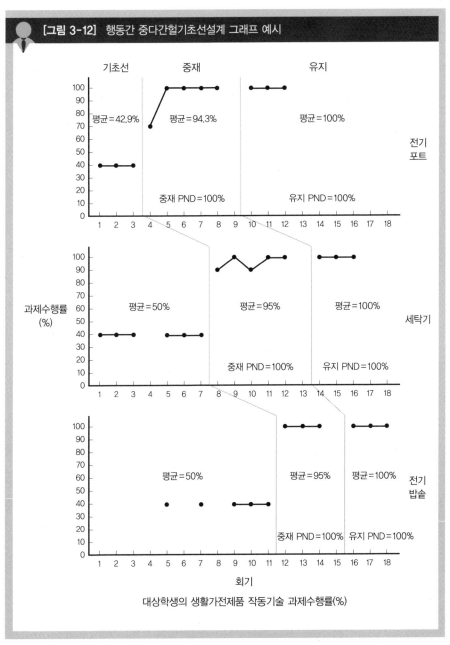

대상학생의 생활가전제품 작동기술 과제수행률(%)

출처 : 이성용, 오자영(2012). 비디오 모델링이 지적장애학생의 생활가전제품 작동기술에 미치는 효과. 특수교육학연구, 47(3), 121-139.

는 방식이다. 이 설계는 기초선 기간이 길어질 경우 불필요한 기초선 측정을 막아 주고, 빈번하게 나타나는 부적절한 행동을 막아 주는 현실적인 대안이 될 수 있다는 장점이 있으나, 기초선이 안정적일 때만 사용해야 하는 단점이 있다(그림 3-11, 그림 3-12 참조).

📍 **참고** : 임상문헌의 예

Cofrancesco, E. M. (1985). The effect of music therapy on hand grasp strength and functional task performance in stroke patients. *Journal of music Therapy, 22,* 129-145.

Hanser, S. B. (1974). Group-contingent music listening with emotionally disturbed boys. *Journal of Music Therapy, 21,* 220-225.

---

③ 중재비교설계

중재비교설계는 대상자나 실험조건 또는 실험행동을 중복 설정하도록 하여 실험과정에서의 통제성을 밝혀 주면서 동시에 독립변수의 효과를 검증해 주는 설계이다. 이는 새로운 훈련방법이 기존의 훈련방법이나 프로그램보다 우월하다는 것을 밝혀 새로운 훈련방법에 대한 설득력 있는 근거를 제시하기 위해 여러 훈련조건을 비교할 수 있도록 개발된 방법으로, 반전설계가 학습과 관련된 연구에서는 활용이 거의 불가능했던 것과 비교해 보면 학습과 관련된 연구에서 매우 유용하게 사용될 수 있다.

ⓐ 중다중재설계(Multitreatment design, changing conditions design)

중다중재설계는 반전설계가 변형된 형태로서 치료조건변경설계(changing conditions design)로도 불린다. 목표행동에 대한 2개 이상의 중재조건의 효과를 검증하기 위한 방법이다. 예를 들어, 교사가 아동의 소리 지르기 행동을 감소시키기 위해 벌(B), 음악적 강화(C), 음악적 강화와 언어적 강화(CD)를 어떻게 사용하는 것이 가장 효과적인지 알아보기 위해 중재의 순서를 B-C-B-CD-C-CD로 할 수 있다. 이 경우 연구자는 기초선을 각 중재의 단계에 넣어 각 중재의 효과를 확인할 수 있다.

그러나 어떤 연구에서는 기초선과 함께 각각의 중재를 서로 비교하기도 하는데 순서의 효과를 검증할 수가 없어 내적 타당도에 문제가 초래될 수 있다. 중다중재 설계는 여러 중재를 한 연구에서 검증해 볼 수 있어서 각 중재 방법의 효과를 개별적으로 검증하는 것보다 시간을 절약할 수 있으며, 근접한 중재 방법끼리 그 효과를 비교할 수 있는 장점이 있다. 그러나 중재 간 실시 시기가 다르기 때문에 한 중재에서는 외부변인이나 발달변인이 개입되지 않더라도 다른 중재에서는 개입될 수가 있으며, 한 중재의 전이 효과가 다른 중재 기간 중에 나타나 결과의 해석에 있어 오류를 범할 수 있다는 단점이 있다. 이 설계에 의해 입증된 혼합중재의 효과는 그 혼합된 형태의 중재로만 제한하여 해석하여야 한다(그림 3-13 참조).

ⓑ 교대중재설계(Alternating treatments design)

교대중재설계는 한 대상자에게 여러 중재를 교대로 실시하여 그 중재들 간의 효과를 비교 검증하는 방법으로, 비교하려는 중재들을 한 대상자에게 빠른 간격으로 교대하여 적용한다(그림 3-14 참조). 예를 들어, 네 명의 아동에게 세 가지 노래교수법(악보 보고 부르기 훈련, 녹음음 듣고 부르기 훈련, 교사 따라 부르기 훈련)을 교대로 실시(순서 없이 무작위로 적용)하여 그 효과를 비교하는 것이다. 교대중재설계는 기초선 자료의 측정을 반드시 하지 않아도 된다. 이는 기초선 자료와 중재 후 결과를 비교하는 것이 아니라 중재들 간의 효과를 비교하는 방법이기 때문이다. ABC설계의 경우 중재의 누적효과가 생길 수 있지만, 교대중재설계는 빠르게 중재가 넘어가기 때문에 앞 중재의 영향이 뒤에 오는 중재에 미치는 상호작용을 줄여 내적 타당도가 높다는 장점이 있다. 그러나 여러 중재를 적용함에 있어 미리 계획된 중재 절차를 일관성 있게 지키지 않으면 연구 결과를 전혀 신뢰할 수 없으며, 여러 중재의 유용성을 즉시 알아낼 수 있을지라도 이들의 기능적 관련성이 약하다는 단점이 있다.

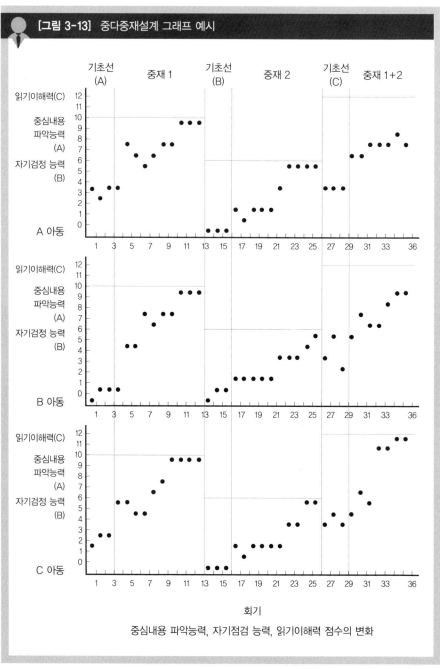

[그림 3-13] 중다중재설계 그래프 예시

중심내용 파악능력, 자기점검 능력, 읽기이해력 점수의 변화

출처 : 송효진, 허승준(2004). 학습장애 아동의 읽기이해력 향상을 위한 중심내용 파악 및 자기점검 전략훈련의 효과. 특수교육저널: 이론과 실천, 5(1), 317-339.

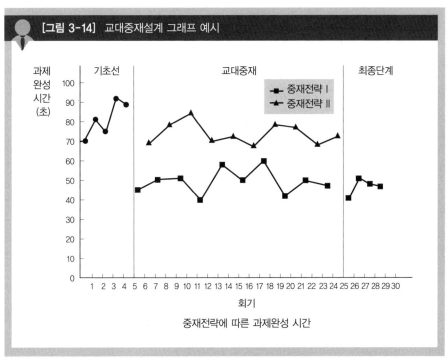

[그림 3-14] 교대중재설계 그래프 예시

중재전략에 따른 과제완성 시간

출처 : 이효신(2002). ADHD-PI 아동의 주의집중 행동 개선을 위한 중재전략 비교 연구. 발달장애학회지, 6(1), 127 -138.

참고 : 임상문헌의 예

Spencer, S. L. (1988). The efficiency of instrumental and movement activities in developing mentally retarded adolescents' ability to follow directions. *Journal of Music Therapy*, *25*, 44-50.

Wolfe, D. (1980). The effect of automated interrupted music on head posturing of cerebral palsied individuals. *Journal of Music Therapy*, *17*, 184-206.

ⓒ 동시중재설계(Simultaneous treatment design)

동시중재설계는 교대중재설계처럼 중재 간 순서효과를 배제시키기 위한 중재 간 비교연구방법인데, 교대중재설계와 다른 점은 교대중재설계가 여러 중재를 교대로 번갈아 가며 적용하는 데 반하여, 동시중재설계는 두 중재를 동시에 제시하여 대상자가 그중에서 선택하도록 하는 것으로 두 명의 중재자가 필요하다는 점이다. 즉 교대중재설계는 한 대상자에게 중재들을 한 번씩 교대로 번갈아 가며 실시하는 것이고, 동시중재설계는 중재를 동시에 실시하는 것이다. 예를 들어, 음악활동(음악감상, 악기연주)을 통한 스트레스 감소를 연구한다고 했을 때 대상자가 음악감상을 할지 악기연주를 할지 직접 선택한다는 것이다.

동시중재설계는 교대중재설계처럼 기초선 측정이 필요 없기 때문에 시간적 효율성이 장점인 방법이다. 그러나 동시에 중재를 실시하기 때문에 대상자가 중재들을 변별하는 것과 여러 명의 중재자가 동시에 중재를 실시하기 때문에 연구를 실시하는 것 자체가 매우 어렵다는 단점이 있다.

ⓓ 평행중재설계(Parallel treatments design)

평행중재설계는 독립적이지만 난이도가 유사한 행동에 대한 중재기법 간의 효과를 간접적으로 비교할 수 있는 방법으로, 두 중재에 대하여 중다기초선설계나 중다간헐기초선설계를 동시에 실시하는 것과 같은 방법을 사용한다.

예를 들어, 한 아동에게 중재 B와 중재 C를 사용하여 리듬인지에 미치는 효과를 비교한다고 했을 때, 중재 B로는 리듬패턴 1을 훈련하고, 중재 C로는 단어 목록 2(리듬패턴 1과 난이도가 같음)를 훈련하도록 계획한다. 이때 결과의 반복적인 제시로 연구의 타당도를 높이기 위해서는 중재 B로는 리듬패턴 1, 3, 5를 사용하고 중재 C로는 리듬패턴 2, 4, 6을 사용할 수도 있다.

이 설계는 교대중재설계나 동시중재설계처럼 중재 간 순서효과를 배제시킬 수 있으며, 대상자나 행동 간의 반복을 통해 타당도를 높일 수 있다는 장점이 있다. 예를 들어, 우울증을 앓고 있는 대상자 6명을 대상으로 어떤 치료가 효과적인지를 연구한다고 했을 때, 1번, 3번, 5번 대상자에게는 음악치료 중재법을 적용하고, 2번, 4번, 6번 대상자에게는 미술치료 중재법을 적용한다. 이때 1번, 3번, 5번 대상자에게 나타난 중재효과가 2번, 4번, 6번 대상자에게 나타난 중재효과보다 높다면 음악치료 적용이 미술치료 적용보다 좀 더 효과적이라고 유추할 수 있을 것이다. 그러나 이러한 비교는 직접적이지 않아 논의가 제한적이고 교대중재설계나 동시중재설계만큼 중재 간의 효과를 비교하는 데 효율적이지 못한 단점이 있다. 또한 두 중재가 각각 이루어지기 때문에 중재의 시간이나 절차와 같은 변인들을 잘 통제해야 하며, 목표행동 간의 난이도를 대등하게 조절하지 않으면 타당도에 큰 위협을 받게 된다.

④ 기준변동설계(Changing criterion design)

기준변동설계는 독립변수를 이용하여 종속변수의 점진적이고 단계적인 변화를 이루고자 할 때 사용하는 방법으로, 대상자에게 설정된 목표행동의 도달에 현실적으로 제법 긴 시간이 소요될 때 지속적인 변화를 지켜볼 수 있다. 이 설계는 처음에 점진적이고 단계적으로 변화할 수 있는 목표행동을 신중하게 정의하여 수용할 만한 안정세를 보이거나 반치료적 경향을 보일 때까지 기초선 자료를 수집한다. 그다음에는 기준(수행 수준)을 결정하고 중재를 시작한다. 첫 번째 기준이 성취되면 다음 조건을 도입하는데, 이때 기준 정도에서 얼마만큼 오래 수행해야 다음 조건으로 넘어갈 수 있는가 하는 것이 중요한 결정이다. 최종목표에 도달할 때까지 순차적으로 다음 실험조건을 실시한다(Hartmann & Hall, 1976). 예를 들어, 선택적 함묵증(가정에서는 말을 잘하지만 유치원에서는 전혀 말을 하지 않는 함묵증)을 나타내는 유아를 선정하여, 역할놀이에 새로 참여한 친구에게 자발어로 말하기를 2회 이상하면 다음 단계로 넘어가는 기준을 설정하는 경우이다(그림 3-15 참조). 유아가 말을 하는 환경 속으로 말을 해 보지 않은 사람들을 등장시켜 말하는 행동을 통제하는 자극을 점차적으로 변화시켜 가는 것이다.

기준변동설계는 대상자가 이미 할 수 있는 행동으로서 단계적으로 증가 혹은 감소시킬 수 있는 행동인 경우에 적절하며, 최종목표에 도달하기까지 시간이 걸리는 경우에 유용하며, 중재와 목표행동 간의 기능적 관계를 보여 주기 위하여 중재를 반전할 필요가 없는 장점이 있다. 그러나 이 설계는 목표행동 및 중재의 범위가 비교적 작기 때문에 대상자가 이미 할 수 있는 행동이 아닌 새로운 행동을 발달시키는 것이라면 적절하지 않다. 또한 실험통제의 입증이 기준 정도의 주관적인 예측에 의존한다는 단점이 있다.

기준변동설계를 사용할 때는 서로 밀접한 관계를 맺고 있는 세 가지, 각 실험조건의 길이 및 기준변동의 정도와 횟수를 고려해야 한다(Hartmann & Hall, 1976).

첫째, 각 실험조건의 길이이다. 기준변동설계는 기준의 변화가 가능한 한 목표행

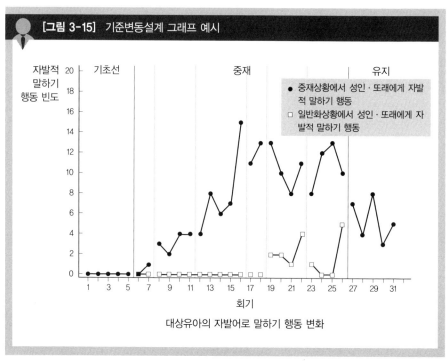

[그림 3-15] 기준변동설계 그래프 예시

자발적 말하기 행동 빈도

기초선　중재　유지

● 중재상황에서 성인·또래에게 자발적 말하기 행동
□ 일반화상황에서 성인·또래에게 자발적 말하기 행동

회기

대상유아의 자발어로 말하기 행동 변화

출처 : 양명희, 김현숙(2006). 구조화된 놀이상황에서 자극 용암법과 정적 강화 기법 사용이 선택적 함묵유아의 말하기 행동에 미치는 효과, 정서·행동장애연구, 22(2), 29-47.

동의 즉각적인 변화를 이끌어 내기를 바라기 때문에 각 실험조건이 빠르게 진행된다. 그럼에도 불구하고 각 실험조건은 다음 실험조건의 기초선 역할을 하기 때문에 안정된 반응을 보일 때까지 계속하는 것이 좋다. 또한 기능적 관계를 입증하기 위해서 목표행동이 기준치까지 변화하여 다음 실험조건으로 넘어가기 전까지는 그대로 유지되어야 하기에 각 실험조건의 길이를 다양하게 변화시키는 것이 좋다.

　둘째, 기준 변동의 정도이다. 변화의 정도가 너무 작다면 대상자가 원하는 만큼의 목표를 수행하기는 쉽지만 그러한 행동의 변화가 성숙이나 연습효과 등의 다른 요인에 의한 것이 아님을 입증하기가 어려워진다. 또, 변화의 정도가 너무 크다면 최종목표에 도달하기 위한 조건들의 수가 적어지기 때문에 인과관계 입증을 위한 충분한 반복효과를 보여 주기가 어려워진다. 그러므로 적절한 기준변동의 정도는 매우 중요하다. 일반적으로 안정적인 행동의 경우에는 기준변동의 정도를 작게 하고, 변화가 심한 행동일수록 실험통제를 보여 주기 위해 보다 큰 폭의 기준변동을 사용한다.

셋째, 기준변동 횟수이다. 기준변동 횟수는 실제 연구에 포함되는 실험조건의 수를 의미한다. 예를 들어, 연구 종료시기가 얼마 남지 않았고 각 실험조건의 길이가 길어진다면, 실험조건의 수는 줄어들 것이며 기준변동의 정도가 클수록 최종 목표 도달을 위해 필요한 실험조건의 수가 줄어들 것이다.

3. 질적 연구

1) 정의

오래전부터 과학적 방법으로 주로 사용되던 양적 연구와는 달리 질적 연구는 그것의 객관성이나 신뢰성 등이 낮은 것으로 인식되어 많은 비평가들의 공격을 받아 왔다. 그러나 최근에는 이러한 점을 보완할 수 있는 다양한 방법들이 연구자들에 의해 개발되고 소개되어 인류학이나 민속학 분야에서의 연구뿐만 아니라 교육이나 치료 영역에서도 질적 연구가 증가하고 있는 추세이다. 질적 연구는 명확하고 확실한 진리는 아니지만 현상들 사이에 있는 공통점을 찾아서 명제화하는 귀납적 사고에 근거를 두고 있다. 따라서 질적 연구에서는 작게 나뉜 변인들에 초점을 두기보다는 특정한 현상이나 사람, 관련된 경험 등을 통해 현상 전체를 설명할 수 있는 것에 초점을 둔다. 또 질적 연구에서는 다양한 방법으로 대상에 대한 접근을 시도하는데 조작적이거나 인위적 상태에서가 아니라 자연적(naturalistic) 상황하에서 사람들이 경험하고 받아들이는 의미를 해석적(interpretative)으로 묘사하며, 다양한 개인의 경험적(emperical) 자료들을 수집하고 사용하는 것을 포함한다(Denzin & Lincoln, 1998).

많은 연구자들이 질적 연구에 대한 정의를 내리고 있지만 그 범위나 접근 방법 등이 매우 다양해서 정의를 내리는 사람의 학문적 배경이나 철학에 의해 여러 측면으로 정의가 규명되고 있다. 이에 Wheeler와 Kenny(2005)는 질적 연구에 대해 공통적으로 사용되고 있는 정의가 없기 때문에 다양한 언어로 묘사되고 있다고 하였으며, Aigen(1996)은 종래의 과학적 기준으로 질적 연구를 평가하는 것은 적절치 않다고 주장하고 있다. 따라서 양적 연구에서 많이 사용되고 있는 개념인 내적 타당도(internal validity), 외적 타당도(external validity), 신뢰도(reliability), 그리고 객관성(objectivity) 등의 사용 대신, Lincoln과 Guba(1985)는 연구 방법이 적절하고 임상적 연구의 목적과 예견이 결과와 일치하는가를 평가하는 진실성(credibility), 결과가 다른 사람이나 상황에도 적용되고 일반화될 수 있는가에 대한 전이성(transferability), 데이터와 결과가 지속적으로 일관되게 수집되는가를 확인하는 신뢰성(dependability), 그리고 데이터나 결과가 다른 연구자에 의해서 지지되는가를 평가하는 확인성(confirmability)의 개념을 사용하였고 이러한 요소들이 연구 전체의 신뢰성(trustworthyness)을 높일 수 있다고 주장하였다(p. 300).

Creswell(2013)은 이전 선행 연구자들 중 Rossman과 Rallis(1998)에 의해 주장된 질적 연구의 특성들을 다음과 같이 요약하고 있다(pp. 181–183).

- 질적 연구는 자연적 상황하에서 이루어진다. 실제 현장으로 연구자가 찾아가서 시행되는 연구는 연구의 자세함과 생생함을 높여 줄 수 있다.
- 질적 연구는 상호 교류적이고 인본주의적인 다양한 방법을 사용한다. 연구자는 대상자들과 신뢰관계를 형성하여 그들이 데이터 수집 과정에서 자연스럽게 참여할 수 있도록 모색하며, 기존의 관찰이나 면접, 기록 등을 통한 데이터 수집 외에도 글, 그림, 소리, 이메일 등의 다양한 자료를 사용한다. 따라서 연구 질문이나 데이터 수집 방법 등은 상황에 따라 변동될 수 있으며 초기의 작은 사실로부터 보다 넓은 주제로 확장되어 가면서 이론이 발전된다.
- 질적 연구는 기본적으로 해석적이기 때문에 연구자가 개인적 관점에 근거하여 데이터를 해석하고 분석하며 이론적으로 결과를 도출하게 된다.
- 질적 연구자는 사회적 현상을 보다 총체적으로 보기 때문에 질적 연구는 세밀한 분석이 아닌 보다 폭넓고 파노라마식의 관점을 보여 준다.
- 질적 연구자는 자신을 연구에 체계적으로 반영하게 되어 개인적 자신과 연구자로서의 자신을 분리할 수 없게 된다. 따라서 연구자 자신의 편견이나 가치관, 흥미 등의 인식과 내관이 시행하려는 질적 연구의 특징으로 나타나게 된다.
- 질적 연구자는 다면적이고 반복적이며 동시적인 추론 방법을 사용한다. 연역

적 추론과 귀납적 추론이 동시에 적용되기도 하고 사고 과정에서도 데이터 수집과 분석으로부터 문제를 재구성하는 순환이 반복적으로 일어나며 그 과정 안에서 자료의 수집과 분석이 계속 일어나게 된다.

• 질적 연구자는 연구 과정의 진행을 위한 지침으로 하나 이상의 다양한 연구 전략을 적용하여 사용한다.

Bruscia(2005)도 질적 연구를 수행할 때 다양하고 폭넓은 방법들이 사용되는 이유를 다음 세 가지로 요약하고 있다. 첫째, 질적 연구는 한 단계씩 계획하고 시행하는 일련의 연속적인 과정이라기보다는 예측할 수 있거나 순차적이 아닌 어떤 과정에서 발생하는 현상에 대한 탐구이기 때문이다. 둘째, 질적 연구는 미리 설정된 과학적 규칙에 의해 진행되지 않고 연구가 진행되는 당시의 연구자가 갖고 있는 신념이나 관점, 현상에 대한 선(先)이해 등에 기반을 두고 진행되는 개인적 과정이기 때문이다. 마지막으로, 질적 연구는 교류적 과정이기 때문이다. 질적 연구는 다른 사람이나 그 상황에 대한 탐구이기 때문에 연구자와 대상자 간에, 대상자들 간에, 또는 대상자와 상황에 있는 요소들과의 교류 경험에 초점이 맞춰진다. 그러므로 연구 계획이나 데이터 수집, 분석 등 모든 과정이 참여자들 간에 서로 영향을 미치고 상호 영향을 받아 이뤄지기 때문이다.

이처럼 많은 연구자들의 주장을 종합해 보면, 질적 연구는 변인과 결과의 관계를 의미하는 것이 아니라 과정 전체를 포함하는 것이며, 연구의 목적은 특정한 현상이나 관련된 사람의 경험에 초점을 맞추는 것일 수 있다. 따라서 연구는 자연스런 상황에서의 경험을 숫자보다 소리/음악, 서술, 그림 등의 다양한 매체로 묘사하고 해석한다. 이처럼 질적 연구에서 자료를 해석하는 일은 매우 중요한 과정이 되는데 Altheide와 Johnson(1994)은 해석적 타당성을 높이기 위해, 연구 보고가 그것을 읽는 사람이나 그 분야에 참가하려는 사람에게 유용한가를 묻는 유용성(usefulness), 연구 내용이 해당 상황에 대한 전체적인 면이 고려되었는가를 확인하는 문맥상의 완전성(contextual completeness), 연구자가 연구 환경에서 연구에 영향력을 미칠 수 있는 자신의 역할이나 인식(믿음이나 가치, 바이어스)을 민감하게 견제하여 독자로 하여금 결과의 신뢰성을 결정 내릴 수 있도록 하였는가에 대한 연구자의 위치

(researcher positioning), 그리고 연구 참가자의 개념을 재구성시켜 독자에게 정확한 사실을 알릴 수 있도록 연구자의 보고 스타일이 권위가 있는가(reporting style) 등을 고려해야 한다고 주장하였다.

2) 종류

질적 연구를 시행하는 대상이나 과정은 연구를 진행하는 상황에 따라 매우 다양하고 복잡하게 진행될 수 있다. 객관성이 주요 요소인 양적 연구와는 달리, 질적 연구에서는 연구자가 연구의 상황에 어떤 위치로 혹은 어느 수준, 어느 기간 동안 연구에 참여하여 대상자들과 가깝게 교류했는가에 따라 다양한 형태와 양의 정보 수집이 이루어지는데, 이렇게 수집된 데이터들은 연구자의 해석과 의미 부여를 통해 또 다른 정보로서 존재할 수 있게 된다. 일반적으로 질적 연구에서는 관찰과 인터뷰, 또는 자료 고찰 등의 방법으로 데이터 수집이 이루어지는데, 수집되는 데이터는 언어, 글, 혹은 그림 등의 질적 자료가 주를 이루지만 간혹 숫자 등의 양적 특성을 가진 자료들이 수집되기도 한다.

질적 연구에서의 관찰(observation)은 보이는 행동이나 상황에 대한 자세한 기록이며 연구자가 일정한 거리를 유지하면서 일어나는 상황에 대해 철저히 관찰만 진행하는 경우와 어느 정도 대상자와 교류하거나 상황에 참여하면서 관찰을 진행하는 경우, 그리고 주 연구자는 주로 상황에 직접 참여하고 교류하며 경험하는 반면 다른 사람이 뒤에서 관찰 기록만 담당하여 진행하는 경우로 구분할 수 있다. 양적 연구에서도 데이터 수집을 위해 관찰 방법이 사용되기는 하지만 주로 빈도나 지속시간 등의 데이터가 수집되는 반면에 질적 연구에서는 상황에 대한 구체적이고 보다 심도 깊은 설명과 묘사로 데이터가 형성된다. 또한 가능하다면 관찰 상황을 녹화해 두는 것이 필요한데 이는 관찰 시에 혹시 놓쳐 버린 정보를 보충적으로 수집할 수 있도록 하며 후에는 수집된 데이터에 대한 신뢰도나 타당도 검증 시에 중요한 근거 자료가 된다.

연구 대상자와 인터뷰(interview)를 하기 위해 연구자는 어떤 방법으로 진행할지에 대해 미리 계획을 세우고 준비해야 한다. 크게 구조적 인터뷰와 반구조적 인터뷰, 그리고 비구조적 인터뷰로 나누어 볼 수 있는데, 연구 대상자에게 물어볼 질문을 미리 계획하고 설정한 후에 그것에 근거해 인터뷰를 진행하는 구조적 방법은 연구 방향에서 크게 벗어날 위험이 없이 안정적으로 진행될 수 있는 장점이 있는 반면에 연구자가 예측하지 못했던 정보나 더 깊이 있는 정보를 수집하기 어렵다는 단점이 있다. 반면에 연구자가 무엇을 물어볼지 어떤 데이터를 수집할지에 대해 사전에 미리 정하지 않고 연구자가 대상자와 인터뷰를 하면서 다음 질문이나 방향을 결정해 나가는 비구조적 방법은 보다 자연스럽게 인터뷰 대상자의 생각이나 의견을 끌어낼 수 있다는 장점이 있지만 인터뷰가 의도했던 방향과 다르게 진행되고 진행 시간을 예측할 수 없게 된다는 위험이 있다.

따라서 많은 선행 연구자들은 반구조적 인터뷰를 권하고 있는데, 연구자가 연구의 목적이나 방향, 그리고 얻고자 하는 정보의 주제에 따라 질문을 설정하여 진행하지만 그 과정에서 더 심도 깊은 대화가 필요하거나 관련 정보를 더 수집해야 할 필요가 발생할 경우 연구자가 융통성 있게 질문을 수정하거나 발전시켜 진행하는 것을 의미한다. 인터뷰 내용도 반드시 녹음해야 하는데 인터뷰 내용에 대해 연구자가 주관적으로 판단하고 평가하는 것을 방지하기 위해 인터뷰 후에 그 내용을 모두 기록하고 분석해야 하며 경우에 따라서는 분석한 인터뷰 내용을 대상자에게 다시 확인하는 참여자 확인(member checking) 과정을 거치기도 한다.

질적 연구의 종류에 대해서 많은 연구자들이 다양한 분야를 제시하고 있는데, 사례 연구(case study), 현상학적 연구(phenomenological study), 근거 이론 연구(grounded theory study), 질적 내용 분석(qualitative contents analysis), 역사 연구(historical research), 그리고 민속학(ethnography) 등으로 분류된다(Moustakas, 1994; Denzin & Lincoln, 1994; Creswell, 2013; Leedy & Ormrod, 2013). 본 장에서는 임상 현장과 관련되어 주로 적용되는 사례 연구와 현상학적 연구, 근거 이론 연구, 그리고 질적 내용 분석에 대해 좀 더 살펴본다.

(1) 사례 연구

사례 연구에서는 시간과 활동으로 한계가 제한된 하나의 실재나 현상을 탐구하며 이때 대상은 한 사람이 될 수도 있고 한 집단 또는 1개의 기관 등을 대상으로 진행될 수도 있다. 특히 잘 알려져 있지 않은 사람이나 상황에 대해 깊이 있게 탐구하거나 그 현상에 대해 평가하려는 목적으로 시행되는 경우가 많다. 사례 연구에서는 일정 기간 동안의 다양한 데이터 수집을 통해 대상자에 대한 자세한 정보를 얻게 되는데, 연구자는 연구를 위한 특정한 주제를 정의 내린 후 대개 연구 대상자와 현장에서 오랜 시간을 교류적 상황에서 함께 보내며 연구를 진행한다. 이 연구의 장점은 관찰하려는 대상이 살고 있는 삶의 특정 기간에 대해 이해하고 심도 있게 묘사를 함으로써 그것에 대한 평가와 설명을 발전시키는 것이다. 따라서 사례 연구는 시간의 흐름을 따라 일어나는 변화를 대상으로 진행되는 종단 연구이며, 그 결과를 더 넓은 대상에게 일반화하여 결론을 내리는 것은 불가능하다.

사례 연구에서는 다양한 방법과 출처로부터 광범위한 데이터가 수집될 수 있기 때문에 연구자는 자신의 연구 목적과 초점을 정확하게 규명하고 진행해야 한다. 데이터 수집을 위해 주로 대상자와 연구자가 함께 있는 현장에서 관찰이나 인터뷰 등이 시행되기도 하지만 그 외에도 대상에 대한 기록이나 시청각 자료 등도 매우 효과적인 데이터가 될 수 있다. 따라서 연구자는 폭넓고 다양한 데이터를 충분히 확보하는 것이 중요한데, 때로 질적 연구임에도 불구하고 양적 데이터가 수집될 수도 있기 때문에 수집될 데이터에 대한 연구자의 편견을 배제하고 다각적으로 수집을 시도하는 것이 필요하다.

데이터가 수집됨과 동시에 연구자는 데이터에 대한 평가와 분류를 통해 연구와 밀접하게 관련된 자료들을 분석해야 한다. 사례 연구에서 데이터 분석은 연구된 현상을 묘사하거나 설명하는 데 사용되었던 구성 개념이나 주제, 유형 등을 찾기 위해서 데이터를 검토하는 해석적 분석(interpretational analysis)과 대화, 글, 사건, 또는 다른 현상에 내재된 패턴(이때 패턴들의 의미는 유추하지 않는다)의 구조적 분석(structural analysis), 그리고 현상을 평가하거나 묘사하기 위해 일차적으로 직관과 판단을 사용하는 반영적 분석(reflective analysis) 등의 방법을 사용한다(Tesch, 1990; Gall et al., 2003).

연구자가 수집한 데이터와 그에 대한 분석에 근거하여 도출되는 연구 결과는 비록 그것이 일반화될 수 없는 결과라 할지라도 연구 대상과 상태에 대해 정확한 정보를 제공하고 있는지를 검증해야 한다. 사례 연구의 신뢰도와 타당도 검증을 위해서 다양한 방법이 사용될 수 있는데, 연구자들은 대표적으로 다음 방법들의 사용을 권하고 있다(Miles & Huberman, 1994; Gall et al., 2003; Creswell, 2013).

- 삼각측량(triangulation) : 동일한 연구 대상에 대하여 다수의 데이터 수집 방법이나 출처, 다른 관찰자들로부터 얻어진 결과 등을 비교하여 일치되는 결과를 얻을 수 있는지 확인하는 방법이다. 만일 비슷한 데이터가 다양한 소스로부터 일관성 있게 수집되어 나타난다면 결과의 타당성과 해석의 신뢰성은 강화될 수 있다.
- 참여자 확인(member checking) : 연구에 참여한 대상자로 하여금 연구자가 작성한 내용을 검토하도록 하여 그것의 정확성과 완전성을 확인하도록 하는 방법이다. 이 과정을 통해서 연구자는 불일치되는 사안에 대해 더 자료를 수집할 수 있게 되며 연구 대상자는 자신의 또 다른 의견이나 생각을 진술할 수 있는 기회가 되기도 한다.
- 동료 검증(peer debriefing) : 연구자와 비슷한 연구 배경의 동료를 선정하여 연구 질문이나 자료 분석, 결과 해석 등에 대해 검토하고 질문이나 조언을 하도록 하는 방법이다. 연구자의 치우친 관점이나 간과해 버린 내용들을 다른 사람의 시각에서 찾아 줄 수 있다.
- 외부적 감사(external auditor) : 연구자와 친분이 없거나 시행되는 연구와 관련이 없는 외부 전문가로 하여금 연구의 전반적인 과정과 결과에 대해 검토하도록 하는 방법이다. 연구와 관련하여 새로운 관점에서의 질문이 발생될 수 있다.
- 특이점 분석(outlier analysis) : 연구의 결과가 대부분의 다른 사례의 것들과 구별되게 다른 점이 있는지의 여부를 분석하여 다른 사례들과의 유사점이나 특이점을 찾아내는 방법이다. 이 같은 극단적인 사례들은 일반적인 예와 비교할 때 무엇이 내재되고 또 결여되는지를 말하는 데 유용한 것이므로 발견된 결과의 내용을 강화하는 것이 된다.
- 편향성 규명(clarification of bias) : 연구의 과정이나 결과에 영향을 미친 편파적 치우침이 있었는지, 있었다면 그것이 무엇이었는지를 분명하고 솔직하게 연구자가 밝히는 방법도 연구 내용에 대한 타당성을 높일 수 있다.

- 장기간 참여(long-term involvement) : 연구자가 연구 현장에서 많은 시간을 투자하는 것은 궁극적으로 연구의 깊이를 깊게 만들 뿐만 아니라 연구자가 연구 대상이나 현상에 대해 심도 있는 이해를 할 수 있도록 도와준다. 이러한 과정의 결과로 나타나는 내용은 타당도가 높아질 뿐만 아니라 대상의 지속적인 경향을 확인하는 데 중요한 역할을 한다.
- 코딩확인(coding check) : 연구를 위해 수집된 현장 기록이나 인터뷰, 기록 같은 데이터를 주제별로 분류하고 체계화하는 작업이 필요하다. 이때 이러한 작업을 연구자 한 사람이 수행하는 것보다 여러 명이 함께 하는 경우 신뢰도가 높아지는데, 양적 연구에서 사용되는 관찰자 간 신뢰도 검증 방법을 사용하는 것도 도움이 된다.

(2) 현상학적 연구

연구 대상 집단의 사람들이 특정한 상황에 대해 어떻게 지각하고, 조망하며, 이해하고 있는가를 탐구하는 현상학적 연구는 특정 현상에 대한 외부에서의 조망이 아닌 그 현상을 경험하는 사람들이 지각하는 내면 의미를 연구한다(Leedy & Ormrod, 2013). 사람들의 경험을 연구하는 방법에 대해 Denzin과 Lincoln(1998)은 네 가지 측면, 즉 내부적(inward), 외부적(outward), 과거(backward), 그리고 미래(forward)의 방향에 초점을 두어 그 경험을 이해해야 한다고 주장하였다. 여기서 내부적 방향이란 그것을 경험하는 사람의 감정이나 희망, 미적 반응, 도덕적 성향 등 개인의 내면적 상태를 의미하며, 외부적 방향이란 현실적으로 처해 있는 환경이나 상태를 의미한다. 또 과거적 방향과 미래적 방향은 과거와 현재, 그리고 미래와 관련지어 경험을 이해하는 측면이며, 이 네 가지 측면이 동시에 고려되어 분석되어야 한다(p. 158).

현상학적 연구에서 데이터 수집은 주로 장시간에 걸쳐 이루어진 연구자와 대상자 간의 심도 깊은 대화에서 이루어진다. 연구 대상자는 연구하려는 현상에 대해 직접적인 경험을 갖고 있는 사람들이어야 하며 대개 비구조적 인터뷰를 통해 연구의 핵심 주제에 도달할 수 있도록 함께 대화를 진행하며 작업한다. 이런 특성 때문에 연구자 못지않게 연구 대상자들도 중요한 역할을 담당하게 되며 따라서 그들을 '공동 연구자'라고 부르기도 한다(Gall et al., 2003; Leedy & Ormrod, 2013). 이때 연구자는 연구 대상자가 설명하는 내용을 주의 깊게 경청하고 기록하여야 하며 개인적 선입관이나 주관적 편견은 분명히 배제시켜야 한다. 이러한 연구자의 태도를 설명하는 개념으로 '에포케(epoche)' 혹은 '괄호 묶기(bracketing)'라는 용어가 자주 사용되는데(Moustakas, 1994), 이는 연구자 개인이 연구를 진행하는 과정에서 하게 되는 경험이 연구 결과에 영향을 미치는 것을 방지하기 위해 본인의 편견이나 예측 등은 묶어 놓고 연구 대상자들의 경험을 충분히 이해하라는 뜻이다.

인터뷰 내용을 모두 기록한 후에 연구자는 기록된 내용을 분석하고 분류하는 코딩 과정(coding process)을 거쳐 공통의 주제를 도출하고 의미를 부여하는 작업을 수행하게 된다. 수집된 자료를 특성이나 연구와의 관련성, 주제어 등 일정 기준에 의해 분류하는 코딩 작업은 기록된 내용을 분해하여 여러 개의 그룹으로 재구성될 수 있도록 하며, 이후에 연구자는 각 그룹에 대한 공통 주제와 관련성 등을 찾아 연구 주제에 맞춰 의미를 부여하고 기술한다. 재구성되어 분석된 연구 결과는 두 가지 방법으로 기술될 수 있는데, 대상자의 진술 속에서 나타나는 경험, 즉 무엇을 경험했는지를 주제에 따라 분류하여 직접 인용으로 기술하는 텍스트적 기술(textural description)과 인터뷰 내용에서 규칙적으로 보이는 경험으로 인한 대상자의 생각이나 판단, 느낌 등의 세부 특징들이 어떻게 관련지어져 있는지를 분석하여 기술하는 구조적 기술(structural description) 방법이 사용된다.

Creswell(2013)이 제시한 현상학적 연구에서의 데이터 분석 절차를 요약하면 다음과 같다(p. 194).

- 주요 진술 찾기 : 연구자는 대상자와의 인터뷰에서 얻어진 전체 진술 내용을 분석해 연구 주제와 관련된 주요 진술들을 규명해야 한다. 규명된 진술들을 사용하여 서로 중복되거나 반복되지 않게 다시 목록을 만드는 작업을 한다.
- 의미 집단(meaning unit) 만들기 : 분류된 진술들을 여러 개의 의미 있는 집단으로 배치한 후 각 집단에 있는 내용들을 문장 그대로 기술한다(textural description).
- 다각도로 조망하기 : 기술된 내용에 대해 연구자는 다양한 관점과 확산적 사고를 통해 모든 가능한 의미들을 탐구해 어떻게 그런 경험들이 일어나게 되었는지

에 대해 분석하고 기술한다(structural description).

- 경험의 의미 도출 : 연구자는 분류된 집단들에 대한 다양한 분석과 종합하는 과정에서 도출된 결과를 사용해 연구 대상 경험의 의미와 핵심 본질을 구성하여 보고한다.

(3) 근거 이론 연구

현상학적 연구가 특정 대상자들의 특정 상황에 대한 경험의 의미를 탐구하는 연구였다면, 근거 이론 연구(grounded theory)는 특정 현상에 대해 추상적으로 분석하고 설명할 수 있는 이론을 개발하고 발전시키는 것을 목적으로 한다. 다양한 현상에 대한 깊이 있는 연구이지만 주로 기존의 이론이 적합하지 않거나 아예 존재하지 않을 때 근거 이론 연구가 도움이 되는데, 가장 덜 이론적인 체계로부터 출발할 수 있기 때문이며 데이터로 시작하여 이론으로 발전시키는 연구이다. 이 연구 방법 역시 다양한 단계의 데이터 수집과 정제, 분류, 그리고 정보들 간의 상호 관계 확인 등을 이론 개발의 필수적 과정으로 포함하는데, 특히 '근거(grounded)'라는 제목이 의미하는 바처럼 이론의 근거가 데이터로부터 발전된 것임을 뜻한다(Leedy & Ormrod, 2013).

이처럼 근거 이론 연구에서는 데이터의 수집과 분석이 매우 중요한 요소가 되기 때문에 특정한 종류의 데이터만 인정하는 것이 아니라 역사적 기록, 인터뷰, 관찰 등 매우 융통성 있게 다양한 데이터 수집 방법을 사용한다. 연구자는 현장에서 데이터를 수집한 후에 그 내용을 분석하고 다시 현장으로 나가 보충적 데이터를 수집한 후 또 분석하는 반복적 과정을 더 이상 새로운 데이터가 수집되지 않을 때까지 수행하며 연구를 진행하는데, 그 과정에서도 도출된 범주와 수집되는 데이터를 끊임없이 비교해야 하며 다른 집단에서 표집된 또 다른 데이터와도 지속적으로 비교하는 과정을 통해 수집된 정보와의 차이점과 유사점을 분석하는 과정을 거쳐 연구 자료를 검토하는 작업이 필요하다(Creswell, 2009, 2013).

데이터 분석은 수집 후 즉시 이루어지는데 반드시 연구 대상자의 관점이나 소리를 포함하여야 한다. 앞에서 언급한 것처럼, 분석 후 후속 데이터 수집이 다시 이루어지고 새로운 분석을 통해 선행의 결과와 비교하고 다시 후속 데이터 수집을 하여 지속적으로 비교하는 방법으로 분석을 수행한다. 근거 이론 연구에서 데이터를 비교 분석하는 방법은 다음과 같은 체계적인 절차를 따라 진행한다(Corbin & Strauss, 2008; Creswell, 2013).

- 개방 코딩(open coding) : 연구자는 연구 현상에 대해 수집된 정보들을 사용해 초기 분류를 시행한 후에, 분류된 각 범주 안에서 데이터 간의 공통점을 찾기 위해 데이터를 쪼개고, 검사하고, 비교하고, 개념화하고, 영역별로 나누는 과정을 통해 데이터를 면밀히 조사한다. 이 결과를 사용해 현상에 대한 특성이나 하위 범주들을 추출하여 데이터를 범주화한다. 일반적으로 이 과정은 수집된 데이터들을 현상을 설명하고 있는 좀 더 작은 주제들로 단순화시키고 줄이기 위해 적용된다.
- 축 코딩(axial coding) : 개방 코딩 결과로 분류된 데이터들을 각 영역 간 관계를 따라서 새롭게 다시 데이터를 조합하여 하위 범주와 관련짓고 속성과 차원을 구체화하는 과정이다. 이 과정에서는 코딩 패러다임(coding paradigm) 혹은 논리적 도식(logic diagram)을 사용하여 연구자가 규명한 중심적 범주와 하위 범주 간에 상호 연결성을 분석하는데, 그 현상의 발생에 영향을 미치는 인과적 조건(casual conditions)을 탐색하고, 그 조건들에 대상자들이 대처하는 방식인 작용(action)이나 상호작용(interaction)을 구체화하며, 그 대처 방식에 영향을 미치는 중재적 조건(intervening conditions)을 규명하고, 대처 방식으로부터 파생되는 결과(consequences)를 정확하게 묘사하게 된다.
- 선택적 코딩(selective coding) : 축 코딩의 결과로 분류되고 재조합된 범주들과 그들 간의 상호 작용을 통합해 연구 대상인 현상에 무엇이 있는지를 규명하고 기술하게 된다. 이 단계에서 조건부적 가설이 등장하게 된다.
- 이론 개발 : 연구자가 분류하고 명명한 범주는 비슷한 개념들을 집단화하고 의미를 부여하기 위해 붙여진 추상적인 이름이다. 그리고 연구자는 그 범주들 간의 관련성을 탐구하여 연구 대상인 현상에 대한 설명을 제공하게 된다. 연구자들은 이렇게 둘 이상의 개념들 간의 관계를 연구하면서 이론을 생성하는데, 근거 이론 연구자들은 이론을 세우는 데 흥미를 가지기 때문에 개인 자체보다는 사람들 간의 교류 패턴에 더 흥미를 가지게 된다.

(4) 질적 내용 분석

연구를 진행할 때 수집되는 다양한 데이터는 연구 주제와 관련하여 많은 정보와 의미를 갖고 있기 때문에 그에 대한 정확한 분석과 평가가 매우 중요한 과정이 된다. 특히 연구의 중요한 자료로 서류나 문서, 사진, 그림, 음악 등 다양한 형태가 수집될 때 그 자료의 특성을 밝히기 위해 내용에 대한 철저한 분석과 분류가 필요하다. 내용을 분석하는 초기 과정에서의 중요한 점은 수집된 자료들이 진본인지의 여부를 검증하는 것은 물론 그 내용이 수행하려는 연구의 목적이나 방향과 맞는지에 대한 타당성을 검증해야 한다는 것이다. 이러한 작업은 주로 역사 연구가들이 많이 사용하는 방법인데, 연사 연구가 과거의 사건이나 상황에 초점을 둔다면 내용 분석은 특정 시간에 일어난 현상이나 상태에 연구 초점을 맞춘다는 점이 두 방법 간의 차이점이다. 내용 분석 연구의 장점 중 하나는 연구 대상이 되는 상황 속에 직접적으로 관여하지 않아도 된다는 점이다. 즉 연구자가 관찰되는 대상에 대해 어떠한 영향도 미치지 않는 것을 의미하는데 이는 연구자가 현장에 참여하여 대상자와 교류하고 관찰하는 역할이 중요한 현상학적 연구나 사례 연구와 차별성을 갖는다.

내용 분석은 자료의 내용이 갖고 있는 정보를 빈도, 순서, 범위 등으로 수량화하여 분석하고 결과를 보고하는 정량적 내용 분석(quantitative content analysis)과 자료에 대해 좀 더 심층적인 해석과 의미 분석이 이루어지는 정성적 혹은 질적 내용 분석(qualitative content analysis)이 있다. Graneheim과 Lundman(2004)은 내용을 분석할 때 고려해야 할 사항은 분석의 초점을 드러나 있는 내용(manifest content)에 둘 것인지 혹은 함축되어 있는 내용(latent content)에 둘 것인지를 결정하는 것이라며 이 두 종류의 초점은 해석의 깊이나 추상화 정도에 있어서 차이가 있기 때문이라고 하였다. 그에 따르면 자료의 내용이 분명하게 노출되어 알 수 있는 것이 드러나 있는 내용인 반면에 드러난 내용의 이면에 있는 숨겨진 의미나 해석, 맥락 간의 관계 등을 통해 자료가 알리고자 하는 내용이 함축된 내용이라고 할 수 있다.

내용 분석 연구는 문서화 혹은 시각화된 다양한 자료를 수집하고 그것들이 갖고 있는 독특한 특성을 규명하려는 목적을 갖고 시행된다. Kaid(1989)는 내용 분석 단계를 다음 7단계로 구분하고 있는데, 우선 연구자는 연구의 주제를 명확히 규명하고 연구에서 탐구할 연구 질문을 설정해야 한다. 그 후 분석할 자료를 선택하며, 자료에 대한 적절한 분석을 위해 적용할 범주를 규명한다. 네 번째 단계로, 대략의 코딩 과정의 윤곽을 그리고 코딩 작업을 수행할 사람을 교육한다. 다음 단계는 준비된 범주에 맞춰 자료를 분석하고 분류하는 코딩 작업을 적용한다. 코딩 작업을 진행하면서 자료에 대해서뿐만 아니라 코딩 결과에 대한 신뢰성을 검증해야 하며, 마지막으로 코딩 결과에 대해 심층적 분석을 하고 보고하는 것으로 마무리된다.

내용 분석에서는 자료가 갖고 있는 내용이 빠짐없이 철저히 분석하고 분류할 수 있도록 포괄적인 반면 한편으로는 중복되지 않고 각 요소만의 특성을 잘 표현하는 독립적인 코딩 범주를 구성해야 되는데(Krippendorff, 1980), 연구의 타당성과 신뢰성을 높이기 위해 반드시 복수의 연구자 또는 훈련된 조 연구자가 일관성 있게 코딩할 수 있도록 해야 한다. 그 일관성에 대한 수준이 궁극적으로는 연구의 신뢰성을 증명해 주는 것으로 관찰자들 간의 코딩 일치도를 산출하여 평가할 수 있다. 이만큼 내용 분석 연구에서는 코딩 작업이 연구의 성공을 좌우하는 열쇠가 될 수 있는데, 이 코딩 작업을 통해 많은 양의 정보가 연구 주제를 분명하게 제시할 수 있는 적은 수의 대표적 범주로 축약되기 때문이다.

많은 이론가들이 코딩 방법에 대해 다양한 접근 방법을 제시하고 있는데, Stemler(2001)는 자료에 대해 일정의 예비 조사를 한 후에 새롭게 범주를 만들어 코딩을 하는 창발적 코딩(emergent coding)과 분석 이전에 기존의 이론에 따라 범주를 만들고 코딩 작업을 하며 필요에 따라 수정해 나가는 선험적 코딩(a priori coding)으로 분류하고 있다. 질적 내용 연구의 분석 절차 방법에 대해 귀납적 범주 개발(inductive category development)과 연역적 범주 개발(deductive category development)로 분류하여 설명되고 있는데, 전자의 경우에는 기존의 이론과 연구 문제에 근거하여 범주의 정의를 규명한 후 그것에 근거하여 자료를 분석하게 되는데 이때의 범주는 일시적인 것으로 단계적으로 수정과 보완, 신뢰성 검증을 거쳐 주요 범주로 축약된다. 일반적으로 이론이 충분하지 않거나 완성되지 않은 경우에 적용될 수 있는데 구체적이고 특정한 데이터들을 사용하여 보다 일반적이고 전체적인 결과로 유도된다. 반면에 후자의 경우에는 기존의 이론을 따라 미리 범주를 결정한 후에 분석된 내용을 코딩 규칙에 따라 해당 범주로 분류하는 방법이며 따라서 이론을 검증하는 방법으로 자주 사용된다(Mayring, 2000; Elo & Kyngäs, 2008).

참고문헌

김영준, 강영심(2013). 스마트폰 어머니 모델링 중재패키지가 지적장애학생의 라면조리 기술에 미치는 효과. 특수교육학연구, 48(3), 89-110.

배성현, 이병인(2014). 긍정적 행동지원이 통합된 장애유아의 문제행동에 미치는 영향. 유아특수교육연구, 14(1), 69-95.

송효진, 허승준(2004). 학습장애 아동의 읽기이해력 향상을 위한 중심내용 파악 및 자기 점검 전략훈련의 효과. 특수교육저널 : 이론과 실천, 5(1), 317-339.

양명희, 김현숙(2006). 구조화된 놀이상황에서 자극 용암법과 정적 강화 기법 사용이 선택적 함묵유아의 말하기 행동에 미치는 효과. 정서・행동장애연구, 22(2), 29-47.

이선화, 최혜진, 최민숙(2014). 기능적 생활중심교육이 발달지체유아의 식사행동에 미치는 영향. 유아특수교육연구, 14(1), 153-180.

이성용, 오자영(2012). 비디오 모델링이 지적장애학생의 생활가전제품 작동기술에 미치는 효과. 특수교육학연구, 47(3), 121-139.

이진영, 이소현(1995). 악기놀이 활동이 자폐아동의 상동행동 감소에 미치는 효과. 제2회 한국자폐학회 학술대회논문집, 186-197.

이효신(2002). ADHD-PI 아동의 주의집중 행동 개선을 위한 중재전략 비교 연구. 발달장애학회지, 6(1), 127-138.

정동훈(2012). 맞춤형 착석장치를 통한 자세지지가 뇌성마비 아동의 상지 마우스 사용에 미치는 영향 : 단일대상연구. 재활복지, 16(2), 287-309.

차재경, 김진호(2009). 다중요소로 구성된 긍정적 행동지원 중재가 발달장애아동의 학교 생활 문제행동에 미치는 효과. 특수교육학 연구, 44(3), 169-191.

Aigen, K. (1996). The role of values in qualitative music therapy research. In M. Langenberg, K. Aigen, & J. Frommer (Eds.), *Qualitative music therapy research: Beginning dialogues* (pp. 9-34). Gilsum, NH: Barcelona Publishers.

Altheide, D. L. & Johnson, J. M. (1994). Criteria for assessing interpretive validity in qualitative research. In N. K. Denzin & Y. S. Lincoln (Eds.), *Handbook of qualitative research* (pp. 485-499). Thousand Oaks, CA: Sage Publications, Inc.

Bruscia, K. E. (2005). Designing qualitative reseearch. In B. L. Wheeler (Ed.), *Music therapy research* (2nd ed., pp. 129-137). Gilsum, NH: Barcelona Publishers.

Campbell, D. T., & Stanley, J. C. (1963). *Experimental and quasi-experimental designs for research*. Chicago : Rand McNally.

Corbin, J., & Strauss, A. (2008). *Basics of qualitative research: Techniques and procedures for developing grounded theory* (3rd ed.). Thousand Oaks, California: Sage Publications.

Creswell, J. W. (2009). *Research Design: Qualitative, quantitative, and mixed methods approaches* (3rd ed.). Thousand Oaks, CA: Sage Publications, Inc.

Creswell, J. W. (2013). *Qualitative inquiry and research design: Choosing among five traditions* (3rd ed.). Thousand Oaks, CA: Sage Publications, Inc.

Denzin, N. K., & Lincoln, Y. S. (1994). *Handbook of qualitative research*. Thousand Oaks, CA: Sage Publications, Inc.

Denzin, N. K., & Lincoln, Y. S. (1998). *Collecting and interpreting qualitative materials*. Thousand Oaks, CA: Sage Publications, Inc.

Elo, S., & Kyngäs, H. (2008). The qualitative content analysis process. *Journal of Advanced Nursing, 62*(1), 107-115.

Gall, M. D., Gall, J. P., & Borg, W. R. (2003). *Educational research: An introduction* (7th ed.). Boston, MA: Pearson Education, Inc.

Gast, D. L., & Gast, K. B. (1981). Educational program evaluation: An overview of data -based instruction for classroom teachers. In *Toward a research base for the least restrictive environment: A collection of papers* (pp. 1-30). Lexington, KY: College of Education Dean's Grant project.

Gast, D. L., & Tawney, J. W. (1984). Withdrawl and reversal designs, In J. W. Tawney & D. L. Gast (Eds), *Single subject research in special education* (pp. 187-225). Columbus : Cahrles E. Merrill Publishing Company.

Graneheim, U. H., & Lundman, B. (2004). Qualitative content analysis in nursing research: Concepts, procedures, and measures to achieve trustworthiness. *Nurse Education Today, 24*(2), 105-112.

Hartmann, D. P., & Hall, R. V. (1976). The Changing Criterion design. *Journal of Applied Behavior Analysis, 9*(4), 527-532.

Kaid, L. L. (1989). Content analysis. In P. Emmert & L. L. Barker (Eds.), *Measurement of communication behavior* (pp. 197-217). New York: Longman.

Kazdin, A. E. (1982). *Single-case research designs : Methods for clinical and applied settings*. New York : Oxford University Press.

Kelly, M. B. (1977). A review of the observational data-collection and reliability proceduress reported in the Journal of Applied Behavior Analysis. *Journal of Applied Behavior Anylsis, 10*, 97-101.

Koorland, M. A., & Westling, D. L. (1981). An applied behavior analysis research primer for behavioral change personnel. *Behavioral Disroders*, 6, 164–174.

Krippendorff, K. (1980). *Content analysis: An introduction to its methodology*. Beverly Hills, CA: Sage Publications, Inc.

Leedy, P. D., & Ormrod, J. E. (2013). *Practical research: Plsnning and design* (10th ed.). Upper Saddle River, NJ: Merrill Prentice Hall.

Lincoln, Y. S., & Guba, E. G. (1985). *Naturalistic inquiry*. Beverly Hills, CA: Sage Publications, Inc.

Mayring, P. (2000). *Qualitative content analysis*. Forum: Qualitative Social Research, 1(2), Art. 20, Retrieved November 20, 2014 from http://nbn-resolving.de/urn:nbn:de:0114-fqs0002204.

Miles, M. B., & Huberman, A. M. (1994). *Qualitative data analysis: An expanded sourcebook*. Thousand Oaks, CA: Sage Publications, Inc.

Moustakas, C. (1994). *Phenomenological research methods*. Thousand Oaks, CA: Sage Publications, Inc.

Parsonson, B. S., & Baer, D. M. (1978). The analysis and presentation of graphic data. In T. R. Kratochwill (Ed.), *Single Subject research-strategies for evaluatiy change*. New York : Academic Press.

Rossman, G. B., & Rallis, S. F. (1998). *Learning in the field: An introduction to qualitativeresearch*. Thousand Oaks, CA: Sage Publications, Inc.

Stemler, S. (2001). *An overview of content analysis*. Practical Assessment, Research &Evaluation, 7(17), Retrieved November 20, 2014 from http://PAREonline.net/getvn.asp?v=7&n=17.

Tawney, J. W. & Gast, D. L. (1984). *Single subject Research in Special Education*. Columbus, OH: Merrill.

Tesch, R. (1990). *Qualitative research: Analysis types and software tools*. New York: Falmer.

Trochim, W. M. (2006). *Research methods knowledge base* (2nd ed.). Retrieved Nov. 28, 2014 from http://www.socialresearchmethods.net/kb/.

Wheeler, B. L., & Kenny, C. (2005). Principles of qualitative research. In B. L. Wheeler (Ed.), *Music therapy research* (2nd ed., pp. 59–71). Gilsum, NH: Barcelona Publishers.

White, O. R., & Haring, N. G. (1980). *Exceptional teaching*(2nd ed.). Columbus, OH: Merrill.

통계분석 방법

연구를 수행하기 위해 자료를 수집한 후에는 수집된 자료를 분석해야 한다. 자료를 분석하는 방법은 연구 목적, 변수, 척도 등에 따라 다르게 적용될 수 있다. 최근 사회과학에서는 SPSS(Statistical Package for Social Science) 프로그램을 많이 사용하고 있다. 제4장에서는 자료 입력부터 각각 연구 목적에 맞는 SPSS 분석 방법을 제시하고 있다. 여기서의 분석은 SPSS ver.22.0을 적용하고 있다.

1. SPSS 활용을 위한 기초

SPSS를 통해 다양한 분석을 하기 위해서는 먼저 분석에 적절한 형태로 자료가 입력되어야 한다. SPSS에서는 자료를 직접 입력할 수도 있고 excel 형식으로 저장된 자료를 불러올 수도 있다.

1) 자료 입력하기

(1) 직접 자료 입력하기

SPSS 프로그램을 실행하면 다음의 화면이 열린다(예시 4-1). 여기서 좌측 하단의 '변수 보기'를 선택하면 변수를 입력할 수 있다. 변수를 입력한 후에는 좌측 하단의 '데이터보기'를 선택한 후 화면에서 직접 data를 입력할 수 있다.

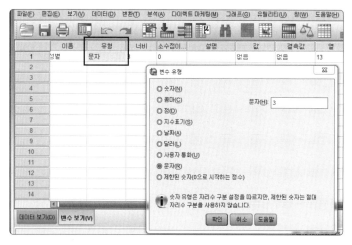

[예시 4-1] 변수보기 화면

① 변수 이름 정하기

변수 이름을 정할 때는 변수의 속성을 나타내는 것으로 하는 것이 좋다. 예를 들어, '성별', '연령', '직업', '음악장르', '선호도'라는 변수로 입력해 보자. 변수 이름을 입력하면 변수에 대한 특성을 입력할 수 있다.

● 유형 : 상단의 '유형'은 변수의 자료를 표기하는 방식을 말한다. 이를 정리하면 다음과 같다(표 4-1).

[표 4-1] 변수유형 : 옵션과 내용

옵션	내용
숫자(N)	변수값이 수치인 경우 사용한다. 자릿수(W) : 자료의 전체 길이(디폴트는 8) 소수점 이하 자릿수(P) : 소수점 이하 자릿수(디폴트는 2)
콤마(C)	숫자 자료에서 3자리마다 콤마(,)로 표시하고 소수점 이하 자릿수는 점(.)으로 표시한다(1,234.56).
점(D)	숫자 자료에서 3자리마다 점(.)으로 표시하고 소수점 이하 자릿수는 콤마(,)로 표시한다(1.234,56).
지수표시(S)	자료를 지수형식으로 표시한다.
날짜(A)	날짜와 시간을 표시한다.

[표 4-1] 변수유형 : 옵션과 내용 (계속)

달러(L)	숫자 앞에 $를 표시한다.
사용자통화(U)	다른 통화방식을 선택한다.
문자(R)	자료가 문자인 경우 사용한다.
제한된 숫자(0으로 시작하는 경우)	자료 앞자리에 '0'으로 시작된다(디폴트 8인 경우 00012345).

- 값 : 상단의 '값'은 변수를 설명하는 것이다. 분석을 위해서 모든 자료는 숫자로 입력되어야 한다. 따라서 성별과 같은 범주형 자료들을 입력할 때 '남', '여'가 아닌 '1', '2'로 입력해야 한다. 이 '값'을 설정하면 출력 시 입력된 변수 1, 2가 아닌 '남', '여'로 출력된다.

  본 화면에서는 남자를 '1'로, 여자를 '2'로 입력했다(예시 4-2). 입력하는 방법은 기준값(A)에는 입력된 값, 즉 1 혹은 2로 입력하고 설명(L)에는 그 숫자가 의미하는 것을 설명한다. 즉 '남자', '여자'로 입력한다. 입력을 마친 후 '추가' 버튼을 클릭한다.

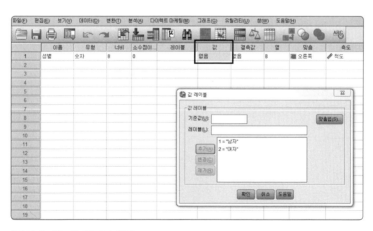

[예시 4-2] 값 레이블 화면

- 결측값 : 상단의 '결측값'은 결측값을 지정하는 것이다. 자료를 입력하다 보면 설문에 응답을 하지 않거나 코딩할 때 여백으로 남겨 둔 자료를 처리해야 할

경우가 있다. 이러한 자료들은 분석을 할 때 함께 처리되어 결과를 왜곡시킬 수 있다. 따라서 연구자는 이러한 자료들을 결측값으로 처리해 분석에서 오류를 방지해야 한다. 결측값은 주로 분석에 사용되지 않는 특별한 값(999, 9999 등)을 사용한다(예시 4-3, 표 4-2).

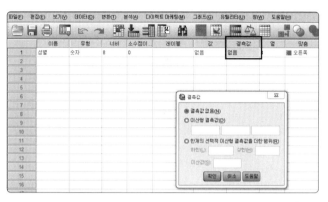

[예시 4-3] 결측값 화면

[표 4-2] 결측값 : 옵션과 내용	
옵션	내용
결측값 없음(N)	결측값이 없는 경우 모든 값을 유효한 값으로 분석한다.
이산형 결측값(D)	입력된 최대 3개 값까지 결측값으로 처리한다(99.999 등으로 정할 수 있다.
1개의 선택적 이산형 결측값을 더한 범위(R)	하한값에서 상한값까지의 값을 결측값으로 처리한다.

● **맞춤** : 상단의 '맞춤'은 자료의 정렬방식을 알려 준다. 맞춤에는 '왼쪽', '오른쪽', '가운데' 맞춤을 선택할 수 있다.
● **측도** : 상단의 '측도'는 변수의 척도를 결정한다. 등간척도와 비율척도의 경우 '척도'로, 서열척도는 '순서'로, 명목척도는 '명목'으로 나타낼 수 있다.

(2) 입력된 파일 불러오기

SPSS는 excel로 입력된 자료를 불러올 수 있다. 먼저 excel로 자료를 저장할 때는 'excel 통합문서'로 저장을 한다. 저장된 파일은 화면에서 다음과 같은 형식으로 불러올 수 있다.

　파일(F) → 열기(O) → 데이터(D)　찾아보기에서 원하는 파일을 찾고 '파일 유형'을 원하는 파일 형식으로 변경한다. '열기'를 클릭하면 다음의 화면이 열린다(예시 4-4). 이 화면에서 '데이터 첫 행에서 변수 이름 읽어 오기'를 체크하고 '확인'을 클릭하면 SPSS 입력 화면상에 데이터를 불러올 수 있다.

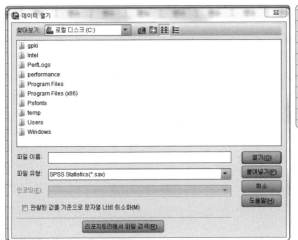
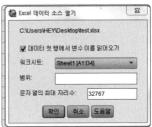

[예시 4-4]　excel 자료 불러오기 화면

2) 변수 변환하기

SPSS 분석을 위해 입력된 변수들을 변환하거나 계산할 필요가 있다.

(1) 코딩 변경하기

연구자는 설문지를 통해 참여자들의 나이를 조사했다. 그런데 연령대별 반응을 분석하기 위해 실제 연령을 연령대별로 변경할 필요가 있다. 예를 들어 기존의 연령

자료에서 20대를 '1', 30대를 '2', 40대를 '3'으로 코딩을 변경하고자 하면 다음과 같이 진행한다.

변환(T) → 다른 변수로 코딩하기(R) 변환시키고자 하는 '연령'변수를 오른편 변수 '숫자변수>출력변수'로 이동한다(예시 4-5).

[예시 4-5] 다른 변수로 코딩변경 화면

〈예시 4-5〉 하단의 '기준값 및 새로운 값'을 클릭하면 다음의 화면이 열린다(예시 4-6). 옵션과 내용은 다음과 같다(표 4-3). 여기서는 20대를 '1', 30대를 '2', 40대 이상을 '3'으로 변경하고자 하기 때문에 범위를 사용할 수 있다. 범위를 클릭하고 20에서 29를 입력하고 기준값에는 '1'을 입력하고 '추가' 버튼을 클릭한다. 마찬가지로 30에서 39를 입력하고 기준값에 '2'를 입력하고 '추가' 버튼을 클릭한다. 40에서 49를 입력하고 기준값에 '3'을 입력하고 '추가' 버튼을 클릭한다. 그리고 하단의 '계속' 버튼을 클릭하면 다음의 화면이 열린다(예시 4-6). 우측의 '출력변수'에 새로운 코딩 변수의 이름을 지정하고 '바꾸기' 버튼을 클릭한다. 이후 하단의 '확인' 버튼을 클릭한다(예시 4-7). 그러면 입력 화면에 새로이 코딩된 변수가 생성된다(예시 4-8).

[표 4-3] 다른 변수로 코딩변경 : 기존값 및 새로운 값 : 옵션과 내용

기존값	
값(V)	변경하기 전의 값이다.
시스템-결측값(S)	변경하기 전의 결측값이다.
시스템 또는 사용자 결측값(U)	변경하기 전의 사용자가 정의한 결측값이다.
범위	변경하고자 하는 값의 범위를 지정한다.
최저값에서 다음 값까지 범위(G)	변경하고자 하는 값의 범위를 (최저값부터 지정된 값까지) 지정한다.
다음 값에서 최고값까지 범위(E)	변경하고자 하는 값의 범위를 (지정된 값부터 최고값까지) 지정한다.
기타 모든 값(O)	기타 모든 값을 지정한다.
새로운 값	
기준값(ALL)	변경하고자 하는 값이다.
시스템-결측값(Y)	변경할 결측값이다.
기존값 복사(P)	변경하지 않고 값을 그대로 복사한다.

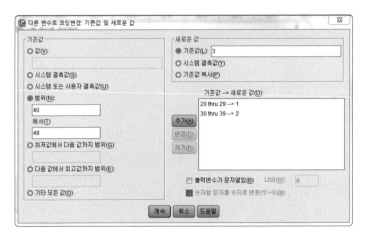

[예시 4-6] 기존값 및 새로운 값 화면

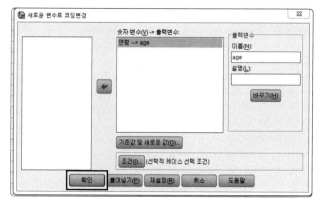

[예시 4-7] 새로운 변수로 코딩 변경 화면

	연령	age	변
10	45.00	3.00	
11	46.00	3.00	
12	34.00	2.00	
13	26.00	1.00	
14	29.00	1.00	
15	36.00	2.00	
16	31.00	2.00	
17	41.00	3.00	
18	45.00	3.00	
19	46.00	3.00	
20	34.00	2.00	

[예시 4-8] 새로운 변수로 코딩됨

(2) 변수 계산하기

x1, x2, x3 변수를 합해 새로운 변수 X를 만들기 위해서는 변수를 계산해야 한다. 변수 계산을 위해서는 excel 등 다른 프로그램을 사용할 수도 있지만 SPSS상에서 직접 변수를 계산해 새로운 변수를 생성할 수 있다. 형식은 다음과 같다.

변환(T) → 변수계산(C)　　대상변수에는 새롭게 계산해 입력할 변수명을 넣는다. 그리고 계산할 변수를 아래의 계산기 형태를 활용해서 표현한다(예시 4-9). 마지막으로 하단에 '확인' 버튼을 클릭하면 새로운 변수가 생성된다(예시 4-10).

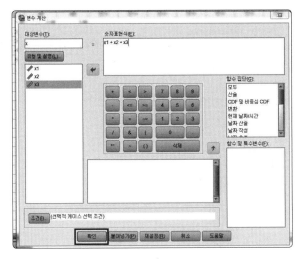

[예시 4-9] 변수 계산 화면

	x1	x2	x3	x
1	1.00	2.00	3.00	6.00
2	2.00	3.00	4.00	9.00
3	3.00	4.00	5.00	12.00
4	4.00	5.00	6.00	15.00
5	5.00	5.00	6.00	16.00
6				

[예시 4-10] 변수 계산을 통해 생성된 변수

2. 통계분석 방법

1) 기술연구에서 많이 사용되는 분석

(1) 빈도분석(Frequency Analysis)

① 적용

빈도분석은 설문지 분석에 많이 적용되는 분석 방법으로 각 문항에 대한 빈도를 계
산하고 비교하는 방법이다. 빈도분석에서는 각 변수의 빈도뿐만 아니라 도수분포

표나 막대그래프를 이용해 측정된 변수가 가지는 분포의 특성을 알아볼 수도 있다. 분포의 특성을 통해 자료가 어느 곳에 몰려 있으며, 어느 정도 퍼져 있는지, 혹은 분포의 모양이 어떠한가를 알 수 있다. 분포의 특성은 평균, 분산 등을 통해 확인할 수 있다.

② 통계적 원리

기술연구에서는 자료를 수집한 이후 각 변수들의 특성을 설명하는 것이 필요하다. 이를 위해서는 1) 평균, 중앙값, 최빈값 등과 같은 자료를 대표하는 값과 2) 범위, 분산, 표준편차 같은 자료의 변동의 정도를 설명하는 값을 제시하는 것이 중요하다. 이후 빈도를 그래프로 제시하거나 기타 기술통계량을 제시하는 것이 좋다.

③ 자료

연구자는 우리나라 20대 이상 성인의 음악선호도를 조사하기 위한 설문조사를 실시했다. 설문 중 일부분으로 다음의 자료를 분석하고자 한다. 그 내용은 다음과 같다.

1. 성별 : ① 남   ② 여
2. 연령 : ① 20대   ② 30대   ③ 40대   ④ 50대 이상
3. 직업 : ① 학생   ② 회사원   ③ 주부   ④ 무직
4. 좋아하는 음악장르를 하나만 선택해 주세요.
   ① 대중가요 ( ) ② 고전음악 ( ) ③ 뉴에이지음악 ( ) ④ 종교음악 ( )

• 자료입력방법 : 분석하고자 하는 변수를 입력하기 위해 '변수보기'에서 각 문항별로 변수이름을 정한다. 변수이름은 문항의 성격에 맞게 '성별' 혹은 '연령' 등으로 지정할 수도 있지만 문항이 많아지는 경우에는 '문항_01', '문항_02'처럼 일련번호로 정하기도 한다. 변수이름이 정해지면 좌측 하단의 '데이터보기'를 선택한 후 직접 자료를 입력한다. [1) 자료 입력하기 참조]

④ 과정

분석(A) → 기술통계량(E) → 빈도분석(F)   여기에서 빈도를 분석하고자 하는 변수를 모두 오른편 '변수(v)'로 이동한다(예시 4-11).

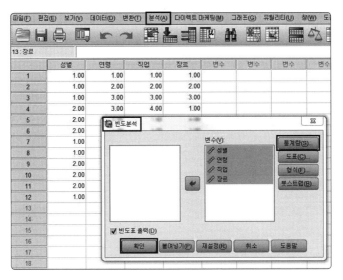

[예시 4-11] 빈도분석 화면

- 통계량 : '통계량'을 클릭하면 다음의 화면이 열린다(예시 4-12). 각 옵션의 내용은 〈표 4-4〉와 같다.

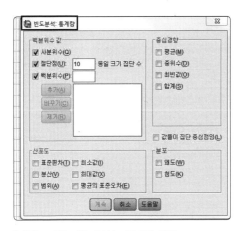

[예시 4-12] 빈도분석 : 통계량 화면

[표 4-4] 빈도분석 : 통계량 : 옵션과 내용

옵션	내용
백분위수 값	
사분위수(Q)	자료의 25번째, 50번째, 75번째 비율의 값을 출력한다.
절단점(U)	전체 자료에서 지정한 수만큼 동일집단으로 나누는 기준값들을 출력한다(2와 10 사이 크기를 입력할 수 있다).
백분위수(P)	0과 100 사이의 값을 입력할 수 있으며 그 비율의 값을 출력한다.
중심경향	
평균(M)	산술평균을 출력한다.
중위수(D)	자료를 순서대로 배열했을 때 가장 중앙의 값(50번째 비율의 값)을 출력한다.
최빈값(O)	가장 빈도가 많은 값을 출력한다.
합계(S)	변수들의 총합을 출력한다.
값들이 집단 중심점임	변수 집단의 중앙값을 출력한다.
산포도	
표준편차(T)	분산의 제곱근을 출력한다.
분산(V)	각 편차 제곱의 합을 관찰치의 수로 나눈 값을 출력한다.
범위(A)	자료의 최대값-최소값을 출력한다.
최소값(I)	자료의 최소값을 출력한다.
최대값(X)	자료의 최대값을 출력한다.
평균의 표준오차(E)	자료의 표준오차를 출력한다.
분포	
왜도(W)	자료 분포의 치우침 정도를 출력한다.
첨도(K)	자료 분포의 뾰족한 정도를 출력한다.

- 도표 : '도표' 버튼을 클릭하면 다음의 화면이 열린다(예시 4-13). 각 옵션의 내용은 〈표 4-5〉와 같다.

[예시 4-13] 빈도분석 : 도표 화면

[표 4-5] 도표의 옵션과 내용	
옵션	내 용
도표 유형	
없음(O)	그래프를 출력하지 않는다.
막대도표(B)	막대도표를 출력한다.
원도표(P)	원도표를 출력한다.
히스토그램(H)	히스토그램을 출력한다.
도표화값	
빈도(F)	빈도로 그래프를 출력한다.
퍼센트(C)	퍼센트로 그래프를 출력한다.

● 형식(F) : '형식' 버튼을 클릭하면 다음의 화면이 열린다(예시 4-14). 각 옵션의
  내용은 〈표 4-6〉과 같다.

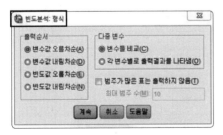

[예시 4-14] 빈도분석 : 형식 화면

[표 4-6] 빈도분석 : 형식 : 옵션과 내용

옵션	내용
출력 순서	
변수값 오름차순(A)	변수들을 오름차순으로 (낮은 것에서 높은 순으로) 출력한다.
변수값 내림차순(D)	변수들을 내림차순으로 (높은 것에서 낮은 순으로) 출력한다.
빈도값 오름차순(E)	빈도가 낮은 것에서 높은 순으로 출력한다.
빈도값 내림차순(N)	빈도가 높은 것에서 낮은 순으로 출력한다.
다중변수	
변수를 비교(C)	
각 변수별로 출력 결과를 나타냄(O)	

⑤ 분석 및 해석

빈도분석을 실시하면 선택된 옵션에 따라 다음과 같은 결과표들이 출력된다. 먼저 선택한 통계량이 출력되고(예시 4-15) 각 변수별로 빈도가 표로 출력된다(예시 4-16). 선택한 도표도 함께 출력된다(예시 4-17). 결과를 보면 '성별'에서 '1'(남자)은 6명(50%)이고 '2'(여자)도 6명(50%)이다. 연령을 보면 '1'(20대)은 2명(16.7%)이고 '3'(40대)은 4명(33.3%)으로 가장 많다고 할 수 있다.

통계량

		성별	연령	직업	장르
N	유효	12	12	12	12
	결측	0	0	0	0
평균		1.5000	2.6667	2.6667	2.4167
평균의 표준오차		.15076	.30977	.35533	.31282
최빈값		1.00a	3.00	4.00	3.00
표준편차		.52223	1.07309	1.23091	1.08362
분산		.273	1.152	1.515	1.174
왜도		.000	-.255	-.286	-.001
왜도의 표준오차		.637	.637	.637	.637
첨도		-2.444	-.996	-1.547	-1.153
첨도의 표준오차		1.232	1.232	1.232	1.232
범위		1.00	3.00	3.00	3.00
최소값		1.00	1.00	1.00	1.00
최대값		2.00	4.00	4.00	4.00
합계		18.00	32.00	32.00	29.00
백분위수	25	1.0000	2.0000	1.2500	1.2500
	50	1.5000	3.0000	3.0000	2.5000
	75	2.0000	3.7500	4.0000	3.0000

a. 여러 최빈값이 있습니다. 가장 작은 값이 나타납니다.

[예시 4-15] 선택된 통계량

빈도표

성별

		빈도	퍼센트	유효 퍼센트	누적퍼센트
유효	1.00	6	50.0	50.0	50.0
	2.00	6	50.0	50.0	100.0
	합계	12	100.0	100.0	

연령

		빈도	퍼센트	유효 퍼센트	누적퍼센트
유효	1.00	2	16.7	16.7	16.7
	2.00	3	25.0	25.0	41.7
	3.00	4	33.3	33.3	75.0
	4.00	3	25.0	25.0	100.0
	합계	12	100.0	100.0	

[예시 4-16] 각 변수별 빈도분석 결과

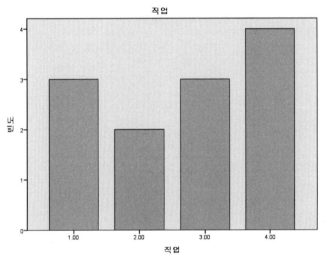

[예시 4-17] 직업별 빈도 그래프

(2) 교차분석

① 적용

교차분석은 비모수 검정방법의 하나로 카이스퀘어(χ^2) 통계량을 통해 검정을 하기 때문에 '카이스퀘어 분석'이라고도 한다. 이 분석은 명목변수로 측정된 변수 사이에 기대빈도와 실제빈도를 비교해 적합성을 검정하기 때문에 '적합도 검정'이라고도 한다. 또한 변수들 사이에 교차표를 제시해 분석하므로 '교차분석'이라고도 한다.

교차분석은 기술연구를 위한 설문조사에서 종종 사용되는 분석법으로 두 변수 사이의 관계를 알아보고자 할 때 적용된다. 예를 들면, 성별에 따라 지지하는 정당이 독립인지, 연령대별로 선호하는 음악장르가 다른지 등과 같은 분석을 할 때 적용될 수 있다. 단, 이때 관계를 보고자 하는 두 변수는 반드시 이산변수(명목변수, 서열변수)여야 한다.

② 통계적 원리

교차분석을 위해서는 다음의 통계적인 조건들이 필요하다.

첫째, 분석되는 자료들은 모집단에 대해 단순 무선 표본이다. 둘째, 관찰은 서로 독립적이다. 셋째, 표본의 크기가 충분히 커야 하는데 각 셀의 빈도는 5보다 크다. 넷째, 기대빈도의 총합은 관찰빈도의 총합과 일치한다. 마지막으로 교차분석에 사용되는 자료는 이산변수이다.

$$\chi^2 = \frac{\sum(O_i - E_i)^2}{E_i}$$

O_i = 관찰빈도, E_i = 기대빈도, $df = C - 1(C : 범주의 수)$

이 값(χ^2)이 기준값보다 크다는 것은 관찰빈도와 기대빈도가 차이가 많이 나기 때문에 두 변인이 독립이라는 영가설을 기각할 수 있다. 교차분석에서 영가설과 대립가설은 다음과 같다.

H_0 : 두 변수가 독립이다.

H_1 : 두 변수는 독립이 아니다.

③ 자료

연구자는 우리나라 20대 이상 성인의 음악선호도를 조사하기 위한 설문조사를 실시했다. 설문 중 일부분으로 다음의 자료를 분석하고자 한다. 그 내용은 다음과 같다.

1. 성별 : ① 남　　② 여

2. 연령 : ① 20대　　② 30대　　③ 40대　　④ 50대 이상

3. 직업 : ① 학생　　② 회사원　　③ 주부　　④ 무직

4. 좋아하는 음악장르를 하나만 선택해 주세요.

　　① 대중가요 (　)　② 고전음악 (　)　③ 뉴에이지음악 (　)　④ 종교음악 (　)

- 자료입력방법 : 빈도분석을 위해서는 분석하고자 하는 변수를 입력하기 위해 '변수보기'에서 각 문항별로 변수이름을 정한다. 변수이름은 문항의 성격에 맞게 '성별' 혹은 '연령' 등으로 지정할 수도 있지만 문항이 많아지는 경우에는 '문항_01', '문항_02'처럼 일련번호로 정하기도 한다. 변수이름이 정해지면 좌측 하단의 '데이터보기'를 선택한 후 직접 자료를 입력한다.

④ 과정

분석(A) → 기술통계량(E) → 교차분석(C)   연구자는 성별에 따라 선호하는 음악장르가 독립인가를 알아보기 위해 두 변수를 각각 행과 열로 이동한다(예시 4-18). 즉 행에 성별을, 열에 장르를 이동하면 다음의 화면과 같다(예시 4-19). (행과 열의 변수는 서로 바꾸어도 상관이 없다.)

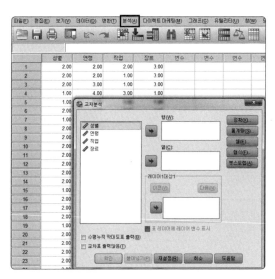

[예시 4-18] 교차분석 설정 화면

[예시 4-19] 교차분석 화면

위 화면에서 좌측 하단에 보면 '수평누적 막대도표' 출력을 선택하면 막대도표가 출력되고 '교차표 출력하지 않음'을 선택하면 교차표가 출력되지 않는다. 우측 상단에는 '정확', '통계량', '셀', '형식'의 단추가 있다. 구체적인 키워드와 내용은 다음과 같다.

- 정확 : 교차분석을 위해 '정확'을 클릭하면 다음과 같은 화면이 열린다(예시 4-20). 각 내용에 대한 설명은 다음과 같다(표 4-7).

[예시 4-20] 교차분석 : 정확화면

[표 4-7] 정확한 검정 : 옵션과 내용

옵션	내용
점근적 검정	검정통계량의 점근적 분포. 데이터가 많음을 가정해서 검정한다.
Monte carlo	점근적 방법 가정에 관계없이 데이터군이 클 경우 이 접근에서는 신뢰수준과 표본의 수를 지정할 수 있다.
정확한 검정	관측결과의 확률 또는 더 많은 극단값의 출현 확률을 정확하게 계산하기 위해 이 검정법을 선택하면 검정제한시간을 지정할 수 있다.

- 통계량 : '통계량'을 클릭하면 다음과 같은 화면이 열리며(예시 4-21) 카이제 곱 분석을 위해서는 '카이제곱'에 ✓를 하여야 한다. 각 통계량에 대한 설명은 다음과 같다(표 4-8).

[예시 4-21] 교차분석 : 통계량 화면

[표 4-8] 교차분석 : 통계량 : 옵션과 내용

옵션	내용
카이제곱(H)	Pearson 카이제곱, 우도비카이제곱, 선형대결합 카이제곱 값을 제시한다.
상관관계(R)	두 변수 사이의 선형결합을 나타내는 Pearson 상관계수 및 두 변수의 등간척도의 Spearman 상관계수를 제시한다.
명목데이터	변수가 명목척도인 경우 다음에서 선택할 수 있다.
분할계수(O)	카이제곱을 기초로 한 결합값이다.
파이 및 크레이머의 V(P)	카이제곱의 값을 표본 수로 나눈 다음 제곱을 취한 경우의 값이다.
람다	독립변수를 통해 종속변수를 예측하는 정도를 나타낸다. 0은 전혀 예측을 못하는 정도이며 1은 완전한 예측을 나타내는 정도이다.
불확실성 계수	첫 번째 변수를 통한 두 번째 변수의 정보를 얻는 정도를 나타낸다. 1에 가까울수록 첫 번째 변수에 대한 정보를 더 많이 예측한 것이 되고 0에 가까울수록 두 번째 변수에 대한 정보를 얻지 못하는 경우를 말한다.
순서	변수가 서열척도인 경우 다음에서 선택할 수 있다.
감마(G)	카이제곱 검정을 마친 후에 쓰이는 보충 설명 자료이다.

[표 4-8] 교차분석 : 통계량 : 옵션과 내용 (계속)

somers의 d(S)	독립변수에 대한 대응변수가 비대칭을 이루는 분포를 말한다.
kendal의 타우-b	동률을 고려한 비모수 통계의 상관계수이다.
kendall의 타우-c	동률를 고려하지 않는 비모수 통계의 상관계수이다.
카파(K)	같은 개체에 대해 평가를 내린 평가자의 동의를 나타내는 값이다. 1은 완전 동의를, 0은 동의가 없음을 나타낸다.
위험도(I)	요인의 존재와 사건의 발생 간 결합 강도의 측정값을 나타낸다.
McNemar	명목변수와 순위변수로 되어 있는 두 변수 간의 분포 차이 검정을 한다.
Chochrane 및 Mantel-Haenszel 통계량	1개 이상의 통제변수를 정의되는 공변량에 따라 이분형 요인계수와 이분형 응답변수 간의 독립성 검정을 한다.
명목 대 등간척도	명목척도와 구간척도일 경우 다음의 통계량을 사용한다.
에타(E)	종속변수는 구간척도(등간척도)로, 독립변수는 범주형 척도(명목척도)로 측정된 두 값에 대한 적합한 결합 측정값이다. 두 개의 에타값이 계산된다(하나는 열의 명목변수에 대한 것, 다른 하나는 행의 명목변수에 관한 것이다).

- 셀 형식 : '셀'을 클릭하면 다음의 화면이 열린다(예시 4-22). 이 화면은 교차분석을 통해 출력되는 셀의 형식을 표시하도록 지정하는 것이다. 각 옵션과 내용은 다음과 같다(표 4-9).

[예시 4-22] 교차분석 : 셀 출력 화면

[표 4-9] 교차분석 : 셀 출력 : 옵션과 내용

분류	내용
빈도	
관측빈도	실제 관측된 빈도를 출력한다.
기대빈도	행 변수와 열 변수가 통계적으로 독립되어 있으며 서로 관련되어 있지 않을 경우 셀에 기대되는 빈도수를 출력한다.
퍼센트	
행	행을 기준으로 퍼센트를 출력한다.
열	열을 기준으로 퍼센트를 출력한다.
전체	각 셀의 총합을 기준으로 퍼센트를 출력한다.
잔차	
비표준화	표준화되지 않은 잔차를 출력한다.
표준화	표준화된 잔차를 출력한다.
수정된 표준화	수정된 표준화 잔차를 출력한다.

● 형식 : '형식'을 클릭하면 다음의 창이 열린다(예시 4-23). 오름차순은 변수값을 낮은 값에서 높은 값의 순으로 표시하며 내림차순을 선택하면 높은 값에서 낮은 값의 순으로 출력한다.

[예시 4-23] 교차분석 : 표 형식 화면

④ 분석 및 해석

직업에 따른 선호음악장르가 독립인가에 대한 교차분석 표를 출력하면 다음과 같다(예시 4-24). 위의 결과를 살펴보면, 각 셀 안에서 빈도, 직업 중 빈도, 장르 중

빈도, 그리고 전체 빈도 순으로 표시되어 있다. 그리고 행은 직업으로, 열은 음악 장르로 구분되어 있다. 학생과 고전음악이 교차된 셀을 보면 빈도는 12명, 이 값을 각각 직업과 장르에 대해 독립적으로 보면, 학생 중 고전음악을 선택한 사람은 80%(12/15), 고전음악을 선택한 사람 중에서 학생은 66.7%(12/18)이며, 이는 전체의 24%(12/50)가 된다.

카이제곱 분석 결과를 보면(예시 4-25), Pearson 카이제곱은 41.801이고 자유도가 6일 때 점근 유의확률은 0.000이므로 유의수준 5%에서 통계적으로 유의미하다. 따라서 직업과 선호음악장르가 독립이라는 영가설이 기각된다. 즉 직업에 따라 선호하는 장르가 다르다고 할 수 있다.

직업 * 장르 교차표

			장르				전체
			대중가요	고전음악	뉴에이지음악	종교음악	
직업	학생	빈도	0	12	3	0	15
		직업 중 %	0.0%	80.0%	20.0%	0.0%	100.0%
		장르 중 %	0.0%	66.7%	33.3%	0.0%	30.0%
		전체 %	0.0%	24.0%	6.0%	0.0%	30.0%
	회사원	빈도	4	6	5	3	18
		직업 중 %	22.2%	33.3%	27.8%	16.7%	100.0%
		장르 중 %	20.0%	33.3%	55.6%	100.0%	36.0%
		전체 %	8.0%	12.0%	10.0%	6.0%	36.0%
	주부	빈도	16	0	1	0	17
		직업 중 %	94.1%	0.0%	5.9%	0.0%	100.0%
		장르 중 %	80.0%	0.0%	11.1%	0.0%	34.0%
		전체 %	32.0%	0.0%	2.0%	0.0%	34.0%
전체		빈도	20	18	9	3	50
		직업 중 %	40.0%	36.0%	18.0%	6.0%	100.0%
		장르 중 %	100.0%	100.0%	100.0%	100.0%	100.0%
		전체 %	40.0%	36.0%	18.0%	6.0%	100.0%

[예시 4-24] 교차분석 출력표

카이제곱 검정

	값	자유도	점근 유의확률 (양측검정)
Pearson 카이제곱	41.801[a]	6	.000
우도비	49.784	6	.000
선형 대 선형결합	12.009	1	.001
유효 케이스 수	50		

a. 6 셀 (50.0%)은(는) 5보다 작은 기대 빈도를 가지는 셀입니다. 최소 기대빈도는 .90입니다.

[예시 4-25] 카이제곱 검정 결과

2) 두 집단의 평균 비교를 위한 분석

(1) 독립 표본 t 검정

① 적용

독립 표본 t 검정은 독립된 두 표본의 평균 차이를 검정하는 것이다. 즉 두 표본의 평균 차이를 검정한다는 것은 일정한 기준(유의수준)에서 평균에 대한 가설을 채택할 것인가 혹은 기각할 것인가를 결정하는 것이다. 독립 표본 t 검정의 경우 독립변수는 이산형 변수, 종속변수는 연속형 변수로 가정된다. 예를 들면, 성별(명목변수)에 따라 학업성취도(비율변수)가 차이가 있는가, 혹은 두 종류의 산업(명목변수)에서 임금의 차이(비율변수)가 있는가처럼 추출된 두 표본에 대해 평균 차이를 비교할 경우 적용될 수 있다. 독립 표본 t 검정을 실시하기 위해서는 분산에 대한 가정이 필요하다.

② 통계적 원리

모집단에 대한 추정을 하기 위해서는 다음의 기본전제가 필요하다. 먼저 독립성에 대한 가정이 필요하다. 모집단으로부터 추출된 표본을 통해 추정을 하기 위해서는 추출된 표본이 서로 독립적이어야 한다. 두 번째, 분산의 동질성에 대한 가정이 필요하다. 집단들의 평균을 비교하기 위해서는 각 표본들의 동질성이 가정되어야 집단의 평균 비교가 가능하다(독립 표본 t 검정의 경우 레빈의 등분산성 검정을 통해 분석을 진행할 수 있다). 마지막으로 정규성의 가정이 필요하다. 이 가정이 만족되지 않으면 추정 결과에 대한 타당성을 심각하게 위협받을 수 있다. t 통계량은 다음과 같이 계산한다.

$$t = \frac{(x_1 - x_2) - (\mu_1 - \mu_2)}{\sqrt{sp^2/n_1 + sp^2/n_2}}$$

$$sp^2 = \frac{(n_1 - 1)S_1^2 + (n_2 - 1)S_2^2}{n_1 + n_2 - 2}$$

μ_1 : 모집단 1의 평균

μ_2 : 모집단 2의 평균

n_1 : 표본 1의 표본수

n_2 : 표본 2의 표본수

s_1 : 표본 1의 표준편차

s_2 : 표본 2의 표준편차

sp : 공통분산

x_1 : 표본 1의 평균

x_2 : 표본 2의 평균

이 t값이 기준값보다 크면 두 집단의 평균이 같다는 영가설을 기각할 수 있다. 독립 표본 t 검정에서 영가설과 대립가설은 다음과 같다.

$$H_0 : \mu_1 = \mu_2 (두 \text{ 집단의 평균은 같다.})$$
$$H_1 : \mu_1 \neq \mu_2 (두 \text{ 집단의 평균은 같지 않다.})$$

③ 자료

연구자는 음악의 템포에 따라 긴장이완정도가 다른가를 알아보기 위해 빠른 음악과 느린 음악에서 긴장이완 정도를 측정했다(높을수록 이완 정도가 높은 것임). 그 결과는 다음과 같다.

느린	120	125	132	121	121	132	129	127	113	119
빠른	117	116	120	118	110	107	100	102	103	100

음악의 템포에 따라 긴장이완 정도의 평균에 차이가 있는가를 알아보자.

$$H_0 : 템포에 \text{ 따라 긴장이완은 차이가 없다.}$$
$$H_1 : 템포에 \text{ 따라 긴장이완은 차이가 있다.}$$

- 자료입력방법 : 독립 표본 t 검정을 위해서는 독립변수와 종속변수를 입력할 수 있는 2개의 변수가 필요하다. 이 문제에서는 독립변수를 'tempo', 종속변수를 '이완 정도'라고 변수이름을 정한다. 변수이름을 지정한 후 독립 표본 t 검정에서 독립변수는 명목변수이기 때문에 '1'과 '2'로 집단을 구분해서 입력한다. 종속변수는 연속형 자료이므로 직접 자료를 입력한다.

④ 과정

분석(A) → 평균비교(M) → 독립 표본 t 검정(T) 여기에서 독립변수는 '집단변수'로, 종속변수는 '검정변수'로 이동한다. 그리고 집단변수는 '집단정의' 버튼을 클릭하고 입력에 사용된 수를 지정해 주어야 한다. 이 연구에서는 집단을 '1'과 '2'로 구분하였으므로 집단정의에서 '1'과 '2'로 정의되었다(예시 4-26).

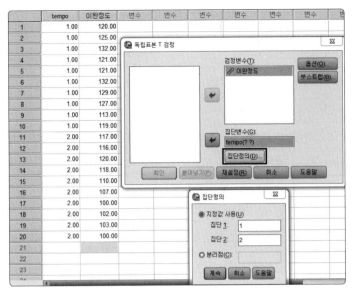

[예시 4-26] 독립 표본 t 검정 초기 화면

⑤ 분석 및 해석

본 자료의 분석 결과(예시 4-27) 느린 음악에서의 이완 정도 평균은 123.9이며 빠른 음악에서 이완 정도는 109.3이다. 각각의 표준편차는 느린 음악에서는 6.18, 빠른 음악에서는 7.93이다. 레빈의 등분산 검정 결과 F값은 1.687, 유의확률은 0.210으로 유의수준 0.05에서 영가설이 기각되지 않는다. 레빈의 등분산 검정에서 영가설은 '등분산이 가정됨'이다. 따라서 분석결과 두 집단의 등분산은 가정된다고 할수 있다. 그러므로 출력된 표에서 '등분산이 가정됨'의 행을 보면 t값이 4.594, 유의확률이 0.000으로 통계적으로 유의수준 0.05에서 유의미한 차이가 있다고 할 수 있다. 즉 빠른 음악과 느린 음악에서 이완 정도의 평균은 차이가 있다고 할 수 있다(영가설이 기각된다).

T-검정

[데이터집합0]

집단통계량

	tempo	N	평균	표준편차	평균의 표준오차
이완정도	1.00	10	123.9000	6.17252	1.95192
	2.00	10	109.3000	7.93095	2.50799

독립표본 검정

		Levene의 등분산 검정		평균의 동일성에 대한 t-검정						
									차이의 95% 신뢰구간	
		F	유의확률	t	자유도	유의확률 (양쪽)	평균차	차이의 표준오차	하한	상한
이완정도	등분산이 가정됨	1.687	.210	4.594	18	.000	14.60000	3.17805	7.92317	21.27683
	등분산이 가정되지 않음			4.594	16.976	.000	14.60000	3.17805	7.89419	21.30581

[예시 4-27] 독립 표본 t 검정의 결과표

(2) 대응 표본 t 검정

① 적용

대응 표본 t 검정의 경우 단일집단을 대상으로 전후의 평균 차이를 비교할 때 적용할 수 있다. 예를 들면, 광고비 지출 전후 제품의 매출액을 비교한다거나, 다이어트를 통한 체중 변화, 혹은 음악감상 전/후 스트레스 점수 차이같이 동일한 표본에 대해 전후 비교를 할 경우 대응 표본 t 검정을 실시한다.

② 통계적 원리

대응 표본 t 검정은 단일표본에서 전후의 평균 차이를 검정하는 것이다. 대응 표본 t 검정에서 영가설과 대립가설은 다음과 같다.

$$H_0 : \mu_1 - \mu_2 = 0 \qquad\qquad \mu_1 : 사전평균$$
$$H_1 : \mu_1 - \mu_2 \neq 0 \qquad\qquad \mu_2 : 사후평균$$

사전과 사후의 전후 차이를 d라 하고 d의 평균과 표준편차를 통해 가설을 검증한다.

③ 자료

다음의 자료는 음악감상 프로그램 이후 스트레스 변화를 나타낸 것이다. 음악감상 프로그램이 스트레스 감소에 효과가 있는가를 알아보고자 한다. (점수가 높을수록 스트레스가 높음을 의미한다.)

회원	1	2	3	4	5	6	7	8	9	10
전	70	62	54	82	75	64	58	57	80	63
후	68	62	50	75	76	57	60	53	74	60

- 자료입력방법 : 대응 표본 t 검정을 위해서는 사전, 사후의 자료를 입력할 수 있는 2개의 변수가 필요하다. 이 문제에서는 '프로그램전'과 '프로그램후'라고 변수이름을 정한다. 변수이름을 지정한 후 직접 자료를 입력한다.

④ 과정

분석(A) → 평균비교(M) → 대응 표본 t 검정(P)   여기에서 전-후 비교하고자 하는 변수를 쌍으로 '대응변수'로 이동한다(예시 4-28).

[예시 4-28] 대응 표본 t 검정 초기 화면

⑤ 분석 및 해석

음악감상 전의 평균은 66.5, 프로그램 후의 평균은 63.5로 3 정도 감소했다. 프로그램 전의 표준편차는 9.80이며 프로그램 후의 표준편차는 9.31이다. 프로그램 전후 차이를 알아보기 위해 대응 표본 t 검정 결과 t값은 2.935이며 유의확률은 0.017로 유의수준 0.05보다 작은 값이다. 따라서 영가설이 기각될 수 있다. 그러므로 본 결과는 통계적인 차이가 있다고 할 수 있다. 즉 음악감상 프로그램은 스트레스 감소에 효과적이었다고 할 수 있다(예시 4-29).

➔ **T-검정**

[데이터집합0]

대응표본 통계량

		평균	N	표준편차	평균의 표준오차
대응 1	프로그램전	66.5000	10	9.80079	3.09928
	프로그램후	63.5000	10	9.31248	2.94486

대응표본 상관계수

		N	상관계수	유의확률
대응 1	프로그램전 & 프로그램후	10	.944	.000

대응표본 검정

		대응차					t	자유도	유의확률 (양쪽)
		평균	표준편차	평균의 표준오차	차이의 95% 신뢰구간 하한	상한			
대응 1	프로그램전 - 프로그램후	3.00000	3.23179	1.02198	.68812	5.31188	2.935	9	.017

[예시 4-29] 대응 표본 t 검정 결과 화면

3) 세 집단 이상의 평균비교를 위한 분석

(1) 일원배치 분산분석(One Way Analysis of Variance)

① 적용

일원배치 분산분석(ANOVA)은 독립 표본 t 검정이 확장된 것으로 세 집단 이상의 평균이 통계적으로 유의미한 차이가 있는가를 알아보기 위해 사용할 수 있다. 분산분석에 사용되는 자료는 독립변수는 명목변수, 종속변수는 연속형 변수일 때 사용할 수 있다. 집단이 2개일 때는 평균을 비교하지만 집단이 2개 이상으로 확대되면 이 집단들이 동일한 분포를 갖는가를 검정하기 때문에 '분산분석'이라고 한다.

집단이 k(k=3 이상)개일 경우 독립 표본 t 검정으로 비교하려면 총 k(k-1)/2번의 분석이 필요하다. 즉 4집단인 경우 4(3)/2, 총 6번의 비교를 통해 분석을 해야 한다. 그러나 횟수가 증가하면 제1종 오류를 증가시킬 수 있기 때문에 분포를 통한 분석을 하는 것이 이러한 오류를 줄일 수 있다.

② 통계적 원리

분산분석의 영가설은 모든 모집단의 평균이 같다는 것이다. 즉 집단 간의 평균 차이는 결국 처치효과를 의미하기 때문에 각 집단의 평균치의 변화에 초점을 맞춘다. 그 통계적인 원리는 다음과 같다.

처치 간 분산	처치 내 분산	F비
처치효과, 개인차, 실험오차	개인차, 실험오차	$\dfrac{\text{처치 간 분산}}{\text{처치 내 분산}} = \dfrac{\text{처치효과} + \text{개인차} + \text{실험오차}}{\text{개인차} + \text{실험오차}}$

만약 F비, 즉 처치 간 분산/처치 내 분산의 크기가 크다면 이것은 의미상 처치효과의 크기로 해석될 수 있기 때문이다. 영가설과 대립가설은 다음과 같다.

H_0 : 세 집단의 평균은 같다($\mu1 = \mu2 = \mu3$).

H_1 : 세 집단의 평균이 반드시 같은 것은 아니다($\mu1 \neq \mu2$ 혹은 $\mu1 \neq \mu3$ 혹은 $\mu2 \neq \mu3$).

위의 가설을 검정하기 위해 다음과 같은 분산분석표가 만들어진다(총표본수는 n개이고 집단의 수는 k라고 가정한다).

원천	제곱합(SS)	자유도(df)	평균제곱(MSE)	F
처지 간	$SSB = \sum_i \sum_j (\overline{Y}_i - \overline{Y})^2$	$k-1$	$MSB = SSB/k-1$	
처치 내	$SSW = \sum_i \sum_j (Y_{ij} - \overline{Y}_i)^2$	$n-k$	$MSW = SSW/n-k$	MSB/MSW
합계	$SST = \sum_i \sum_j (Y_{ij} - \overline{Y})^2$	$n-1$		

※ $\overline{Y}$는 전체평균, $\overline{Y}_i$는 i번째 집단의 평균(i =1···K)

먼저 F값이 임계치보다 크면 집단 간의 차이가 있다고 분석하고 사후분석을 실시한다. 사후분석은 어느 집단 간의 차이가 유의미한가를 분석하는 것이다.

③ 자료

어느 고등학교 선생님은 학년에 따라 학교에 대한 만족도에 차이가 있는가를 알아보고자 했다. 그 결과 자료는 다음과 같다(만족도가 높을수록 긍정적).

학년	만족도
1	36, 41, 42, 49, 41
2	35, 36, 41, 34, 32
3	40, 48, 49, 45, 44

● 자료입력방법 : 일원배치 분산분석을 위해서는 독립 표본 t 검정의 자료입력방법과 유사하다. 먼저 자료를 입력하기 위해서는 독립변수와 종속변수를 입력할 수 있는 2개의 변수가 필요하다. 이 문제에서는 독립변수를 '학년', 종속변수를 '만족도'라고 변수이름을 정한다. 변수이름을 지정한 후 일원배치분산분석은 독립변수는 명목변수이기 때문에 '1', '2', '3'으로 집단을 구분해서 입력한다. 종속변수는 연속형 자료이므로 직접 자료를 입력한다.

④ 과정

분석(A) → 평균비교(M) → 일원배치분산분석(O) 그리고 종속변수에 만족도를, 요인에 학년 변수를 이동한다(예시 4-30).

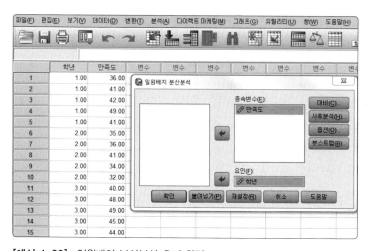

[예시 4-30] 일원배치 분산분석 초기 화면

이후 옵션에 대해 알아보면 다음과 같다.

- 대비 : 대비(contrast)는 두 요인의 평균차이를 검정하는 것을 말하며 대비 창을 클릭하면 다음의 화면이 열린다(예시 4-31). 대비는 일종의 사후분석과 유사하지만 전체분석을 하면서 특정 평균치에 대해 사전에 계획한 비교를 한다는 점에서 차이가 있다. 각 선택에 대한 설명은 다음과 같다(표 4-10).

[예시 4-31] 일원배치 분산분석 : 대비 화면

[표 4-10] 일원배치 분산분석 : 대비 : 옵션과 내용	
옵션	내용
다항식	집단 간 제곱합을 다항식 추세 성분으로 분할할 수 있다. 다항식을 선택한 후 차수를 결정할 수 있다. 차수는 5차까지 선택할 수 있다.
1/1 대비	대비 변수군을 10까지 지정할 수 있다.
상관계수	요인분석의 각 집단에 대해 숫자 계수값을 입력한다.

- 사후분석 : 전체 집단 간의 평균이 차이가 있다고 하면 어느 집단 간에 차이가 있는가를 알아보기 위해 사후분석을 실시한다. 주로 Sheffe, Duncan, Tukey 등의 방법이 많이 사용된다(예시 4-32).

[예시 4-32] 일원배치 분산분석 : 사후분석 화면

• 옵션 : 옵션을 클릭하면 다음의 화면이 열린다(예시 4-33). 옵션과 내용은 다음
과 같다(표 4-11).

[예시 4-33] 일원배치 분산분석 : 옵션 화면

[표 4-11] 일원배치 분산분석 : 옵션 : 옵션과 내용

옵션	내 용
통계량	
기술통계	사례 수, 평균, 표준편차, 최소값, 최대값 등을 출력한다.
모수 및 변량효과	고정효과 모형에 대한 표준편차, 표준오차, 95%신뢰구간과 변량효과 모형에 대한 표준오차와 95% 신뢰구간과 요인 간 분산 추정량을 출력한다.
분산의 동질성 검정	레빈의 통계량을 통해 분산의 동질성 검정 결과를 출력한다.
Brown-Forsythe(B)	집단 평균의 동일성 결과를 출력한다.
Welch(W)	집단 평균의 동일성 결과를 출력한다.
결측값	
분석별 결측값 제외	독립변수 혹은 종속변수 중 어느 하나의 결측값이 있는 사례는 사용하지 않는다.
목록별 결측값 제외	독립변수 혹은 종속변수 중 결측값이 있는 사례는 모든 분석에서 제외한다.

⑤ 분석 및 해석

기술통계분석의 출력결과는 다음과 같다(예시 4-34).

기술통계

만족도

	N	평균	표준편차	표준오차	평균에 대한 95% 신뢰구간 하한값	평균에 대한 95% 신뢰구간 상한값	최소값	최대값
1.00	5	41.8000	4.65833	2.08327	36.0159	47.5841	36.00	49.00
2.00	5	35.6000	3.36155	1.50333	31.4261	39.7739	32.00	41.00
3.00	5	45.2000	3.56371	1.59374	40.7751	49.6249	40.00	49.00
합계	15	40.8667	5.47549	1.41376	37.8344	43.8989	32.00	49.00

[예시 4-34] 일원배치 분산분석 기술통계 출력표

분산의 동질성 검정 결과는 다음과 같다(예시 4-35). 검정 결과를 보면, levene의 통계량은 0.08, 유의확률은 0.924로 유의수준 0.05에서 영가설을 기각할 수 없다. 즉 분산이 동일하다는 영가설이 채택된다.

분산의 동질성 검정

만족도

Levene 통계량	df1	df2	유의확률
.080	2	12	.924

[예시 4-35] 분산분석 동질성 검정 출력표

일원배치 분산분석표는 다음과 같다(예시 4-36). 분산분석 결과를 보면 F값은 7.777, 유의확률은 0.007로 유의수준 0.05에서 집단 간에 평균이 동일하다는 영가설을 기각할 수 있다. 즉 집단 간의 평균 차이가 있음을 알 수 있다. 이후 어떤 집단이 차이가 있는가를 알아보기 위해 사후분석을 실시했다.

일원배치 분산분석

만족도

	제곱합	df	평균 제곱	F	유의확률
집단-간	236.933	2	118.467	7.777	.007
집단-내	182.800	12	15.233		
합계	419.733	14			

[예시 4-36] 일원배치 분산분석표

사후분석 sheffe 검정 결과를 살펴보면, 1학년과 2학년 사이의 평균 차이에 대한 유의확률은 0.079로 유의수준 0.05에서 평균이 차이가 없다는 영가설을 기각할 수 없지만 2학년과 3학년 사이의 평균 차이에 대한 유의확률은 0.007로 영가설을 기각할 수 있다. 즉 2학년과 3학년 사이에는 차이가 있음을 알 수 있다(예시 4-37).

사후검정

다중 비교

종속 변수: 만족도

	(I) 학년	(J) 학년	평균차(I-J)	표준오차	유의확률	95% 신뢰구간 하한값	상한값
Tukey HSD	1.00	2.00	6.20000	2.46847	.066	-.3855	12.7855
		3.00	-3.40000	2.46847	.383	-9.9855	3.1855
	2.00	1.00	-6.20000	2.46847	.066	-12.7855	.3855
		3.00	-9.60000*	2.46847	.006	-16.1855	-3.0145
	3.00	1.00	3.40000	2.46847	.383	-3.1855	9.9855
		2.00	9.60000*	2.46847	.006	3.0145	16.1855
Scheffe	1.00	2.00	6.20000	2.46847	.079	-.6810	13.0810
		3.00	-3.40000	2.46847	.415	-10.2810	3.4810
	2.00	1.00	-6.20000	2.46847	.079	-13.0810	.6810
		3.00	-9.60000*	2.46847	.007	-16.4810	-2.7190
	3.00	1.00	3.40000	2.46847	.415	-3.4810	10.2810
		2.00	9.60000*	2.46847	.007	2.7190	16.4810

*. 평균차는 0.05 수준에서 유의합니다.

[예시 4-37] 사후분석 출력표

동일집단별 분류에서도 그 사실을 다시 한 번 확인할 수 있다. 즉 분석 결과 2학년과 3학년 사이에 학교에 대한 만족도는 차이가 있으며 3학년이 45.2로 가장 높고 2학년은 35.6으로 가장 낮다. 그러나 1학년과 2학년의 만족도 그리고 1학년과 3학년의 만족도는 통계적으로 유의미한 차이를 보이지는 않는다(예시 4-38).

동일 집단군

만족도

	학년	N	유의수준 = 0.05에 대한 부집단	
			1	2
Tukey HSD[a]	2.00	5	35.6000	
	1.00	5	41.8000	41.8000
	3.00	5		45.2000
	유의확률		.066	.383
Duncan[a]	2.00	5	35.6000	
	1.00	5		41.8000
	3.00	5		45.2000
	유의확률		1.000	.194
Scheffe[a]	2.00	5	35.6000	
	1.00	5	41.8000	41.8000
	3.00	5		45.2000
	유의확률		.079	.415

동일 집단군에 있는 집단에 대한 평균이 표시됩니다.
a. 조화평균 표본 크기 5.000을(를) 사용합니다.

[예시 4-38] 동일집단군 출력표

(2) 이원배치 분산분석(Two-way ANOVA)

① 적용

이원배치 분산분석은 독립변수가 2개 이상이고 종속변수가 1개일 때 집단별로 평균 차이를 알아보기 위해 사용할 수 있다. 이원배치 분산분석의 경우 일원배치 분산분석과 달리 독립변수들 사이에 상호작용을 알 수 있다는 점에서 의미가 있다.

이원배치 분산분석은 다음과 같은 순서로 분석된다.

step 1
독립변수 사이에 상호작용이 있는가를 조사한다.

step 2
만일 상호작용이 없으면 두 요인을 따로 한 요인씩 분석한다.

step 3
만일 상호작용이 있지만 연구에서 중요하지 않다고 판단되면
step 2를 수행한다.

step 4
만일 상호작용이 중요하면 그 자료를 변환해 중요하지 않게 할 수 있는지를
검토한다. 그렇게 할 수 있다면 자료를 변환해 step 2를 수행한다.

step 5
자료의 변환으로도 상호작용이 중요하게 존재한다면
두 요인 효과와 함께 분석한다.

② 통계적 원리

이원배치 분산분석은 2개의 독립변수 각각이 미치는 주효과와 상호작용이 미치는
효과를 파악하기 위해 3개의 가설이 설정될 수 있다. 첫 번째 영가설은 '변인 A의
효과가 없을 것이다', 두 번째 가설은 '변인 B의 효과가 없을 것이다', 마지막 세 번
째 가설은 변인 A와 변인 B의 '상호작용 효과가 없을 것이다'라고 가정된다. 이를
분산분석표로 정리하면 다음과 같다. 여기서 F값이 임계치보다 크면 그 집단 사이
에 차이가 있다고 분석한다.

원천	제곱합(SS)	자유도(df)	평균제곱(MSE)	F
A요인	SSa	j−1	MSa＝SSa/j−1	MSa/MSe
B요인	SSb	k−1	MSb＝SSb/k−1	MSb/MSe
A×B요인	SSaxb	(j−1)×(k−1)	MSaxb＝SSaxb/(j−1)×(k−1)	MSaxb/MSe
오차	SST−SSa−SSb−SSaxb	j×k×(r−1)	MSe＝SSE/j×k×r−1	
합계	SST	j×k×r−1		

(집단수 j, k, 반복이 r회인 경우)

③ 자료

성별과 학년에 따른 학교생활 만족도에 대해 조사했다.

학년	성별	만족도
1	남	36, 41, 42, 49, 41
	여	38, 45, 47, 40, 40
2	남	35, 36, 41, 34, 32
	여	33, 35, 36, 32, 30
3	남	40, 48, 49, 45, 44
	여	41, 45, 44, 46, 47

- **자료입력방법** : 이원배치 분산분석을 위해서는 독립변수가 2개, 종속변수가 1개이므로 총 3개의 변수가 필요하다. 이 문제에서는 '학년', '성별', '만족도'라고 변수이름을 정한다. 이원배치 분산분석에서 독립변수는 명목변수이기 때문에 '1', '2', '3'으로 집단을 구분해서 입력한다. 종속변수는 연속형 자료이므로 직접 자료를 입력한다.

④ 과정

분석(A) → 일반선형 모형(G) → 일변량(U) 여기에서 만족도를 '종속변수'로, 성별과 학년을 '모수요인'으로 이동한다(예시 4-39). 화면에서 제시된 옵션의 내용은 다음과 같다(표 4-12).

[예시 4-39] 일변량 분석 초기 화면

옵션	내용
종속변수(D)	분석하고자 하는 종속변수를 말한다.
모수요인(F)	모수요인은 해당 결과를 구하려는 모든 수준, 기술적으로 미리 정해진 대부분의 요인을 말한다.
변량요인(A)	변량요인은 결과를 구하려는 가능한 수준들의 확률분포에 해당된다. 수준의 선택이 무작위로 이루어지기 때문에 기술적인 의미가 없다.
공변량(C)	분석하고자 하는 공변량 효과를 말한다.
WLS 가중값(W)	가중된 최소제곱 분석에 대한 가중값이 있는 숫자 변수를 나열한다. 가중값이 0, 음수, 결측값 등일 때는 분석케이스에서 제외된다.

[표 4-12] 일변량 분석 : 옵션과 내용

- 모형 : '모형'을 클릭하면 다음과 같은 화면이 열린다(예시 4-40). '사용자정의'를 선택하고 '학년'과 '성별'을 오른쪽으로 이동한 후 '항 설정'은 '주효과'로 하고, '제곱합'은 '제1유형'으로 선택한다. 그리고 '계속' 버튼을 클릭한다.

[예시 4-40] 일변량 : 모형 화면

● 도표 : 수평축 변수에 '성별'을, 선구분 변수에 '학년'을 옮기고 도표에 '추가' 버튼을 클릭한다. 그러면 도표창에 학년*성별로 표시된다(예시 4-41).

[예시 4-41] 일변량 : 프로파일 도표 화면

● 사후분석 : 사후분석창에서는 요인의 '학년'과 '성별'을 사후검정변수로 이동하고 분석하고자 하는 사후분석을 선택한다(예시 4-42).
● 옵션 : 옵션창을 열면 기술통계량, 동질성검정 등 하고자 하는 분석을 선택한다(예시 4-43).

[예시 4-42] 일변량 : 관측평균의 사후분석 다중비교 화면

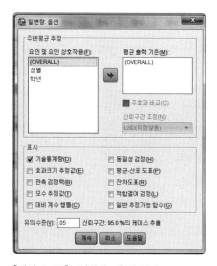

[예시 4-43] 일변량 : 옵션 화면

⑤ 분석 및 해석

기술통계량 출력결과는 다음과 같다(예시 4-44). 분산분석을 위해서는 표본이 임의로 추출되었으므로 모집단은 동일한 분산을 가지고 있다는 가정이 충족되어야 한다. 동질성 분석의 결과를 Levene의 통계량을 통해 보면 F=0.455, 유의확률은 0.805로 유의수준 0.05에서 분산이 동일하다는 영가설이 기각되지 않는다. 따라서 다음의 분석을 계속 진행한다(예시 4-45).

기술통계량

종속변수: 만족도

학년	성별	평균	표준편차	N
1학년	남	41.8000	4.65833	5
	여	42.0000	3.80789	5
	전체	41.9000	4.01248	10
2학년	남	35.6000	3.36155	5
	여	33.2000	2.38747	5
	전체	34.4000	3.02581	10
3학년	남	45.2000	3.56371	5
	여	44.6000	2.30217	5
	전체	44.9000	2.84605	10
전체	남	40.8667	5.47549	15
	여	39.9333	5.72547	15
	전체	40.4000	5.52487	30

[예시 4-44] 일변량 분석 기술통계량 출력표

오차 분산의 동일성에 대한 Levene의 검정[a]

종속변수: 만족도

F	자유도1	자유도2	유의확률
.455	5	24	.805

여러 집단에서 종속변수의 오차 분산이 동일한
영가설을 검정합니다.

a. Design: 절편 + 학년 + 성별 + 학년 * 성별

[예시 4-45] 동질성 검정 출력표

'성별'에 따른 만족도는 F값이 0.551이고 유의확률이 0.465로 유의수준 0.05에서 통계적으로 유의하지 않게 나타났다. 한편 '학년'에 의한 만족도는 F값이 24.649이고 유의확률이 0.000으로 유의수준 0.05에서 통계적으로 유의미하게 나타났다. 즉 영가설은 기각된다. R^2은 회귀분석에서 결정계수와 유사한 것으로 변인에 의해 설명될 수 있는 종속변수의 총변동비율을 말한다. 표의 결과를 이용하면

$$\frac{(6.533 + 585.000)}{885.20} = 0.668$$

'성별과 학년의 상호작용'을 살펴보면 F값은 0.374, 유의확률은 0.692로 유의수준 0.05에서 통계적으로 유의미하지 않다. 따라서 상호작용은 영향을 미치지 않는다고 판단할 수 있다(예시 4-46).

개체-간 효과 검정

종속변수: 만족도

소스	제 III 유형 제곱합	자유도	평균제곱	F	유의확률
수정된 모형	600.400[a]	5	120.080	10.119	.000
절편	48964.800	1	48964.800	4126.247	.000
학년	585.000	2	292.500	24.649	.000
성별	6.533	1	6.533	.551	.465
학년 * 성별	8.867	2	4.433	.374	.692
오차	284.800	24	11.867		
전체	49850.000	30			
수정된 합계	885.200	29			

a. R 제곱 = .678 (수정된 R 제곱 = .611)

[예시 4-46] 개체 간 효과 검정 출력표

사후분석 결과는 다음과 같다(예시 4-47). 사후분석 결과, 1학년과 2학년, 2학년과 3학년의 차이를 보면 유의확률이 0.000으로 영가설이 기각된다. 즉 1학년과 2학년 사이, 그리고 2학년과 3학년 사이에 만족도는 차이가 있다고 할 수 있다.

다중 비교

종속 변수: 만족도

Scheffe

(I) 학년	(J) 학년	평균차(I-J)	표준오차	유의확률	95% 신뢰구간	
					하한값	상한값
1.00	2.00	7.5000*	1.50299	.000	3.5986	11.4014
	3.00	-3.0000	1.50299	.157	-6.9014	.9014
2.00	1.00	-7.5000*	1.50299	.000	-11.4014	-3.5986
	3.00	-10.5000*	1.50299	.000	-14.4014	-6.5986
3.00	1.00	3.0000	1.50299	.157	-.9014	6.9014
	2.00	10.5000*	1.50299	.000	6.5986	14.4014

관측평균을 기준으로 합니다.
오류 조건은 평균 제곱(오류) = 11.295입니다.
*. 평균차는 .05 수준에서 유의합니다.

[예시 4-47] 다중비교 출력표

상호작용 효과를 도표를 통해 보면 성별과 학년의 그래프는 교차하거나 일정한 값에 수렴하지 않아 성별과 학년의 상호작용은 존재하지 않음을 보여 주고 있다.

만일 프로파일 도표에서 규칙적으로 일정한 값으로 수렴하는 서열상호작용(ordinal interaction)을 보인다면 연구자는 체계적인 해석을 해야 한다. 그러나 무서열 상호작용(disordinal interaction)을 보이면 주요 효과를 설명할 수 없기 때문에 실험계획을 다시 고려해야 한다(예시 4-48).

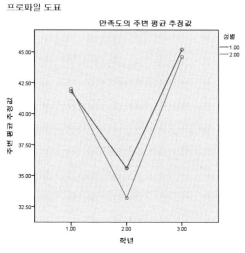

[예시 4-48] 프로파일 도표

(3) 반복측정 분산분석(Repeated Measure Analysis)

① 적용

반복측정 분산분석은 의학이나 사회과학분야에서 종종 사용되는 방법이다. 연구자는 실험대상이나 동물실험에서 실험효과를 입증하기 위해 특정 시점에서 반복적으로 값을 측정하는데 이러한 연구에 적합한 분석법이라고 할 수 있다. 독립 표본 t 검정이나 분산분석은 전후 차이를 보는 정도이지만 반복측정 분산분석은 여러 시점에서 효과를 분석할 수 있다는 점에서 유용하다. 반복측정 분산분석을 위해서는 다음을 확인해야 한다.

- 측정 결과가 어떤 실험수준에서 차이가 있는가?(개체 간 효과)
- 측정 결과는 관찰시점에 따라 차이가 있는가?(개체 내 효과)
- 실험수준과 관찰시점에 따른 상호작용효과(interaction)는 존재하는가?
- 시간에 따른 실험수준의 효과 변화 상황은 어떠한가?

반복측정의 실험을 계획할 때는 이월효과(carry-over effect)가 없도록 효과처리의 간격을 충분히 하거나 혹은 이월효과를 직접 측정할 수 있는 방법을 고려해야 한다. 또한 실험을 할 당시에는 나타나지 않지만 실험효과가 다음 실험을 할 시점에 복합적으로 나타나는 경우도 있기 때문에 이런 경우는 방법측정법을 적용하기 어려울 수 있다.

② 통계적 원리

반복측정은 동일 집단을 대상으로 시기별로 측정을 한 후 중재의 차이가 있는가를 알아보는 것이다. 따라서 영가설은 집단 간의 변화가 아닌 집단 내에서 시기별 변화가 차이가 없다는 것이다. 즉 영가설은 다음과 같이 표시할 수 있다.

H_0 : 시기별 평균은 같다($\mu_{t1} = \mu_{t2} = \mu_{t3}$).
H_1 : 시기별 평균이 모두 같은 것은 아니다($\mu_{t1} \neq \mu_{t2}$ 혹은 $\mu_{t1} \neq \mu t_3$ 혹은 $\mu_{t2} \neq \mu_{t3}$).

독립표본 분산분석과 F비를 비교하면 독립표본의 경우

$$F = \frac{처치효과 + 개인차 + 실험오차}{개인차 + 실험오차}$$

이지만 반복측정 분산분석의 F비는 동일집단을 대상으로 하므로 개인차가 제거되어

$$F = \frac{처치효과 + 실험오차}{실험오차}$$

가 된다. 따라서 분석에서 개인차가 큰 경우는 독립표본으로 연구를 진행하면 처치효과의 존재가 가려질 수 있다. 이런 경우 반복측정 분산분석을 적용하면 더욱 민감하게 처치효과를 알아볼 수 있다. 다시 말하면 개인차가 클 때 반복측정실험은 처치효과에 대한 더욱 민감한 검증을 할 수 있다. 통계적으로 말하면 반복측정 분산분석은 독립 표본 검정보다 더욱 검정력이 크고 영가설을 기각할 확률이 높다고 할 수 있다.

③ 자료

한 연구자는 두통을 감소시키기 위한 새로운 신약을 개발했다. 이 방법의 효과를 확인하기 위해 세 그룹(1 = 약을 먹지 않음, 2 = 기존의 약, 3 = 신약)으로 나누고 각각 세 달에 걸쳐 조사했다. 연구자는 세 그룹 간 두통 감소와 삶의 질 차이 여부를 확인하고자 했다.

구분	두통			삶의 질		
	1개월	2개월	3개월	1개월	2개월	3개월
통제집단	4	3	3	14	13	15
	4	4	3	13	14	15
	5	5	3	11	12	13
	6	4	3	16	15	12
	6	5	3	13	13	13
	5	4	3	14	13	12
	5	4	4	15	13	14
기존의 약	6	3	3	12	13	14
	5	4	2	13	14	15
	7	6	4	15	16	15
	7	6	4	12	11	15
	8	5	3	18	18	18
	7	4	3	16	15	15
	6	5	3	15	15	15
신약	8	4	2	16	17	18
	7	6	3	15	16	18
	9	7	4	16	18	19
	8	6	3	16	14	17
	7	6	2	16	18	18
	8	5	3	14	16	18
	9	6	4	15	17	19

- **자료입력방법** : 반복측정 분산분석을 위해서는 자료가 반복측정되므로 시기별로 변수이름을 정한다. 이 문제에서는 '두통'과 '삶의 질'이 총 3번의 시기에 걸쳐 측정되었으므로 '두통 1', '두통 2', '두통 3'으로 변수이름을 지정한다. 변수이름을 지정한 독립변수는 명목변수이기 때문에 '1', '2', '3'으로 집단을 구분해서 입력한다. 종속변수는 연속형 자료이므로 직접 자료를 입력한다.

④ 과정

분석(A) → 일반선형모형(G) → 반복측정(R)　이 화면(예시 4-49)에서 개체 내 요인

이름(w)에 '개월'이라고 입력하고 수준의 수에 '3'이라고 한 후 '추가' 버튼을 클릭

한다. 측정이름에는 측정된 변수 '두통'을 입력하고 추가 버튼을 클릭한다. 다시 '삶

의 질'을 입력하고 버튼을 클릭하면 다음의 화면이 열린다(예시 4-50). 모두 입력이

되었으면 하단의 '정의' 버튼을 클릭하면 다음의 화면이 열린다(예시 4-51). 이 화

면에서 그룹을 개체 간 요인으로 이동하고 개체 내 변인에 각각 두통 1, 두통 2, 두

통 3, 삶의 질 1, 삶의 질 2, 삶의 질 3을 이동한다.

[예시 4-49]　반복측정 분산분석 초기 화면

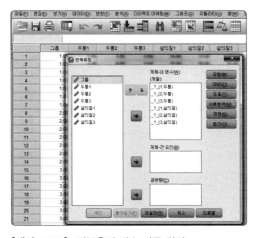

[예시 4-50]　반복측정 변수 이동 화면

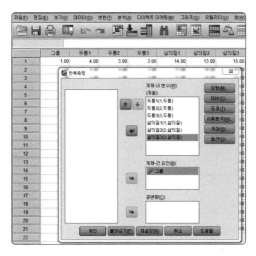

[예시 4-51] 반복측정 변수 이동 화면

'도표' 버튼을 클릭하고 '개월'을 수평축 변수로, '그룹'을 선구분 변수로 이동한 후 중간에 '추가' 버튼을 클릭하면 다음의 화면이 열린다(예시 4-52).

[예시 4-52] 반복측정 : 도표 화면

사후분석 버튼을 클릭하고 요인의 그룹을 사후검정변수로 이동하면 아래의 사후 분석 통계량들이 활성화된다. 이때 원하는 사후분석을 선택하고 하단의 '계속' 버튼 을 클릭한다(예시 4-53).

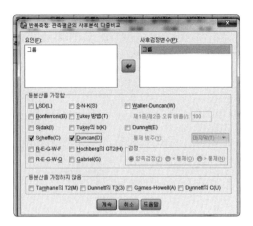

[예시 4-53] 반복측정 : 사후분석 화면

　　'옵션' 버튼을 누르고 화면이 열리면 원하는 통계량들을 선택하고 '계속' 버튼을 클릭한다(예시 4-54).

[예시 4-54] 반복측정 : 옵션 화면

⑤ 분석 및 해석

기술통계량의 결과는 다음과 같다. 표를 보면 개월별 두통과 삶의 질의 평균과 표준편차가 출력되어 있다(예시 4-55).

기술통계량

	그룹	평균	표준편차	N
두통1	1.00	5.0000	.81650	7
	2.00	6.5714	.97590	7
	3.00	8.0000	.81650	7
	합계	6.5238	1.50396	21
두통2	1.00	4.1429	.69007	7
	2.00	4.7143	1.11270	7
	3.00	5.7143	.95119	7
	합계	4.8571	1.10841	21
두통3	1.00	3.1429	.37796	7
	2.00	3.1429	.69007	7
	3.00	3.0000	.81650	7
	합계	3.0952	.62488	21
삶의질1	1.00	13.7143	1.60357	7
	2.00	14.4286	2.22539	7
	3.00	15.4286	.78680	7
	합계	14.5238	1.72102	21
삶의질2	1.00	13.2857	.95119	7
	2.00	14.5714	2.22539	7
	3.00	16.5714	1.39728	7
	합계	14.8095	2.06444	21
삶의질3	1.00	13.4286	1.27242	7
	2.00	15.2857	1.25357	7
	3.00	18.1429	.69007	7
	합계	15.6190	2.24669	21

[예시 4-55] 반복측정 결과 기술통계량 출력표

다변량 결과를 보면 다음과 같다. 개체 간 wilks의 람다 통계량을 보면 유의확률이 0.00으로 유의수준 0.05에서 영가설이 기각되어 통제그룹, 기존 약 그룹, 신약 그룹의 효과는 차이가 있는 것으로 판단될 수 있다. 또한 개월과 그룹 사이의 상호작용이 있는 것으로 판단된다(예시 4-56).

다변량 검정[a]

효과			값	F	가설 자유도	오차 자유도	유의확률
개체-간	절편	Pillai의 트레이스	.995	1769.035[b]	2.000	17.000	.000
		Wilks의 람다	.005	1769.035[b]	2.000	17.000	.000
		Hotelling의 트레이스	208.122	1769.035[b]	2.000	17.000	.000
		Roy의 최대근	208.122	1769.035[b]	2.000	17.000	.000
	그룹	Pillai의 트레이스	.674	4.571	4.000	36.000	.004
		Wilks의 람다	.331	6.279[b]	4.000	34.000	.001
		Hotelling의 트레이스	2.009	8.038	4.000	32.000	.000
		Roy의 최대근	2.003	18.025[c]	2.000	18.000	.000
개체-내	개월	Pillai의 트레이스	.976	150.789[b]	4.000	15.000	.000
		Wilks의 람다	.024	150.789[b]	4.000	15.000	.000
		Hotelling의 트레이스	40.210	150.789[b]	4.000	15.000	.000
		Roy의 최대근	40.210	150.789[b]	4.000	15.000	.000
	개월 * 그룹	Pillai의 트레이스	.913	3.360	8.000	32.000	.007
		Wilks의 람다	.116	7.256[b]	8.000	30.000	.000
		Hotelling의 트레이스	7.363	12.886	8.000	28.000	.000
		Roy의 최대근	7.329	29.317[c]	4.000	16.000	.000

a. Design: 절편 + 그룹
   개체-내 계획: 개월

b. 정확한 통계량

c. 해당 유의수준에서 하한값을 발생하는 통계량은 F에서 상한값입니다.

[예시 4-56] 다변량 출력결과표

일변량 검정 결과를 보면 각각 통제집단, 기존의 약 집단, 신약 집단에서 개월 수에 따라 두통과 삶의 질에 차이가 있는 것으로 판단된다(예시 4-57).

일변량 검정

소스	측도		제III 유형 제곱합	자유도	평균 제곱	F	유의확률
개월	두통	구형성 가정	123.460	2	61.730	171.574	.000
		Greenhouse-Geisser	123.460	1.809	68.232	171.574	.000
		Huynh-Feldt	123.460	2.000	61.730	171.574	.000
		하한값	123.460	1.000	123.460	171.574	.000
	삶의질	구형성 가정	13.556	2	6.778	6.470	.004
		Greenhouse-Geisser	13.556	1.757	7.715	6.470	.006
		Huynh-Feldt	13.556	2.000	6.778	6.470	.004
		하한값	13.556	1.000	13.556	6.470	.020
개월 * 그룹	두통	구형성 가정	17.587	4	4.397	12.221	.000
		Greenhouse-Geisser	17.587	3.619	4.860	12.221	.000
		Huynh-Feldt	17.587	4.000	4.397	12.221	.000
		하한값	17.587	2.000	8.794	12.221	.000
	삶의질	구형성 가정	16.063	4	4.016	3.833	.011
		Greenhouse-Geisser	16.063	3.514	4.571	3.833	.015
		Huynh-Feldt	16.063	4.000	4.016	3.833	.011
		하한값	16.063	2.000	8.032	3.833	.041
오차(개월)	두통	구형성 가정	12.952	36	.360		
		Greenhouse-Geisser	12.952	32.570	.398		
		Huynh-Feldt	12.952	36.000	.360		
		하한값	12.952	18.000	.720		
	삶의질	구형성 가정	37.714	36	1.048		
		Greenhouse-Geisser	37.714	31.627	1.192		
		Huynh-Feldt	37.714	36.000	1.048		
		하한값	37.714	18.000	2.095		

[예시 4-57] 일변량 검정 결과 출력표

사후분석 결과를 보면 두통의 경우 1개월과 3개월 사이에 유의미한 차이가 있고(유의확률 0.003), 삶의 질의 경우 2개월과 3개월(0.026), 1개월과 3개월(0.000) 사이에 유의수준 0.05에서 통계적으로 유의미한 차이를 보임을 알 수 있다(예시 4-58).

다중 비교

측도		(I) 그룹	(J) 그룹	평균차(I-J)	표준오차	유의확률	95% 신뢰구간 하한값	95% 신뢰구간 상한값
두통	Scheffe	1.00	2.00	-.7143	.35776	.165	-1.6682	.2396
			3.00	-1.4762*	.35776	.003	-2.4301	-.5223
		2.00	1.00	.7143	.35776	.165	-.2396	1.6682
			3.00	-.7619	.35776	.132	-1.7158	.1920
		3.00	1.00	1.4762*	.35776	.003	.5223	2.4301
			2.00	.7619	.35776	.132	-.1920	1.7158
삶의질	Scheffe	1.00	2.00	-1.2857	.65060	.171	-3.0204	.4490
			3.00	-3.2381*	.65060	.000	-4.9728	-1.5034
		2.00	1.00	1.2857	.65060	.171	-.4490	3.0204
			3.00	-1.9524*	.65060	.026	-3.6871	-.2177
		3.00	1.00	3.2381*	.65060	.000	1.5034	4.9728
			2.00	1.9524*	.65060	.026	.2177	3.6871

관측평균을 기준으로 합니다.
오류 조건은 평균 제곱(오류) = 1.481입니다.
*. 평균차는 .05 수준에서 유의합니다.

[예시 4-58] 사후분석 결과표

도표의 결과를 보면 두통의 경우 꾸준히 감소함을 알 수 있으며 삶의 질은 꾸준

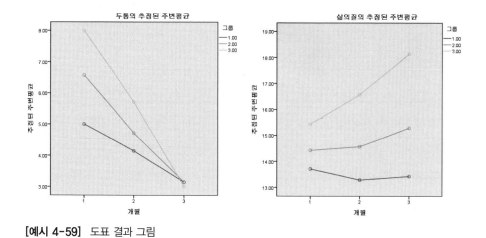

[예시 4-59] 도표 결과 그림

히 증가함을 알 수 있다(예시 4-59).

4) 비모수 검정방법(Non-parametic Analysis)

비모수 검정방법은 모수(parametic) 검정방법과 대응되는 말이다. 모수 통계는 표본에서 얻어진 통계량을 이용해 모집단의 특성, 즉 모수를 추론하거나 가설을 검정하는 것을 말한다. 그러나 모수 통계학을 적용하기 위해서는 모집단 확률분포에 대한 엄격한 가정이 필요하다. 따라서 현실적으로 모수통계학을 적용하기 어렵거나 오류가 발생할 수도 있다. 이런 경우 비모수 통계방법이 적절할 수 있다.

비모수 통계방법도 역시 모수 통계처럼 모집단에서 표집을 하기는 하지만 모집단에 대한 특별한 가정을 하지 않고 비교적 분포형식에서 벗어나 자유롭게 검정을 할 수 있다. 하지만 모수 검정과 비모수 검정 방법을 비교하면 모수 검정이 검정력, 효율성이 더 크며 현상에 대한 정보를 제공해 준다는 점에서 모수 검정이 더 많이 사용된다고 할 수 있다. 그럼에도 불구하고 다음과 같은 경우에는 비모수 검정방법이 더욱 적절하게 적용될 수 있다.

첫째, 수집된 자료가 명목척도이거나 혹은 서열척도일 경우 유용하다.

둘째, 희귀한 질병이나 혹은 pilot 연구 자료처럼 표본의 크기가 매우 작을 때 유용하다.

셋째, 신속한 검정을 할 수 있다.

비모수 검정방법의 종류는 다음과 같다.

- 적합도 검정 : 적합도 검정은 표본의 분포가 일정한 확률을 가지는 모집단의 분포에 적합한가를 검정하는 방법이다. 예를 들면, 단일표본 카이제곱 검정(χ^2), 단일표본 콜모고르프-스미로노프 검정, 이항분포 검정이 있다.
- 무작위성 검정 : 무작위성 검정은 일련의 관찰된 자료가 무작위로 발생한 것인지 혹은 어떠한 규칙성에 의해 발생한 것인가를 검정하는 것이다. 예를 들면, 런(run)의 검정이 있다.
- 변수 간 분포의 동질성 검정 : 변수 간 분포의 동질성 검정은 2개 혹은 3개 이상의 변수값이 이루는 확률분포가 동일한가를 검정하는 것이다. 이때 확률분포는 정규분포와 같이 특정한 분포를 가정하지는 않는다. 예를 들면, 부호 검정, 윌콕슨 검정, 맥네마르 검정, 프리드맨 검정, 켄달의 검정, 코트란큐 검정이 있다.
- 집단 간 분포의 동질성 검정 : 집단 간 분포의 동질성 검정은 두 집단 혹은 세 집단 이상의 특정 변수에 대한 확률분포들이 동일한가를 검정하는 방법이다. 예를 들면, 맨-휘트니 검정, 2개 표본 콜모고르프-스미로노프 검정, 월드-월포비치 검정, 중앙값 검정, 크루스칼-왈리스 검정 등이 있다.
- 변수 간의 상관관계 분석 : 변수 간의 상관관계를 분석할 때 변수가 명목척도이거나 서열척도인 경우 상호독립성을 검정하는 것이다. 예를 들면 스피어맨 순위 상관분석, 교차분석 등이 있다.

이를 모수검정과 대응하면 다음과 같다(표 4-13).

[표 4-13] 목적에 따른 통계방법의 비교

사용 목적	비모수통계방법	모수통계방법
적합도 검정	단일표본 카이스퀘어 검정 단일표본 콜모고로프-스미르노프 검정 이항분포 검정	없음 없음 없음
무작위성 검정	런의 검정	없음
두 변수의 비교	부호 검정 윌콕슨 검정 코크란 큐 검정	대응표본 t 검정
세 변수의 비교	프리드맨 검정 켄달의 일치계수 코크란 큐 검정	MANOVA
두 집단의 비교	맨 휘트니 검정 2개 표본 콜모고로프-스미르노프 검정 월드-월포비치 검정 중앙값 검정	독립 표본 t 검정
세 집단 이상의 비교	중앙값 검정 크르수칼-왈리스 검정	ANOVA
변수 간의 상관관계	스피어맨 순위상관 카이자승 분석(교차분석)	상관분석

출처 : 김병서, 김계수(2009). spss 17.0 사회과학 통계분석. 서울 : 한나래아카데미.

(1) 윌콕슨 검정(Wilcoxon t 검정)

① 적용

윌콕슨 검정의 전체 이름은 Wilcoxon matched-pairs singed-ranks test(윌콕슨 짝진 쌍 사인 등위 검증법)이다. 윌콕슨 검정은 그 이름처럼 결합된 자료의 분포가 차이가 있는가를 알아보기 위해 이용한다. 부호 검정은 결합된 자료를 사용하며 관찰치에 순위나 점수를 부여해 검정한다는 방법에서는 윌콕슨 방법과 동일하지만 크기의 차이를 무시한다는 점에서는 차이가 있다. 윌콕슨 방법은 부호와 크기를 모두 고려해 정보의 손실이 비교적 적은 방법이다. 윌콕슨 검정은 대응표본 t 검정에 대응하는 비모수방법으로 적용될 수 있다.

② 통계적 원리

이 방법의 통계량은 점수 쌍 간 차이의 순위를 통해 구해진다. 이 방법에서는 양(+)의 방향으로 차이가 있는 등위를 모두 더하라 혹은 음(−)의 방향으로 차이가 있는 등위를 모두 더하라고 한다. 만일 영가설(차이가 없다)이 참이라면 두 값이 상당히 비슷하겠지만 영가설이 거짓이라면 한 조건이 다른 조건보다 더 높은 순위를 갖는 경우가 많을 것이다. 따라서 한 방향으로 높은 순위들이 더 많을 것이며 순위값들의 두 합계는 크게 다를 것이다. 즉 T=최소 빈도 기호의 경우 차이의 합계, N=양 또는 음의 기호의 어느 경우든 차이들의 전체 수, T가 임계값보다 작거나 같으면 차이가 있다고 판단한다.

③ 자료

한 치료사는 노래 부르기가 노인의 인지기능에 효과적인가를 알아보기 위해 자료를 수집했다.

조건	인지점수				
사전	10	9	8	7	6
사후	12	13	10	10	10

• 자료입력방법 : 윌콕슨 검정을 위해서는 사전, 사후의 자료를 입력할 수 있는 2개의 변수가 필요하다. 이 문제에서는 '사전'과 '사후'라고 변수이름을 지정한 후 직접 자료를 입력한다. 윌콕슨 검정을 위한 자료 입력방법은 대응표본 t 검정과 유사하다.

④ 과정

분석(A) → 비모수검정(N) → 레거시 대화상자 대응 2표본   (예시 4-60)

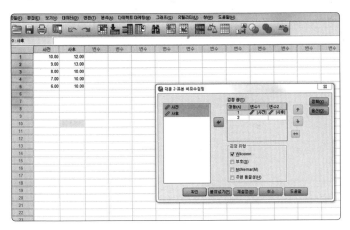

[예시 4-60] 비모수 검정의 초기 화면

검정 유형에 대한 설명은 다음과 같다(표 4-14).

[표 4-14] 대응 2-표본 비모수 검정 유형

검정 유형	내 용
wilcoxon	윌콕슨 검정을 실시한다.
부호	부호 검정을 실시한다.
McNemar(M)	맥네마르 검정을 실시한다.
주변 동질성	두 가지 대응 순서 변수에 대한 비모수 검정방법이다. 이 검정은 이분형 응답으로부터 다중응답까지 맥네마르 검정을 확장한 것이다.

⑤ 분석 및 해석

순위검정 결과를 살펴보면 검정통계량이 −2.041, 유의확률이 0.041로 유의수준 0.05에서 차이가 없다는 영가설을 기각할 수 있다. 즉 전후에 차이가 있다고 할 수 있다(예시 4-61).

기술통계량

	N	평균	표준편차	최소값	최대값
사전	5	8.0000	1.58114	6.00	10.00
사후	5	11.0000	1.41421	10.00	13.00

Wilcoxon 부호순위 검정

순위

		N	평균순위	순위합
사후 - 사전	음의 순위	0[a]	.00	.00
	양의 순위	5[b]	3.00	15.00
	동률	0[c]		
	합계	5		

a. 사후 < 사전
b. 사후 > 사전
c. 사후 = 사전

검정 통계량[a]

	사후 - 사전
Z	-2.041[b]
근사 유의확률(양측)	.041

a. Wilcoxon 부호순위 검정
b. 음의 순위를 기준으로.

[예시 4-61] 비모수 검정 결과 출력표

(2) 맨 휘트니 검정(Mann-Whitney U 검증법)

① 적용

맨 휘트니 검정은 윌콕슨 검정과 같이 2개의 표본이 동일한 모집단에서 표집되었는 가를 검정하는 것이다. 이 방법은 자료가 서열척도임을 가정하고 있다. 그리고 두 집단의 차이 검정에 있어서 분산의 동질성이나 정규분포를 요구하지 않으므로 일 반적인 조건에서 독립 표본 t 검정만큼 통계적 검정력이 있다. 독립 표본 t 검정이 요구되는 가정이 맞지 않음으로 인해 오류가능성이 클 때 사용할 수 있다.

② 통계적 원리

맨 휘트니 검정의 근거는 만약 영가설(차이가 없다)이 참이라면 각 조건에 비슷한 수의 높은 점수(높은 순위의 점수)들이 있어야 한다. 만약 영가설이 거짓이라면 조 건들 중 하나에만 높은 점수(높은 순위)가 있을 경향이 높다. 이 검증법에서는 통계 량 U로 판단을 하는데 U가 제시된 임계값보다 작거나 같으면 차이가 있다고 판단 한다.

③ 자료

한 연구소에서 개발한 우울증 치료제가 있다. 이 약을 투여한 후 혈액 속의 호르몬 양을 측정했다. 호르몬 변화에 차이가 있는가를 알아보고자 한다.

조건	호르몬양					
실험	2.1	5.3	1.4	4.6	0.9	3.5
통제	1.9	0.5	2.8	3.1		

- 자료입력방법 : 맨 휘트니 검정을 위해서는 독립변수와 종속변수를 입력할 수 있는 2개의 변수가 필요하다. 이 문제에서는 독립변수를 '조건', 종속변수를 '호르몬양'으로 변수이름을 정한다. 변수이름을 지정한 후 독립변수는 명목변수이기 때문에 '1'과 '2'로 집단을 구분해서 입력한다. 종속변수는 연속형 자료이므로 직접 자료를 입력한다. 맨 휘트니 검정을 위한 자료입력방법은 독립 표본 t 검정과 유사하다.

④ 과정

분석(A) → 비모수 검정(N) → 레거시 대화상자 독립 2-표본   집단을 집단변수로, 호르몬양을 검정변수로 이동한다. 그리고 집단을 정의해 준다. 이 변수의 정의 과정은 독립 표본 t 검정과 유사하다(예시 4-62). 검정유형은 〈표 4-15〉와 같다.

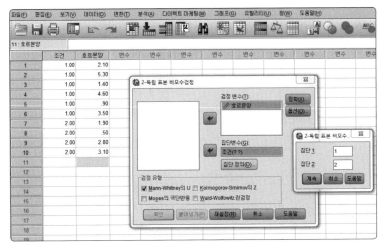

[예시 4-62] 독립-2 표본 비모수 검정 초기 화면

[표 4-15] 독립-2 표본 검정 유형

검정 유형	내 용
Mann-whitney의 U(M)	맨 휘트니 검정을 실시한다.
Kolmogorouv-Smirnov의 Z(K)	콜모고르프-스미르노프 검정을 실시한다.
Moses의 극단반동(S)	단일 오름차순 순서로 집단변수로부터 취한 점수를 배열한다.
Wald-Wolfowitz 런 검정(W)	월드-월포비츠 검정을 실시한다.

⑤ 분석 및 해석

결과를 보면 집단 1의 순위 평균은 6.17, 집단 2의 순위 평균은 4.50이다. z 통계량에 대한 유의확률이 0.394로 유의수준 0.05에서 차이가 없다는 영가설을 기각할 수 없다. 즉 호르몬양에는 차이가 없다고 할 수 있다(예시 4-63).

Mann-Whitney 검정

순위

	집단	N	평균순위	순위합
호르몬양	1.00	6	6.17	37.00
	2.00	4	4.50	18.00
	합계	10		

검정 통계량[a]

	호르몬양
Mann-Whitney의 U	8.000
Wilcoxon의 W	18.000
Z	-.853
근사 유의확률(양측)	.394
정확한 유의확률 [2*(단측 유의확률)]	.476[b]

a. 집단변수: 집단
b. 등들에 대해 수정된 사항이 없습니다.

[예시 4-63] Mann-Whitney 검정 결과 출력표

(3) 크루스칼왈리스 검정(Kruskal · Wallis 검증)

① 적용

크루스칼왈리스 검정은 3집단 이상의 변수들의 평균순위에 차이가 있는가를 알

아보기 위해 사용된다. 비모수 방법이므로 순위자료의 경우도 적용할 수 있다. ANOVA에 대응하는 비모수 방법으로 적용될 수 있다.

② 통계적 근거

이 방법은 k집단의 특정변수에 대한 확률부호가 동일한가를 검증하는 것이다. 영가설(차이가 없다)이 참이라면 각 처치에서 순위합들이 비슷할 것이다. 만약 영가설이 거짓이라면 각 표본에서의 순위값들은 차이가 있을 것이다. 이를 임계값과 비교해 판단한다.

③ 자료

한 연구원은 세 가지 음악에 대한 선호도를 조사하고자 했다. 선호도 등급은 1, 2, 3으로 부여했다.

소비자	1	2	3	4	5	6	7	8	9
음악 A	2	1	2	2	2	3	2	1	2
음악 B	3	2	3	1	3	1	1	3	3
음악 C	1	3	1	3	1	2	3	2	1

- 자료입력방법 : 크루스칼왈리스 분석을 위해서는 일원배치분산분석의 입력방법과 유사하다. 먼저 자료를 입력하기 위해서는 독립변수와 종속변수를 입력할 수 있는 2개의 변수가 필요하다. 이 문제에서는 독립변수를 '음악', 종속변수를 '선호도'라고 변수이름을 정한다. 변수이름을 지정한 후 독립변수는 명목변수이며 K개의 자료에 대해 분석을 하기 때문에 최소값 '1'과 최대값 '3'을 입력한다. 종속변수는 연속형 자료이므로 직접 자료를 입력한다.

④ 과정

분석(A) → 비모수 검정(N) → 레거시대화상자 독립 K 표본   집단변수에 '음악'을, 검정변수에 '선호도'를 이동한다(예시 4-64).

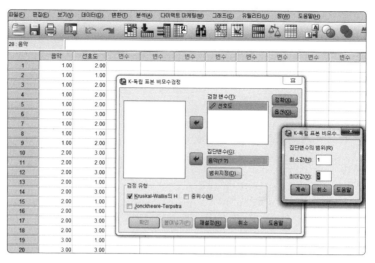

[예시 4-64] 독립 k-표본 비모수 검정 초기 화면

⑤ 분석 및 해석

출력결과를 보면 음악 A의 평균 순위는 13, 음악 B의 평균순위는 16, 음악 C의 평균순위는 13이다. 검정통계량을 살펴보면 카이제곱은 0.963이고 유의확률은 0.618로 유의수준 0.05에서 영가설을 기각할 수 없다. 따라서 음악에 대한 선호도는 차이가 있다고 할 수 없다(예시 4-65).

Kruskal-Wallis 검정

순위

	음악	N	평균 순위
선호도	1.00	9	13.00
	2.00	9	16.00
	3.00	9	13.00
	전체	27	

검정 통계량[a,b]

	선호도
카이제곱	.963
자유도	2
근사 유의확률	.618

a. Kruskal Wallis 검정

b. 집단변수: 음악

[예시 4-65] 크루스칼왈리스 검정 결과 출력표

5) 변수들의 관계를 위한 분석

(1) 단순상관분석

① 적용

상관관계는 두 변수 사이의 관련성을 알아보기 위해 사용한다. 예를 들면, 음악적 성과 지능처럼 관련성이 있는 두 변수의 관계를 분석할 때 적용될 수 있다. 이와 같이 두 변수 사이의 관련성을 알아보기 위해 사용하는 것이 상관분석이다.

상관분석은 두 변수 사이의 일차적인 관계가 얼마나 강한가를 보여 주는 방법이다. 즉 상관계수는 0~1까지의 값을 가지며 부호는 + 혹은 −로 나타낼 수 있다. '+'는 두 변수 사이의 관계가 정적인 관계, 즉 같은 방향성을 가지는 관계로 인식될 수 있으며 '−'값을 가질 경우 부적 관계로 판단할 수 있다. 한편 숫자의 크기는 관계의 정도를 나타내는데 '0'이면 관계가 없는 것으로, '1'이면 완벽한 관계를 나타낸다고 할 수 있다(표 4-16).

산포도와 상관관계 사이의 관계는 〈예시 4-66〉과 같다.

[표 4-16] 상관계수와 관계 정도

상관계수	해 석
1.0 ~ 0.7(−1.0 ~ 0.7)	매우 강한 상관관계
0.7 ~ 0.4(−0.7 ~ −0.4)	강한 상관관계
0.4 ~ 0.2(−0.4 ~ −0.2)	약간의 상관관계
0.2 ~ 0.0(−0.2 ~ 0.0)	상관이 거의 없음

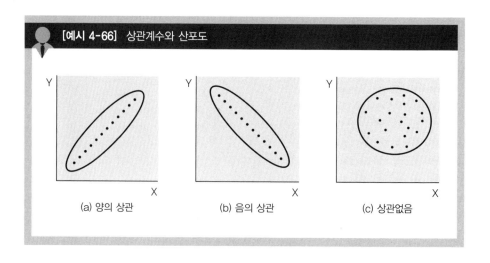

[예시 4-66] 상관계수와 산포도

(a) 양의 상관 　　　 (b) 음의 상관 　　　 (c) 상관없음

상관관계 분석을 통해서는 첫째, 예측을 할 수 있다. 즉 두 변수와의 관계를 확인함으로써 한 변수의 변화를 통해 다른 변수의 변화를 예측할 수 있다. 둘째, 타당성을 위해 적용할 수 있다. 즉 새로운 검사 도구를 개발한 경우 기존 검사 도구와의 상관관계를 통해 검사 도구에 대한 타당성을 검증할 수 있다. 마지막으로 새로운 이론검증을 위해 사용할 수 있다. 새로운 모형을 개발하기 위해서는 변수들 사이의 관계성에 대한 검증이 있어야 한다. 따라서 이때 상관관계 분석을 적용할 수 있다.

② 통계적 원리

상관관계에는 다음과 같은 세 종류가 있다(예시 4-67).

- 단순상관계수(simple correlation coefficient) : 두 변수 사이의 상관관계
- 다중상관계수(multiple correlation coefficient) : 하나의 변수와 두 변수 이상의 변수 간의 상관관계
- 편(부분)상관관계(partial correlation coefficient) : 다른 변수들과의 상관관계를 통제하고 순수한 두 변수만의 상관관계

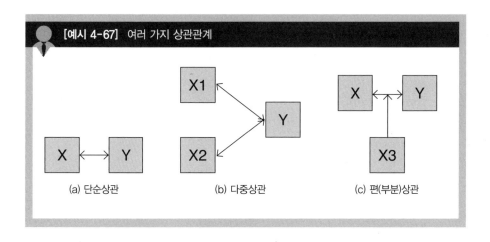

③ 자료

한 연구원은 일반인들의 음악적성과 레슨기간이 관계가 있는가를 알아보고자 했다. 자료는 다음과 같다.

	1	2	3	4	5	6	7	8	9	10
레슨기간	3	6	4	7	9	12	23	10	12	15
음악적성	77	80	80	90	98	99	100	98	98	97
음악선호도	2	2	3	3	4	5	5	5	4	4

- 자료입력방법 : 상관분석을 위해서는 2개의 변수가 필요하다. 이 문제에서는 '레슨기간'과 '음악적성'으로 변수이름을 정한다. 변수이름을 지정한 후 직접 자료를 입력한다.

④ 과정

분석(A) → 상관관계(C) → 이변량상관계수(C)   레슨기간과 음악적성을 오른쪽 변수 (V) 창으로 이동한다(예시 4-68). 상관계수의 분류와 내용은 〈표 4-17〉과 같다.

[예시 4-68] 상관분석 초기 화면

[표 4-17] 상관계수의 분류와 내용	

상관계수	내 용
Pearson	피어슨 상관계수(두 변수 간 선형 결합의 측도로서 상관계수는 −1~1 까지의 범위를 가지며 부호는 방향을, 절댓값은 강도를 나타낸다)를 계산한다.
Kendall의 타우-b	켄달의 타우(순위 변수 같은 비모수 자료의 경우 사용)를 계산한다.
Spearman	스피어만 상관계수(피어슨 상관계수에 대응하는 비모수 방법으로 적용됨)를 계산한다.

옵션 버튼을 클릭하면 다음 화면이 열린다(예시 4-69, 표 4-18).

[예시 4-69] 이변량 상관계수 : 옵션 화면

[표 4-18] 이변량 상관계수 : 옵션과 내용

통계량

평균과 표준편차	각 변수에 대한 평균과 표준편차 등을 출력한다.
교차곱 편차와 공분산	각 변수에 대한 교차곱 편차와 공분산을 출력한다.

결측값

대응별 결측값 제외	변수 중 하나 혹은 둘 모두 결측값이 있는 경우 케이스를 분석에서 제외시킨다.
목록별 결측값 제외	분석 시 사용되는 변수에 결측값이 있으면 케이스를 분석에서 제외시킨다.

⑤ 분석 및 해석

출력된 결과를 보면 레슨기간의 평균은 10.1개월, 음악적성의 평균은 91.7이다. Pearson 상관계수를 보면 0.779이고 유의확률은 0.008로 유의수준 0.05에서 통계적으로 매우 유의미하다. 상관관계의 부호는 +로 정적인 관계를 알 수 있으며 크기도 0.779로 매우 강한 상관관계가 있음을 알 수 있다. 즉 레슨기간이 길수록 음악적성은 높은 관계를 보였다. 하지만 인과관계는 알 수 없다. 결과표에 제곱합과 공분산도 함께 출력되고 있다(예시 4-70).

기술통계량

	평균	표준편차	N
레슨기간	10.1000	5.89633	10
음악적성	91.7000	9.20205	10

상관계수

		레슨기간	음악적성
레슨기간	Pearson 상관계수	1	.779**
	유의확률 (양쪽)		.008
	제곱합 및 교차곱	312.900	380.300
	공분산	34.767	42.256
	N	10	10
음악적성	Pearson 상관계수	.779**	1
	유의확률 (양쪽)	.008	
	제곱합 및 교차곱	380.300	762.100
	공분산	42.256	84.678
	N	10	10

**. 상관계수는 0.01 수준(양쪽)에서 유의합니다.

[예시 4-70] 이변량 상관분석 결과 출력표

(2) 부분(편)상관분석

① 적용

부분(편)상관분석은 단순상관분석과 유사하지만 두 변수에 영향을 미치는 제3의 변수를 통제한다는 점에서 차이가 있다. 본 자료의 경우 음악에 대한 선호도는 영향을 미칠 것으로 예상되므로 선호도를 고려해 분석할 수 있다.

② 과정

분석(A) → 상관계수(C) → 편상관계수(R) 이 화면에서 분석하고자 하는 두 변수는 '변수'로, 영향을 미칠 것으로 예상되는 변수는 '제어변수'로 이동한다(예시 4-71). 오른 상단의 '옵션'의 설명은 다음과 같다(표 4-19).

[예시 4-71] 편상관계수 초기 화면

[표 4-19] 편상관계수 : 옵션과 내용

통계량

평균과 표준편차	평균과 표준편차를 출력한다.
0차 상관	통제변수가 없는 순서 상관계수로서 상관계수 값의 범위는 −1~1이 며 부호는 방향을, 절댓값은 강도를 나타낸다.

결측값

목록별 결측값 제외	분석 시 사용되는 변수 중 하나 혹은 둘 모두에 결측값이 있는 케이스 를 분석에서 제외시킨다.
대응별 결측값 제외	분석 시 사용되는 변수에 대한 결측값이 있는 케이스를 분석에서 제 외시킨다.

③ 분석 및 해석

통제변수가 없는 경우 상관계수는 단순상관분석과 결과가 동일하다. 하지만 음악선 호도를 통제변수로 한 결과를 보면 편상관계수는 0.338이고 유의확률은 0.374로 유 의수준 0.05에서 통계적으로 유의하지 않음을 보여 주고 있다(예시 4-72).

기술통계량

	평균	표준 편차	N
음악적성	91.7000	9.20205	10
레슨기간	10.1000	5.89633	10
음악선호도	3.7000	1.15950	10

상관

통제변수			음악적성	레슨기간	음악선호도
-지정않음-[a]	음악적성	상관	1.000	.779	.917
		유의수준(양측)	.	.008	.000
		df	0	8	8
	레슨기간	상관	.779	1.000	.752
		유의수준(양측)	.008	.	.012
		df	8	0	8
	음악선호도	상관	.917	.752	1.000
		유의수준(양측)	.000	.012	.
		df	8	8	0
음악선호도	음악적성	상관	1.000	.338	
		유의수준(양측)	.	.374	
		df	0	7	
	레슨기간	상관	.338	1.000	
		유의수준(양측)	.374	.	
		df	7	0	

a. 셀에 0차 (Pearson) 상관이 있습니다.

[예시 4-72] 편상관계수 출력 결과

(3) 단순회귀분석(Simple Regression Analysis)

① 적용

회귀분석은 독립변수와 종속변수 사이에 존재하는 연관성을 분석하기 위해 이 둘 사이에 함수관계를 추정하는 방법이다. 회귀분석의 목적은 첫째, 기술적인 목적을 갖는다. 예를 들면 치료사의 직업 만족도에 영향을 미치는 여러 가지 변수, 즉 경력, 급여 등의 관계를 설명함으로써 만족도와 변수들 사이의 관계를 설명할 수 있다. 둘째, 통제의 기능을 갖는다. 변수들 사이의 함수관계를 안다면 한 변수를 통제함으로써 더 효과적인 관계를 유도할 수 있다. 마지막으로 예측의 목적을 갖는다. 예를 들어, 만족도와 급여와 경력 사이의 함수관계를 알 수 있다면 급여와 경력 변화를 예측함으로써 만족도의 변화도 예측할 수 있다.

한편 회귀분석은 변수의 수에 따라 단순회귀분석과 중회귀분석으로 구분되며 선형관계에 따라 선형회귀분석과 비선형회귀분석으로 구분할 수 있다. 회귀분석을 적용하기 위해서는 다음의 단계에 따라 적용할 수 있다.

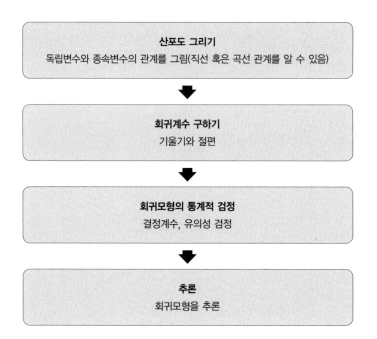

② 통계적 원리

회귀분석을 위해서는 모형을 설정하고 모형에 대한 기본 가정이 필요하다. 단순회귀분석의 경우 오차항의 기본 가정과 모형은 다음과 같다(표 4-20).

$$\text{모형} : y_i = \alpha + \beta x_i + \varepsilon_i$$

$$\text{기본가정} : \varepsilon_i \sim N(0, \sigma^2)$$

[표 4-20] 오차항의 기본 가정

기본가정	내 용	검 증
정규성	오차항은 평균이 0, 분산이 σ^2인 정규분포를 따라야 한다.	정규확률도표(P-P Plot를 그려서 점들이 일직선 상에 위치함을 확인)를 확인한다.
등분산성	오차항은 등분산성을 가져야 한다.	잔차들의 산점도를 그려서 '0'을 중심으로 램덤하게 분포됨을 확인한다.
독립성	오차항은 서로 독립성을 가져야 한다.	더빈왓슨(dubin-watson) 통계량으로 자기상관을 검토해 2에 가까우면 독립성을 만족하는 것으로 확인한다.

모형의 적합성은 결정계수 R^2으로 확인한다. 결정계수는 추정된 회귀식이 그 측정 자료에 어느 정도 적합한가를 나타내는 측도이다.

$$R^2 = SSR/SST = 1 - \frac{SSE}{SST}$$

회귀계수를 추정하기 위한 식은 다음과 같다.

$$\text{기울기} : \beta = \frac{\Sigma(X_i - \overline{X}) \times \Sigma(Y_i - \overline{Y})}{\Sigma(X_i - \overline{X})^2}$$

$$\text{절편} : \alpha = \overline{Y} - \beta\overline{X}$$

$$※ \overline{X}는 X \text{ 평균}, \overline{Y}는 Y \text{ 평균}$$

이러한 통계적 이론에 의해 회귀모형의 타당성을 검토하는 것은 중요하다.

첫째, 결정계수 R^2이 지나치게 작아서 0에 가까우면 회귀식은 적합하지 못하다.

둘째, 분산분석에서 회귀식이 유의하다는 가설이 기각된 경우는 다른 모형을 고려해야 한다. 모형의 경우 유의성을 검정하기 위한 가설과 검정통계량은 다음과 같다.

영가설 : 회귀모형은 유의하지 않다.
선택가설 : 회귀모형은 유의하다.
검정통계량 : $F(1, n-2)$

단순회귀계수의 경우 유의성 검정계수의 유의성을 검정하기 위한 가설과 검정통계량은 다음과 같다.

영가설 : 회귀계수 β는 유의하지 않다($\beta = 0$).
선택가설 : 회귀계수 β는 유의하다($\beta \neq 0$).
검정통계량 : $t(n-2)$

셋째, 적합결여검정(lack-of fit)을 통해 모형의 타당성을 조사한다.
넷째, 잔차(residual)를 검토해 회귀모형의 타당성을 조사한다.

③ 자료

치료사들의 경력에 따른 수입을 알아보기 위해 자료를 조사했다. 두 변인 사이의 모형을 작성하라.

치료사	1	2	3	4	5	6	7	8
경력(x)	55	45	41	35	25	23	27	28
수입(y)	73	59	56	31	28	31	30	25

- **자료입력방법** : 단순회귀분석을 위해서는 종속변수와 독립변수 2개의 변수가 필요하다. 이 문제에서는 '경력'과 '수입'으로 변수이름을 정한다. 변수이름을 지정한 후 두 변수 모두 직접 자료를 입력한다.

④ 과정

먼저 산점도를 그려 두 변인 사이의 관계를 알아본다.

그래프(G) → 레거시대화상자(L) → 산점도/점도표(S)　열린 화면에서 단순산점도를 선택하고 하단의 '정의'를 클릭한다(예시 4-73).

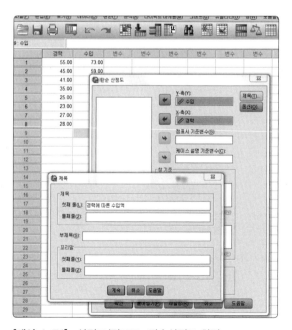

[예시 4-73]　산점도 그리기 초기 화면

'정의'를 클릭하면 다음의 화면이 열린다(예시 4-74). Y축에 종속변수를, X축에 독립변수를 이동한다. 그리고 제목을 클릭하면 제목을 입력할 수 있는 화면이 열린다. 제목을 입력하고 하단의 '계속'을 클릭한다.

[예시 4-74]　산점도/점도표 : 단순산점도 화면

다음의 그림이 출력된다(예시 4-75).

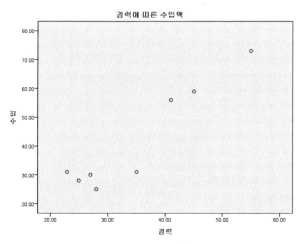

[예시 4-75] 산점도

다음으로 단순회귀분석을 실시한다.

분석(A) → 회귀분석(R) → 선형(L) 여기에서 종속변수에 '수입'을, 독립변수에 '경력'변수를 이동한다(예시 4-76).

[예시 4-76] 단순회귀분석 초기 화면

- 통계량 : 오른 상단의 통계량 버튼을 클릭하면 다음의 화면이 열린다(예시 4-77). 각 옵션과 설명은 다음과 같다(표 4-21).

[예시 4-77]　선형회귀분석 : 통계량 화면

 [표 4-21]　선형회귀분석 : 통계량 : 옵션과 내용

회귀계수

추정값(E)	회귀계수 추정치와 관련 통계량을 출력한다.
신뢰구간(C)	비표준화 회귀계수에 대한 95% 신뢰구간을 출력한다.
공분산행렬(V)	비표준화 회귀계수에 대한 분산-공분산 행렬을 출력한다.
모형적합(M)	다중 R, R^2 수정된 R^2, 표준오차 등을 출력한다. 분산분석표도 출력한다.
R제곱변화량(S)	R^2 변화량을 출력한다(독립변수를 추가하거나 삭제하면서 발생한다).
기술통계(D)	변인에 대한 기술통계량을 출력한다.
부분상관 및 편상관계수(P)	0차, 부분 및 편상관계수를 출력한다.
공선성 진단(L)	개별 변인에 대한 공차한계와 다중 공선성 문제 진단을 위한 다양한 통계량을 출력한다.

잔차

Dubin-Watson(U)	잔차에 대한 Dubin-Watson 검정과 잔차 및 예측값에 대한 요약 통계량을 출력한다.
케이스별 진단(C)	선택기준을 만족하는 케이스에 대한 진단을 생성해서 출력한다.

● 도표 : 잔차의 정규성과 등분산성을 검정하기 위한 도표를 출력한다(예시 4-78). 도표를 클릭하면 다음의 화면이 열리고 오른편에 있는 DEPENDNT를 X로, ZRESID를 Y로 이동한다. 그리고 왼편 하단의 정규확률도표를 ✓한 후 하단의 '계속' 버튼을 클릭한다. 옵션과 내용은 다음과 같다(표 4-22).

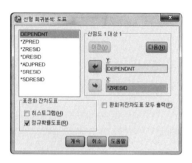

[예시 4-78] 선형회귀분석 : 도표 화면

[표 4-22] 선형회귀분석 : 도표 옵션과 내용

DEPENDENT	
*ZPRED	표준화된 예측치를 출력한다.
*ZRESID	표준화된 잔차(standardized residuals)를 출력한다.
*DRESID	수정된 잔차(deleted residuals)를 출력한다.
*ADJPRED	조정된 예측치(adjusted predicted values)를 출력한다.
*SRESID	표준화된 잔차(studentized residuals)를 출력한다.
*SDRESID	스튜던트화된 삭제 잔차를 출력한다.
표준잔차도표	
히스토그램(H)	표준화된 임시 변수에 대한 히스토그램을 출력한다.
정규확률도표(R)	저장된 임시 변수의 정규 확률(p-p) 산포도를 출력한다.
편회귀잔차도표 모두 출력(P)	명시된 값보다 더 큰 표준잔차 절대치를 가진 경우에 한해 출력한다(기본은 3).

● 저장 : 선택한 값들을 변수의 형태로 저장한다(예시 4-79). 옵션과 내용은 다음
과 같다(표 4-23).

[예시 4-79] 선형회귀분석 : 저장 화면

[표 4-23] 선형회귀분석 : 저장 : 옵션과 내용

예측값

비표준화(U)	비표준화 예측치를 출력한다.
표준화(A)	표준화 예측치를 출력한다.
수정된(J)	수정된 예측치를 출력한다.
평균예측 표준오차(P)	예측치의 표준오차를 출력한다.

잔차

비표준화(U)	비표준화된 잔차를 출력한다.
표준화(A)	표준화된 잔차를 출력한다.
스튜던트화(S)	스튜던트화된 잔차를 출력한다.
삭제된 잔차(D)	삭제된 잔차를 출력한다.
삭제된 스튜던트화 잔차(E)	삭제된 스튜던트화된 잔차를 출력한다.

[표 4-23] 선형회귀분석 : 저장 : 옵션과 내용 (계속)

거리

mahalanobis의 거리(H)	마할라노비스의 거리는 독립변수의 평균값에서 개개의 관측치가 어느 정도 떨어져 있는가를 나타내는 척도이다. 마할라노비스의 거리가 크면 하나 이상의 독립변수에 대한 극단값을 가지는 케이스를 나타낸다.
Cook의 거리(K)	특정 케이스를 제외할 때 잔차에 미치는 영향력을 출력한다.
레버리지 값(L)	중상화된 레버리지 값을 출력한다.

예측구간

평균(M)	평균 예측 응답에 대한 예측 구간을 출력한다.
개별값(I)	개별 값에 대한 예측 구간을 출력한다.
신뢰구간(C)	신뢰구간을 출력한다(기본값은 95%).

영향력 통계량

DFBETA(B)	베타값의 차이는 특정 케이스의 제외로부터 작성된 회귀계수의 변화량이며 값은 모형의 각 항에 대해 계산되며 상수를 포함한다.
표준화된 DFBETA(Z)	표준화된 베타값의 차이를 출력한다.
DFFIT(F)	특정 사례가 제외될 때 예측값의 변화값을 출력한다.
표준화 DFFIT(F)	표준된 DFFIT를 출력한다.
공분산 비율(V)	모든 케이스가 제외된 공분산 행렬의 행렬식에 대한 비율을 출력한다. 비율이 1에 가까우면 케이스로 인해 공분산 행렬이 크게 달라지지 않는다.

계수통계량

상관계수 통계량 만들기	지정된 파일에 상관계수 통계를 만든다.
XML파일에 모형정보 내보내기	찾아보기를 누른 후 XML파일로 모형에 관련된 정보를 내보낸다.

- 옵션 : 옵션을 클릭하면 다음의 화면이 열린다(예시 4-80). 옵션과 내용은 다음과 같다(표 4-24).

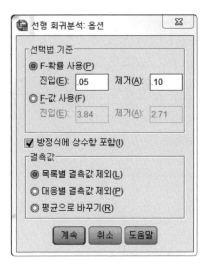

[예시 4-80] 선형회귀분석 : 옵션 화면

[표 4-24] 선형회귀분석 : 옵션과 내용

선택법 기준

F확률 사용	F값의 유의수준이 진입기준보다 크면 모형에 입력되고 제거기준보다 작으면 제거된다.
F값 사용	F값이 진입기준보다 크면 진입되고 제거기준보다 작으면 제거된다. 변수를 많이 진입시키려면 진입값을 낮추고 변수를 많이 제거하려면 제거값을 높이면 된다.
방정식에 상수항 포함(I)	회귀모델에 상수항을 포함한다(디폴트).

결측값

목록별 결측값 제외(L)	분석 시 사용되는 변수에 대한 결측값이 있는 케이스를 제외한다.
대응별 결측값 제외(P)	특정 통계량 계산 시 대응 변수 중 하나 혹은 둘 모두에 대해 결측값이 있는 케이스를 분석에서 제외한다.
평균으로 바꾸기(R)	결측값을 평균으로 대체한다.

⑤ 분석 및 해석

먼저 잔차에 대한 기본 가정을 살펴보면 다음과 같다.

독립성을 만족하는가를 알아보기 위해 Dubin-Watson 통계량을 살펴보면 분석결과는 다음과 같다. 모형 요약표를 보면 값이 2.235로 2에 가까우므로 독립성을 만족한다고 할 수 있다(예시 4-81).

모형 요약^b

모형	R	R 제곱	수정된 R 제곱	추정값의 표준오차	통계량 변화량					Durbin-Watson
					R 제곱 변화량	F 변화량	df1	df2	유의확률 F 변화량	
1	.946^a	.895	.878	6.35689	.895	51.309	1	6	.000	2.235

a. 예측값: (상수), 경력
b. 종속변수: 수입

[예시 4-81] 모형 요약 출력표

다음으로 P−P plot를 보면 직선에 가까움을 알 수 있다. 따라서 정규성을 만족한다고 할 수 있다(예시 4-82).

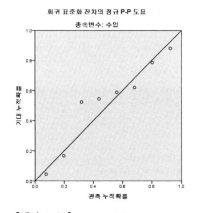

[예시 4-82] p−p plot

마지막으로 잔차들의 산점도를 그려 보면 0을 중심으로 퍼져 있으므로 등분산성을 만족한다고 할 수 있다(예시 4-83).

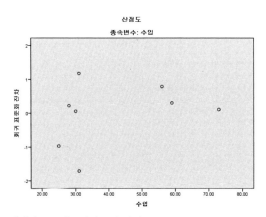

[예시 4-83] 잔차들의 산점도

다음으로 회귀분석 결과를 살펴보면 다음과 같다. 기술통계량 결과를 보면 다음과
같다. 치료사들의 경력평균은 34.87이며 수입평균은 41.63이다(예시 4-84).

기술통계량

	평균	표준편차	N
수입	41.6250	18.18899	8
경력	34.8750	11.29396	8

[예시 4-84] 기술통계량 결과

그리고 상관관계를 보면 0.946으로 통계적으로 유의미한 상관관계를 갖는다(예
시 4-85).

상관계수

		수입	경력
Pearson 상관	수입	1.000	.946
	경력	.946	1.000
유의확률 (단측)	수입	.	.000
	경력	.000	.
N	수입	8	8
	경력	8	8

[예시 4-85] 상관계수 출력

모형 요약 결과를 보면 결정계수 R^2은 0.895로 총변동 중에서 회귀선에 의해 설
명되는 비율을 의미한다(예시 4-86). 즉 치료사의 수입은 경력에 의해 89.5%가 설
명된다고 할 수 있다. 이 값이 1이면 완벽한 상관관계를 갖는다고 할 수 있다. 수정
된 R^2값은 자유도를 고려해 조정한 값이다.

$$R제곱 = \frac{회귀선에 의해 설명되는 변동}{총변동}$$

$$조정된 결정계수(수정된 R제곱) = 1 - [(1 - 결정계수) \times \frac{(n-1)}{(n-k-1)}]$$

(n = 표본의 수, k = 독립변수의 수)

모형 요약[b]

모형	R	R 제곱	수정된 R 제곱	추정값의 표준오차	통계량 변화량					Durbin-Watson
					R 제곱 변화량	F 변화량	df1	df2	유의확률 F 변화량	
1	.946[a]	.895	.878	6.35689	.895	51.309	1	6	.000	2.235

a. 예측값: (상수), 경력
b. 종속변수: 수입

[예시 4-86] 모형 요약 출력표

회귀분석 모형의 분산분석 결과는 다음과 같다(예시 4-87). 이 표를 통해 회귀모형이 통계적으로 유의미한가를 살펴보면 F값은 51.309, 유의확률은 0.000으로 유의수준 0.05에서 회귀모형이 유의미하지 않다는 영가설을 기각할 수 있다. 따라서 회귀모형은 적합하다고 할 수 있다.

모형		제곱합	자유도	평균 제곱	F	유의확률
1	회귀 모형	2073.415	1	2073.415	51.309	.000^b
	잔차	242.460	6	40.410		
	합계	2315.875	7			

a. 종속변수: 수입
b. 예측값: (상수), 경력

[예시 4-87] 분산분석 결과표(회귀모형의 평가 검증)

회귀모형의 회귀계수 분석 결과는 다음과 같다(예시 4-88). 경력의 회귀계수가 유의미한가를 알아보기 위해 t 검정 결과를 보면 t값은 7.163이고 유의확률은 0.000으로 유의수준 0.05에서 유의미하다. 따라서 전체 모형을 식으로 나타내면 다음과 같다.

$$Y = -11.520 + 1.524\,X\,(Y=수입,\ X=경력)$$

모형		비표준화 계수		표준화 계수	t	유의확률	B에 대한 95.0% 신뢰구간	
		B	표준오차	베타			하한값	상한값
1	(상수)	-11.520	7.752		-1.486	.188	-30.489	7.449
	경력	1.524	.213	.946	7.163	.000	1.003	2.044

a. 종속변수: 수입

[예시 4-88] 회귀계수의 검증

(4) 중회귀분석

① 적용

중회귀분석은 2개 이상의 독립변수가 1개의 종속변수에 어떤 영향력을 미치는가를 분석하는 것이다. 중회귀분석은 단순회귀분석과 달리 독립변수의 수가 많아지므로 몇 가지 고려할 점이 있다. 첫째, 독립변수들과의 상관관계인 다중공선성(multicollinearity)을 고려해야 한다. 둘째, 어떤 잔차항이 다른 잔차항에 영향을 미치게 되는 경우 오차항의 자기상관(autocorrelation)과 계열상관(serialcorrelation)을 고려해야 한다. 마지막으로 종속변수가 독립변수의 변화에 따라 다른 분산을 보이는 이분산성(heteroscedasticity)을 고려해야 한다.

② 통계적 원리

사회현상을 설명하는 데 있어서는 하나의 변수가 아닌 여러 개의 변수가 영향을 미친다. 중회귀분석은 이러한 복잡한 사회현상을 분석하기 위해 독립변수를 2개 이상 이용하고 있다. 단순회귀분석과 마찬가지로 회귀식을 가정하고 회귀식과의 차이가 최소화되는 방법으로 회귀식을 추정한다.

중회귀분석의 회귀모형은 다음과 같이 표현할 수 있다.

$$Y_i = \alpha + \beta_1 x_1 + \beta_2 x_2 \cdots \beta_k x_k \cdots + \varepsilon i$$
$$Y : 종속변수,\ X_i : 독립변수,\ \beta_i : 회귀계수$$

또한 중회귀분석에서는 연구 목적에 맞게 변수 투입방법을 결정해야 한다.

③ 자료

다음은 치료사의 수입에 영향을 미치는 변수들이다. 어떤 변수가 수입에 어느 정도 영향을 미치는가를 회귀분석하라.

치료사	1	2	3	4	5	6	7	8
경력(X1)	55	45	41	35	25	23	27	28
수입(Y)	73	59	56	31	28	31	30	25
교육연수(X2)	10	6	7	5	3	4	3	6
연령(X3)	54	43	42	38	30	35	42	40

● 자료입력방법 : 중회귀분석을 위해서는 종속변수와 독립변수 수에 따라 변수가 필요하다. 이 문제에서는 '경력', '수입', '교육연수', '연령'으로 변수이름을 정한다. 변수이름을 지정한 모두 직접 자료를 입력한다.

④ 과정

단순선형분석과 모두 동일하지만 변수들을 선택하는 방법에 차이가 있다.

분석(A) → 회귀분석(R) → 선형(L)   이 화면에서 수입을 종속변수로, 경력, 교육연수, 연령을 독립변수로 이동한다(예시 4-89). 중회귀분석에서는 방법을 선택해야 하는데 디폴트는 '입력'으로 되어 있다. 선택의 옵션과 내용은 다음과 같다(표 4-25).

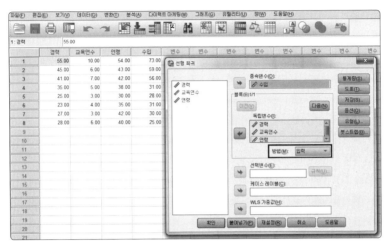

[예시 4-89] 중회귀분석 화면

[표 4-25] 중회귀분석 변수 선택 방법 : 옵션과 내용

선택

방법(M)	독립변수를 입력하는 방법을 선택할 수 있다.
입력	모든 독립변수를 포함해 분석한다. 디폴트로 지정되어 있다.
단계선택	단계별 기준에 따라 진입과 탈락을 지정한다.
제거	지정한 변수들을 한 번에 탈락시킨다. 탈락할 변수들을 먼저 지정한다.
후진	모든 변수를 분석에 포함한 후 제거 기준에 따라 하나씩 제거한다.(후방제거법)
전진	진입기준에 따라 하나씩 진입시킨다.(전방진입법)

⑤ 분석 및 해석

ⓐ '입력'으로 선택한 결과는 다음과 같다(예시 4-90).

진입/제거된 변수ᵃ

모형	진입된 변수	제거된 변수	방법
1	연령, 교육연수, 경력ᵇ	·	입력

a. 종속변수: 수입

b. 요청된 모든 변수가 입력되었습니다.

[예시 4-90] 진입/제거된 변수 결과 출력

모형 요약 결과(예시 4-91)를 보면 치료사들의 수입에 경력, 교육연수, 연령이 어느 정도 영향을 미치는가를 알아보기 위해 자료를 조사했다. 두 변수 사이의 모형을 보면 결정계수 R^2값은 0.895로 총변동 중에서 회귀선에 의해 설명되는 비율을 의미한다. 즉 치료사의 수입은 경력, 교육연수, 연령에 의해 89.5%가 설명된다고 할 수 있다. 이 값이 1이면 완벽한 상관관계를 갖는다고 할 수 있다. 수정된 R^2값은 0.817, 즉 81.7%로 설명력이 비교적 높다고 할 수 있다.

모형에 대한 분산분석 결과는 다음과 같다. 결과를 보면 F값은 11.421, 유의확률은 0.020으로 유의수준 0.05에서 통계적으로 모형은 유의미하다고 할 수 있다. 즉 종속변수 수입에 연령, 교육연수, 경력변수가 포함된 모형은 의미가 있다고 할 수 있다(예시 4-92).

모형 요약ᵇ

모형	R	R 제곱	수정된 R 제곱	추정값의 표준오차	R 제곱 변화량	F 변화량	df1	df2	유의확률 F 변화량	Durbin- Watson
1	.946ᵃ	.895	.817	7.77983	.895	11.421	3	4	.020	2.267

a. 예측값: (상수), 연령, 교육연수, 경력

b. 종속변수: 수입

[예시 4-91] 모형 요약 출력표

분산분석ᵃ

모형		제곱합	자유도	평균 제곱	F	유의확률
1	회귀 모형	2073.772	3	691.257	11.421	.020ᵇ
	잔차	242.103	4	60.526		
	합계	2315.875	7			

a. 종속변수: 수입

b. 예측값: (상수), 연령, 교육연수, 경력

[예시 4-92] 분산분석 결과 출력표(모형의 검증)

회귀계수분석 결과를 살펴보면 다음과 같다(예시 4-93). 결과를 보면, 경력의 유의확률은 0.06, 교육연수의 유의확률은 0.953, 연령에 대한 유의확률은 0.987로 모두 유의수준 0.05보다 크다. 따라서 통계적으로 유의미하지 않다. 이때 각 독립변수들은 척도가 다름으로 인해 대소를 비교하는 것이 어려울 수 있다. 표준화계수는 평균이 0, 표준편차를 1로 일치시키므로 대소 비교를 가능하게 해 준다. 따라서 비표준화계수의 크기가 큰 순서로 종속변수 y에 대한 영향력이 크다고 할 수 있다. 분석 결과 경력의 표준화계수가 0.972로 수입에 미치는 영향력이 가장 크다고 할 수 있다.

계수^a

모형		비표준화 계수		표준화 계수	t	유의확률
		B	표준오차	베타		
1	(상수)	-11.355	22.352		-.508	.638
	경력	1.566	.615	.972	2.546	.064
	교육연수	-.186	2.962	-.024	-.063	.953
	연령	-.015	.857	-.006	-.017	.987

a. 종속변수: 수입

[예시 4-93] 회귀계수의 검증

ⓑ '단계선택'으로 선택한 결과는 다음과 같다.

변수를 선택할 때 단계선택(stepwise) 방법은 통계석으로 유의미성이 낮은 변수는 제외하고 유의미성이 높은 변수를 선택하면서 변수를 선택하는 방법이다. 모형 선택의 결과는 다음과 같다. 결과를 보면 수입에 영향을 미치는 변수 '경력', '연령', '교육연수' 중 '경력'만이 진입되었다(예시 4-94).

진입/제거된 변수^a

모형	진입된 변수	제거된 변수	방법
1	경력		단계선택 (기준: 입력할 F의 확률 <= .050, 제거할 F의 확률 >= .100).

a. 종속변수: 수입

[예시 4-94] 변수 선택에 따른 진입/제거된 변수 결과 출력

'경력'변수만을 진입한 후 모형 요약과 분산분석 결과는 다음과 같다. 결정계수 R^2은 0.895로 설명력이 높은 편이다. 그리고 모형에 대한 F값은 51.309, 유의확률은 0.000으로 0.05보다 작다. 따라서 경력이 진입된 모형은 통계적으로 유의미하다 (예시 4-95).

모형 요약

모형	R	R 제곱	수정된 R 제곱	추정값의 표준오차
1	.946[a]	.895	.878	6.35689

a. 예측값: (상수), 경력

분산분석[a]

모형		제곱합	자유도	평균 제곱	F	유의확률
1	회귀 모형	2073.415	1	2073.415	51.309	.000[b]
	잔차	242.460	6	40.410		
	합계	2315.875	7			

a. 종속변수: 수입 b. 예측값: (상수), 경력

[예시 4-95] 모형 요약과 분산분석(모형식) 결과 출력표

단계적으로 변수를 선택한 모형의 계수출력 결과는 다음과 같다(예시 4-96). 포함된 변수는 '경력'뿐이며 제외된 변수는 '교육연수'와 '연령'이다. 경력변수의 유의확률은 0.000으로 통계적으로 유의미하다. 따라서 전체 모형을 식으로 나타내면 다음과 같다.

$$Y = -11.520 + 1.524\,X\,(\,Y = 수입,\ X = 경력)$$

계수[a]

모형		비표준화 계수		표준화 계수	t	유의확률
		B	표준오차	베타		
1	(상수)	-11.520	7.752		-1.486	.188
	경력	1.524	.213	.946	7.163	.000

a. 종속변수: 수입

제외된 변수[a]

모형		베타 입력	t	유의확률	편상관계수	공선성 통계량
						공차
1	교육연수	-.026[b]	-.084	.937	-.037	.212
	연령	-.013[b]	-.050	.962	-.022	.283

a. 종속변수: 수입 b. 모형내의 예측값: (상수), 경력

[예시 4-96] 선택된 모형의 계수 검증 결과

⑥ 다중공선성의 진단

다중공선성은 독립변수 사이에 상관관계가 존재하는 것을 의미한다. 회귀모형에 독립변수가 많이 투입되면 회귀식의 설명력은 높아진다고 할 수 있다. 그러나 다중공선성이 높은 변수들이 과도하게 투입되면 모형의 간결성에서 멀어질 수 있다. 따라서 서로 상관관계가 높은 다중공선성이 있는 변수들은 고려되어야 한다.

다중공선성을 진단하기 위해서는 공차한계(tolerance)를 이용한다. 즉 R_i^2값이 매우 크다는 것은 i번째 독립변수를 투입했을 때 회귀식의 설명력이 커진다는 것이

다. 따라서 $1 - Ri^2$값은 i번째 독립변수를 투입했을 때 이미 투입된 독립변수가 설명하지 못하는 총변동을 의미한다. 이 값을 공차한계라고 한다. 따라서 다중공선성이 낮을수록 공차한계는 높아진다고 할 수 있다.

공차한계와 함께 VIF(Variance Inflation Factor)를 고려하는데 이 값은 분산확대지수로 공차한계의 역수이다. 이 값이 10보다 작을 경우 다중공선성에 문제가 없는 것으로 판단한다. 이 값은 SPSS 분석에서 '통계량'에서 선택해 출력할 수 있다(예시 4-97).

[예시 4-97] 다중공선성을 검증하기 위한 선택

(5) 더미변수를 이용한 회귀분석

① 적용

회귀분석은 독립변수와 종속변수 모두 연속형 변수일 때 그 관계를 식으로 표현하는 것이다. 그러나 간혹 독립변수 중에 명목변수가 있을 수도 있다. 예를 들면, 남녀에 따라 회귀식이 다른지, 혹은 부서에 따라 영향을 미치는 변수가 다른지처럼 독립변수가 명목변수인 경우는 그 자체로는 분석에 사용할 수 없다. 이때 이러한 변수를 더미변수로 변환해 분석에 적용해야 한다.

더미변수는 1과 0으로 구분하여 표현되며 남녀처럼 변수가 둘인 경우는 남자=1,

여자=0으로 처리할 수 있다. 더미변수는 변수의 수준−1로 처리하면 된다. 즉 수준이 3이면 더미변수는 2개가 필요하며 수준이 4인 경우 더미변수는 3개가 필요하다(표 4-26).

[표 4-26] 변수에 따른 더미변인의 값 설정

수준 3	1학년	2학년	3학년	수준 4	봄	여름	가을	겨울
더미 1	0	0	1	더미 1	0	0	0	0
더미 2	0	1	0	더미 2	0	0	1	1
				더미 3	0	1	0	1

② 통계적 원리

회귀분석은 독립변수와 종속변수 모두 연속형 변수일 때만 분석이 가능하다. 따라서 명목형 변수 같은 자료가 입력될 경우는 새로운 분석할 수 있는 형태의 변수로 다시 코딩해 분석에 적용해야 한다.

③ 자료

다음의 자료에 성별 변수를 더미변수(남=1, 여=0)로 처리해 분석하고자 한다.

치료사	1	2	3	4	5	6	7	8
경력(X1)	55	45	41	35	25	23	27	28
수입(Y)	73	59	56	31	28	31	30	25
교육연수(X2)	10	6	7	5	3	4	3	6
연령(X3)	54	43	42	38	30	35	42	40
성별(X4)	1	1	1	1	0	0	0	0

④ 과정

분석(A) → 회귀분석(R) → 선형(L) 일반 중회귀분석 방법과 동일하다. 다만 더미변수의 해석에서는 차이를 보인다.

⑤ 분석 및 해석

모든 변수를 다 입력한다고 가정한 후 결과를 출력하면 다음과 같다(예시 4-98). 결과를 보면 모든 변수가 투입된 모형의 유의확률은 0.064로 유의미하지 않다. 회귀식은 다음과 같다.

$$Y = -12.345 + 2.245X1 - 0.532X2 - 0.404X3 - 10.095X4$$

(X1 : 경력, X2 : 교육연수, X3 : 연령, X4 : 성별)

이때 성별(X4)은 0 혹은 1의 값을 가지므로

$$남자(X4=1) : Y = -12.345 + 2.245X1 - 0.532X2 - 0.404X3 - 10.095(1)$$
$$= -22.440 + 2.245X1 - 0.532X2 - 0.404X3$$
$$여자(X4=0) : Y = -12.345 + 2.245X1 - 0.532X2 - 0.404X3 - 10.095(0)$$
$$= -12.345 + 2.245X1 - 0.532X2 - 0.404X3$$

두 가지 모형의 회귀식이 완성될 수 있다.

모형 요약

모형	R	R 제곱	수정된 R 제곱	추정값의 표준오차
1	.954[a]	.910	.790	8.34078

a. 예측값: (상수), 성별, 연령, 교육연수, 경력

분산분석[a]

모형		제곱합	자유도	평균 제곱	F	유의확률
1	회귀 모형	2107.169	4	526.792	7.572	.064[b]
	잔차	208.706	3	69.569		
	합계	2315.875	7			

a. 종속변수: 수입
b. 예측값: (상수), 성별, 연령, 교육연수, 경력

계수[a]

모형		비표준화 계수 B	표준오차	표준화 계수 베타	t	유의확률
1	(상수)	-12.345	24.006		-.514	.643
	경력	2.245	1.181	1.394	1.900	.154
	교육연수	-.532	3.215	-.068	-.165	.879
	연령	-.404	1.077	-.155	-.375	.733
	성별	-10.095	14.570	-.297	-.693	.538

a. 종속변수: 수입

[예시 4-98] 더미변수를 통한 회귀분석 결과

(6) 로지스틱 회귀분석

① 적용

회귀분석은 독립변수와 종속변수의 관계식을 나타내는 것으로 독립변수가 연속형

(혹은 명목변수의 경우 더미변수로 처리), 종속변수가 연속형일 경우 분석될 수 있다. 하지만 종속변수가 질적인 변수, 예를 들면 '그렇다' 혹은 '아니다'와 같을 경우 판별분석이나 로지스틱 회귀분석을 적용한다. 판별분석은 종속변수(주로 집단)를 주어진 것으로 보고 집단 간의 차이를 가장 크게 하는 독립변수들의 결합을 추출해 집단을 분류하는 것이며 로지스틱 회귀분석은 종속변수가 이변량 자료 같은 경우 사용되는 분석이다.

이 두 방법의 차이는 첫째, 판별분석은 독립변수들의 정규분포를 가정하며 분산 -공분산이 동일하다고 가정하지만 로지스틱 회귀분석은 엄격하게 이러한 가정들이 규정되지 않는다. 둘째, 연구가들은 로지스틱 회귀분석은 회귀분석과 유사하고 전반적인 진단을 내릴 수 있다는 점에서 판별분석보다 로지스틱 회귀분석을 더 선호한다. 즉 로지스틱 회귀분석은 분석하고자 하는 대상들이 두 집단 이상 혹은 그 이상의 집단으로 나뉜 경우 개별 관측값들이 어느 집단에 속하는가를 분석하고 이를 예측하고자 하는 분석 방법이다. 로지스틱 회귀분석은 일반 선형회귀분석과 유사하지만 종속변수가 '0' 혹은 '1', '성공' 혹은 '실패', '만족' 혹은 '불만족', '선호' 혹은 '비선호'같이 질적인 변수로 된 경우 적용한다.

② 통계적 원리

로짓모형(Logit model)은 성공 혹은 실패처럼 2개의 반응범주를 보이는 종속변수를 독립변수 X로 설명하려는 모형이다. 예를 들어, 소득(X)에 따라 특정 상품을 선택하는지, 혹은 선택하지 않는지를 예측하기 위한 확률비율을 승산율(odds ratio)이라고 한다. 즉

$$\frac{P(Y=1/X)}{P(Y=0/X)} = e^{\beta_0 + \beta_1 x}$$

이 비율에 로그함수를 적용하면 다음과 같은 모형이 된다.

$$\ln\left[\frac{P(Y=1/X)]}{P(Y=0/X)}\right] = \beta_0 + \beta_1 x$$

즉 회귀계수의 확률비율이 로그(log)로 표현되었기 때문에 결과가 나오면 다시 지수의 형태로 해석을 해야 한다. 이러한 관점에서 로지스틱 회귀모형이라고 한다.

로지스틱 회귀분석은 독립변수의 효과를 분석하기 위해 어떤 사건이 발생 혹은 발생하지 않은 경우를 예측하기보다는 사건이 발생할 확률을 예측한다. 따라서 예측값은 확률이므로 0과 1 사이의 값을 갖는다. 이 관계에서처럼 로지스틱 함수에서는 독립변수와 종속변수의 관계가 비선형(nonlinear)을 보인다. 독립변수의 수준이 높으면 성공할 확률이 높아짐을 알 수 있다.

$$E(Y) = \frac{\exp(\beta_0 + \beta_{1X})}{1 + \exp(\beta_0 + \beta_{1X})} = \pi$$

여기서 E(Y)는 어떤 사건이 발생할 확률 π를 의미한다. E(Y)는 X가 커짐에 따라 확률 E(Y)의 증가율이 감소하는 S자모양의 비선형성을 가정한다. 따라서 선형화하기 위해 자연로그를 적용해 로짓 변환을 적용한다. 로짓 변환은 다음과 같다.

$$\ln(\pi/(1-\pi)) = \beta_0 + \beta_1 X_1 + \beta_2 X_2$$

따라서 β_1의 해석은 다른 독립변수들의 수준을 일정하게 했을 때 해당 독립변수(X_1)를 한 단위 증가하였을 때 $\exp(\beta_1)$만큼 평균적으로 증가된다는 의미이다. 만약 β_1 =3.0이라면 독립변수가 한 단위 증가하면 어떤 사건이 발생할 확률이 발생하지 않을 확률보다 3.0배 높아짐을 의미한다.

일반적으로 선형회귀분석에서 계수를 추정하는 방법은 잔차의 제곱합을 최소화하지만 로지스틱 회귀분석에서 계수를 추정하는 방법은 우도(likelihood), 즉 사건발생비율을 크게 하는 방법으로 한다.

ⓐ 가중최소자승법

가중최소자승법은 주어진 독립변수의 수준에서 반복적인 종속변수의 관측자료가 주어진 경우 적용한다. 즉 독립변수의 수준이 K라고 하면 Xi(i=1, 2, 3, ⋯, K)에서 종속변수 Y에 대한 관찰횟수를 ni라고 가정한다. 이때 독립변수 Xi 수준에서 Y값이 1인 횟수를 ri라고 하면 Xi에서 Y값이 1이 될 표본비율 Pi=ri/ni가 된다. 이를 로짓 변환시키면 다음과 같다.

$$Pi = \ln(pi/(1-pi)) = \beta_0 + \beta_1 X_{1i} + \beta2 X_{2i} \cdots + \beta_k X_{ki}$$

ⓑ 최대우도 추정법

최대우도 추정법은 독립변수의 각 수준에서 Y의 반복적인 관측이 아주 작거나 혹은 표본비율을 사용할 수 없을 때 독립변수의 각 수준에서 하나의 Y값에 대해 최대우도 추정법을 사용해 반응함수를 추정한다. 최대우도 추정법에 의해 회귀계수가 추정되면 로지스틱 회귀모형이 자료에 대해 어느 정도 설명력이 있는지 검정한다. 로지스틱 회귀분석에서는 중회귀모형에의 F검정과 유사한 유도값 검정 (likelihood value test)을 실시한다.

먼저 가설은 다음과 같다.

$$영가설 : \beta_0 = \beta_1 = \cdots = \beta_k = 0$$
$$대립가설 : 적어도 하나는 0이 아니다.$$

우도비 검정을 위한 통계량은 $-2\log$라고 한다. 이 값은 모형이 얼마나 적합한가를 나타내는 것으로 이 값은 작을수록 모형이 더 적합하다고 판단한다.

③ 자료

다음은 어느 회사의 열처리 시간과 제품의 품질에 대한 기록이다. 품질에서 불량은 0, 양호는 1로 응답했다.

번호	열처리시간(x)	품질(y)	번호	열처리시간(x)	품질 (y)
1	51	0	11	54	1
2	58	1	12	56	1
3	31	0	13	59	1
4	52	1	14	45	1
5	42	0	15	52	1
5	55	1	16	44	0
6	35	0	17	40	0
7	49	0	18	65	1
7	38	0	19	33	0
10	36	0	20	63	1

출처 : 노형건(2014). SPSS를 활용한 회귀분석과 일반선형모형. 서울 : 한울. p. 159.

④ 과정

분석(A) → 회귀분석(R) → 이분형 로지스틱(G) 여기에서 종속변수에 '품질'을, 나머지 독립변수는 공변량으로 이동한다(예시 4-99). 방법(M) 부분에 선택을 할 수 있다(표 4-27).

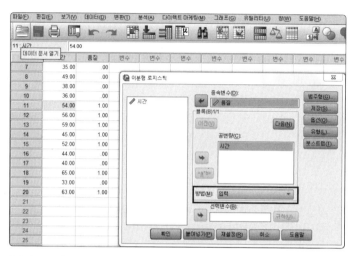

[예시 4-99] 로지스틱 회귀분석 초기 화면

[표 4-27] 로지스틱 회귀분석 방법 : 옵션과 내용

방법(M)

입력	명명된 변수가 공차한계를 제외한 다른 진입기준은 확인하지 않은 채로 단일 단계에 진입될 때의 변수 선택방법이다.
앞으로 : 조건	점수 통계량의 유의수준을 기준으로 진입검정을 수행하고 조건적 모수추정 값에 따라 우도비 통계량을 기초로 제거 검정을 수행한다.
앞으로 : LR	점수 통계량의 유의수준을 기준으로 진입검정을 수행하고 최대 편우도 추정 값에 따라 우도비 통계량을 기초로 제거 검정을 수행한다.
앞으로 : Wald	점수 통계량의 유의수준을 기준으로 진입검정을 수행하고 Wald 통계량을 기초로 제거 검정을 수행한다.
뒤로 : 조건	후진제거 선택법으로 조건적 모수추정치를 기초로 한 우도비를 기초로 제거 검정을 수행한다.
뒤로 : LR	후진제거 선택법으로 부분최우도 추정치를 기초로 한 우도비를 기초로 제거 검정을 수행한다.
뒤로 : Wald	후진제거 선택법으로 Wald 통계량을 기초로 제거 검정을 수행한다.

- 범주형 : 범주형을 클릭하면 다음의 화면이 열린다(예시 4-100). 중간에 대비 바꾸기 부분의 옵션과 설명은 다음과 같다(표 4-28).

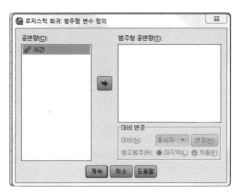

[예시 4-100] 로지스틱 회귀분석 : 범주형 변수 정의 화면

[표 4-28] 로지스틱 회귀분석 : 범주형 변수 정의 옵션과 내용

방법(M)

공변량(C)	이 분석을 위해 선택한 공변량 변수나 예측자 변수를 나열한다. 이 목록에서 범주형으로 처리할 숫자 변수를 선택한다.
범주형 공변량(T)	숫자 공변량 목록에서 범주형으로 처리할 숫자 변수를 선택한다. 문자 공변량은 항상 범주형으로 처리된다.
대비 바꾸기	디폴트로 각 범주형 공변량은 일련의 편차 대비로 변환된다. 다른 대비 유형을 구하려면 공변량을 하나 이상 선택하고 다시 대비 유형을 선택한다.

대비(N)

표시자	참조변수는 0의 행으로 대비 행렬에서 재표현한다.
단순	예측변수의 각 범주는 참조변수와 비교한다.
Hermert	Hermert 대비의 역수이다.
반복	예측변수의 각 범주는 어떤 사건이 일어날 범주의 평균 효과와 연결한다.
다항	직교 다항식 대비로 범주는 등간격으로 가정한다.
편차	편차를 통한 대비이다.

- 저장 : 회귀분석 결과 예측값, 잔차, 영향력 등을 저장할 수 있다. 옵션과 내용은 다음과 같다(표 4-29).

[표 4-29] 로지스틱 회귀분석 : 저장 옵션과 내용

예측값

확률(p)	각 케이스마다 예측 확률을 저장한다.
소속집단(G)	예측 확률에 기초해 케이스가 할당된 집단을 저장한다.

영향력

Cook의 거리(C)	Cook의 영향력 통계량과 유사하다. 특정 케이스의 회귀계수 계산에서 제외할 때 모든 케이스의 잔차가 얼마나 변경될 수 있는지에 대한 측도를 나타낸다.
레버리지 값(L)	모형적합도의 각 관측값에 대한 상대적 영향력을 저장한다.
DEBETA(D)	베타 값의 차이는 특정 케이스의 제외로부터 작성된 회귀계수의 변화량을 나타낸다.

잔차

비표준화(U)	관측값과 모형에 의한 예측값의 차이를 저장한다.
로짓 로그선형분석(T)	로짓 척도에 예측될 때의 케이스에 대한 잔차를 저장한다.
스튜던트화(S)	케이스를 제외하는 경우 모형 편차에서의 변화량을 저장한다.
표준화(A)	표준오차의 추정값으로 나눈 잔차를 저장한다.
편차(V)	모형 편차에 기초한 잔차를 저장한다.
XML 파일에 모형 정보 내보내기	모형 결과를 XML로 저장한다.
공분산행렬 포함	공분산 행렬을 저장한다.

- 옵션 : 옵션을 클릭하면 다음의 화면이 열린다(예시 4-101). 옵션과 내용은 다음과 같다(표 4-30).

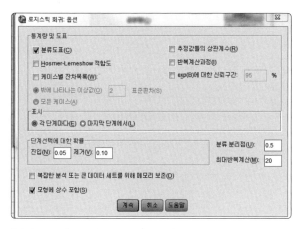

[예시 4-101] 로지스틱 회귀분석 : 옵션 화면

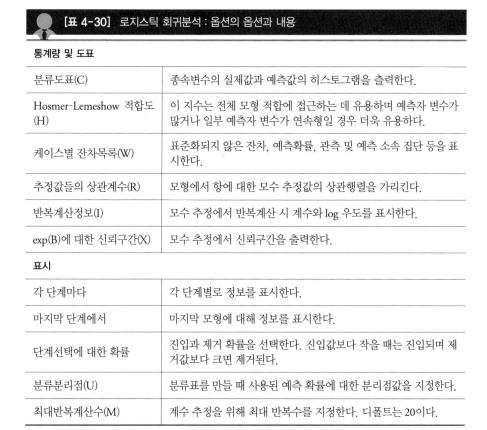

[표 4-30] 로지스틱 회귀분석 : 옵션의 옵션과 내용

통계량 및 도표

분류도표(C)	종속변수의 실제값과 예측값의 히스토그램을 출력한다.
Hosmer-Lemeshow 적합도 (H)	이 지수는 전체 모형 적합에 접근하는 데 유용하며 예측자 변수가 많거나 일부 예측자 변수가 연속형일 경우 더욱 유용하다.
케이스별 잔차목록(W)	표준화되지 않은 잔차, 예측확률, 관측 및 예측 소속 집단 등을 표시한다.
추정값들의 상관계수(R)	모형에서 항에 대한 모수 추정값의 상관행렬을 가리킨다.
반복계산정보(I)	모수 추정에서 반복계산 시 계수와 log 우도를 표시한다.
exp(B)에 대한 신뢰구간(X)	모수 추정에서 신뢰구간을 출력한다.

표시

각 단계마다	각 단계별로 정보를 표시한다.
마지막 단계에서	마지막 모형에 대해 정보를 표시한다.
단계선택에 대한 확률	진입과 제거 확률을 선택한다. 진입값보다 작을 때는 진입되며 제거값보다 크면 제거된다.
분류분리점(U)	분류표를 만들 때 사용된 예측 확률에 대한 분리점값을 지정한다.
최대반복계산수(M)	계수 추정을 위해 최대 반복수를 지정한다. 디폴트는 20이다.

⑤ 분석 및 해석

먼저 회귀식을 보면 다음과 같다. 즉 x의 계수가 0.402로 '+'이므로 x가 커지면 품질이 좋아질 확률이 높아진다고 할 수 있다(예시 4-102).

$$Z = \text{logit}(y)$$
$$= -19.577 + 0.402x$$
$$y = \frac{1}{[1 + \exp(-z)]}$$

방정식의 변수

		B	S.E.	Wald	자유도	유의확률	Exp(B)
1 단계ª	시간	.402	.184	4.755	1	.029	1.495
	상수항	-19.577	9.186	4.542	1	.033	.000

a. 변수가 1: 시간 단계에 입력되었습니다.

[예시 4-102] 회귀모형식 추정

다음으로 회귀식의 유의성을 판단해야 한다. 모형계수의 총괄 검정의 표를 보면 유의확률이 모두 0.000으로 유의수준 0.05보다 작으므로 회귀식이 의미가 있다고 할 수 있다(예시 4-103).

모형 계수의 총괄 검정

		카이제곱	자유도	유의확률
1 단계	단계	18.281	1	.000
	블록	18.281	1	.000
	모형	18.281	1	.000

[예시 4-103] 회귀식의 유의성 검정

이제 회귀모형의 기여율을 보면 Cox와 Snell의 값은 0.599, 그리고 Negelkerke의 값은 0.799로, 설명력은 0.599~0.799로 고려된다(예시 4-104).

모형 요약

단계	-2 로그 우도	Cox와 Snell의 R-제곱	Nagelkerke R-제곱
1	9.445ª	.599	.799

a. 모수 추정값이 .001보다 작게 변경되어 계산반복수 7에서 추정을 종료하였습니다.

[예시 4-104] 회귀모형의 기여율

다음은 분류표를 통한 예측이다. 로지스틱 회귀모형에서는 다음의 원칙으로 판별을 한다.

- 양호가 될 확률이 > 0.5일 때는 그 제품을 양호로 판별
- 양호가 될 확률이 < 0.5일 때는 그 제품을 불량으로 판별

이러한 기준으로 판별된 분류표를 보면 불량의 경우 80%, 양호의 90%, 전체의 85%를 올바르게 예측했다고 말할 수 있다(예시 4-105).

분류표ª

관측됨		예측		
		품질		분류정확 %
		.00	1.00	
1 단계 품질	.00	8	2	80.0
	1.00	1	9	90.0
전체 퍼센트				85.0

a. 절단값은 .500입니다.

[예시 4-105] 분류표

회귀계수의 유의성을 판별하기 위해서 방정식에 포함된 변수의 표를 보면 유의확률이 0.05 이하로 계수가 유의함을 알 수 있다(예시 4-106). 여기서 exp(p)는 오즈비(odd ratio)로 설명변수 x가 한 단위 증가할 때마나 양호가 될 오즈비가 1.495배가 된다는 것이다. 이 비를 구하는 것은 로지스틱 회귀분석의 특징이라고 할 수 있다.

방정식의 변수

		B	S.E.	Wald	자유도	유의확률	Exp(B)
1 단계ª	시간	.402	.184	4.755	1	.029	1.495
	상수항	-19.577	9.186	4.542	1	.033	.000

a. 변수가 1: 시간 단계에 입력되었습니다.

[예시 4-106] 회귀계수의 유의성

6) 척도와 관련된 분석

(1) 신뢰도 분석

① 적용

신뢰도 분석은 조사연구 혹은 실험연구에서 사용된 측정도구의 신뢰도를 검증하기 위해 적용한다. 신뢰도(reliability)는 측정 도구의 안정성과 동일한 개념으로 반복적으로 측정했을 때 일관성 있는 결과가 나타나는 정도를 보여 준다. 신뢰도를 검증

하는 데 검사 재검사-신뢰도, 반분 신뢰도, 문항분석, 내적 일관성 신뢰도 등이 있다. 보통 SPSS에서 분석하는 신뢰도는 내적 일관성 신뢰도, 즉 크롬바 알파계수를 통해 검증한다.

② 통계적 원리

일관성 있는 측정이 되기 위해서는 척도의 하위 항목들 간에 상관관계가 있어야 한다. 즉 하나의 항목을 측정하기 위해 여러 문항을 가진 척도의 경우 그 문항들 사이에 얼마나 일관성이 있는가를 알아보기 위한 것이 크로바 알파계수이다.

$$\alpha = \left(\frac{N}{N-1}\right)\left(1 - \Sigma\frac{\sigma_i^2}{\sigma_t^2}\right)$$

N = 문항수, σ_i^2 = 각 문항의 분산, σ_t^2 = 총분산

보통 이 값이 0.7 이상이면 신뢰할 만하다고 판단한다. 만약 신뢰도가 낮은 경우 몇 가지 고려를 할 수 있다. 첫째, 측정이 모호한 항목을 제거한다. 둘째, 측정 항목 수를 늘린다. 셋째, 사전에 신뢰도가 검증된 측정 항목을 이용한다.

③ 자료

다음은 식당에 대한 만족도를 구한 자료이다. 총 5문항으로 구성되어 있으며 7점 척도로 7점은 매우 만족, 1점은 매우 불만으로 측정되었다.

문1	문2	문3	문4	문5
6	3	7	6	5
5	7	5	6	6
5	3	4	5	6
3	5	2	3	4
4	3	3	3	2
2	6	2	4	3
1	3	3	3	2
3	5	3	4	2
7	3	6	5	5

- **자료입력방법** : 신뢰도 분석을 위해서는 모든 문항의 자료를 입력한다. 이 문제에서는 변수이름을 '문1', '문2' 등 일련번호로 하고 자료값을 입력한다.

④ 과정

분석(A) → 척도(A) → 신뢰도분석(R) 각 문항을 오른편의 '항목(i)'으로 이동한다(예시 4-107). 하단의 '모형(M)'을 보면 선택을 할 수 있다(표 4-31).

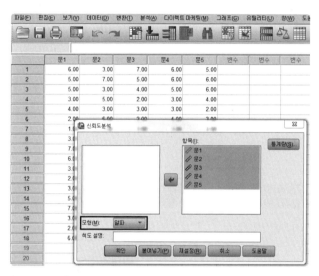

[예시 4-107] 신뢰도 분석 초기 화면

![] **[표 4-31]** 신뢰도 분석 모형 : 옵션과 내용	
알파	크롬바 알파계수를 출력한다.
반분계수	반분 신뢰도를 출력한다.
Gutman	참된 신뢰도와 같거나 적은 6개의 계수를 출력한다.
동형	모든 항목의 분산이 동일하다는 가정하에서 최대우도 신뢰도(maximum-likelihood reliability)를 출력한다.
절대동형	모든 항목의 평균 및 분산이 동일하다는 가정하에서 최대우도 추정 신뢰도를 출력한다.

통계량을 클릭하면 다음의 화면이 열린다(예시 4-108). 옵션과 내용은 다음과 같다(표 4-32).

[예시 4-108] 신뢰도 분석 : 통계량 화면

[표 4-32] 신뢰도 분석 : 통계량 옵션과 내용

다음에 대한 기술 통계량

항목(I)	항목 평균과 표준편차를 출력한다.
척도(S)	척도 평균과 표준편차를 출력한다.
항목 제거 시 척도(A)	하나의 변수를 분석에서 제외할 경우 그 변수를 제외한 나머지 변수들로 분석한 통계량을 출력한다.

항목내

상관계수(R)	항목 간의 상관행렬을 출력한다.
공분산(E)	항목 간의 공분산 행렬을 출력한다.

요약값

평균(M)	해당 항목의 평균에 대한 요약을 출력한다.
분산(V)	해당 항목의 분산에 대한 요약을 출력한다.
공분산(E)	해당 항목의 공분산에 대한 요약을 출력한다.
상관관계(R)	해당 항목의 상관관계에 대한 요약을 출력한다.

[표 4-32] 신뢰도 분석 : 통계량 옵션과 내용 (계속)

분산분석표

지정 않음(N)	분산분석표를 출력하지 않는다.
F 검정(F)	F 검정을 실시하고 결과를 출력한다.
Friedman 카이제곱(Q)	Friedman 카이제곱 검정을 실시하고 출력한다.
Cochrane 카이제곱(H)	Cochrane 검정을 실시하고 Q값을 출력한다.
Hotelling의 T제곱(G)	Hotelling의 T 검정을 실시하고 출력한다.
Tukey의 가법성 검정(K)	Turkey 검정을 실시하고 출력한다.

급내 상관계수(T)

모형(M)

이차원 혼합	인적 효과가 무작위이고 항목 효과가 고정되어 있는 경우 적합하다.
이차원 변량	인적 효과와 항목효과가 무작위인 경우 적용한다.
일차원 변량	인적 효과가 무작위인 경우 적용한다.

유형(Y)

일치	일치성을 위해서 분산 간의 정의는 기준 분산에서 제외한다.
절대일치	일치성을 위해서 분산 간의 정의는 기준 분산에서 제외하지 않는다.

⑤ 분석 및 해석

크롬바 알파값을 보면 항목수는 5항목, 알파값은 0.616이다. 일반적으로 사회과학에서는 0.6 이상이면 신뢰성이 있다고 판단하는 경향이 있으므로 이 척도는 비교적 신뢰성이 있다고 볼 수 있다. 표준화된 항목에 대한 크롬바 알파값은 0.594로 이 값은 표준화된 각 변수로 신뢰성 분석을 했을 때의 값이다. 만약 각 변수들의 척도가 큰 분산을 가질 경우에는 두 종류의 알파값이 차이가 많이 나기 때문에 이 점을 고려해 판단해야 한다(예시 4-109).

신뢰도 통계량

Cronbach의 알파	Cronbach's Alpha Based on Standardized Items	항목 수
.616	.594	5

[예시 4-109] 크롬바 알파 출력표

항목와 크롬바 알파와의 관계를 보면 각 문항이 삭제된 경우 크롬바 알파값을 보여 주고 있다. 문2가 제외된 경우 가장 높은 크롬바 알파값 0.781을 얻을 수 있다(예시 4-110).

항목 총계 통계량

	항목이 삭제된 경우 척도 평균	항목이 삭제된 경우 척도 분산	수정된 항목-전체 상관관계	제곱 다중 상관관계	항목이 삭제된 경우 Cronbach 알파
문1	16.4444	14.144	.525	.596	.466
문2	16.4444	25.320	-.170	.163	.781
문3	16.4444	15.556	.572	.478	.454
문4	16.2222	19.477	.344	.155	.577
문5	16.4444	13.085	.710	.561	.348

[예시 4-110] 문항 제외 크롬바 알파값 출력 결과

(2) 요인분석(factor analysis)

① 적용

요인분석은 여러 변수들 사이의 상관관계를 기초로 하며 정보의 손실을 최소화하기 위해 변수들을 요인으로 범주화하여 자료를 설명하는 다변량 기법 중 하나이다. 예를 들면, 사람들을 대상으로 삶의 질에 대한 100가지 문항을 질문했을 때 이 100문항을 '경제적 삶의 질', '사회적 삶의 질' 등 10여 개의 요인으로 묶을 수 있다면 좀 더 간결하게 설명할 수 있을 것이다. 요인분석은 또한 문항의 타당성을 검토할 경우에 사용되기도 한다.

요인분석은 여러 개의 변인들을 몇 개의 요인으로 묶기 때문에 다음과 같은 경우 적절하게 사용될 수 있다.

첫째, 자료의 양을 간결하게 해 정보를 요약하기 위해

둘째, 변수들 내에 존재하는 구조를 발견하기 위해

셋째, 요인으로 묶이지 않는 중요도가 낮은 변수를 제거하기 위해

넷째, 동일한 개념을 측정하는 변수들이 동일한 요인으로 묶이는가를 확인(도구의 타당성 검토)하기 위해

다섯째, 요인분석을 통해 얻어진 요인들을 회귀분석이나 판별분석에서 변수로 사용하기 위해

요인분석을 실시하기 위해서는 최소한 표본의 수는 변수 개수의 4~5배 정도 필요하다. 일반적으로 50개 이상은 되어야 하며 척도는 등간척도나 비율척도 같은 연속형 척도로 측정이 되어야 한다. 요인분석을 실시하기 위해서는 먼저 요인분석에 적합한가에 대해 검토해야 한다.

이를 위해서는 먼저 상관행렬의 상관계수를 살펴보아야 한다. 만약 모든 변수의 상관계수가 전체적으로 낮다면 요인분석에 적합하지 않다고 판단한다. 그러나 일부 변수들 사이에 높은 상관관계를 보이는 변수들이 있다면 다른 변수들 사이에 상관관계가 낮더라도 요인분석에 적합할 수 있다.

다음으로 모상관행렬이 단위행렬인가를 살펴보아야 한다. 이를 위해서는 바틀렛 (Bartlett) 검정을 사용해야 한다. 즉 KMO and Bartlett's test of sphericity를 사용해 "모상관행렬은 단위행렬이다"라는 영가설을 검정할 수 있다. 전체 변수에 대한 표본 적합도를 나타내 주는 KMO(Kaiser-Meyer-Olkin) 통계량을 통해 영가설이 기각되어야 변수들 사이의 관계가 통계적으로 유의미하다고 판단할 수 있으며 그렇게 판단되어야 요인분석을 실시할 수 있다.

마지막으로 최초 요인 추출 단계에서 얻어진 고유값을 스크리 차트(scree chart)에 표시했을 때 지수함수 분포와 같은 매끄러운 곡선이 나타나면 요인분석에 적합하지 않고 한 군데 이상에서 크게 그래프가 꺾이는 부분이 있어야 요인분석에 적합하다고 할 수 있다.

② 통계적 원리

요인분석은 변수들의 상관관계를 기초로 하여 요인으로 범주화하는 것으로 단계는 다음과 같다.

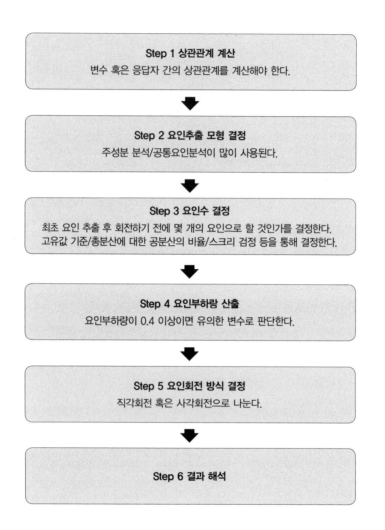

Step 1. 상관관계 계산

요인분석을 위해서는 먼저 변수들 간의 상관관계를 구해야 한다. 이때 변수들 간의 상관관계를 계산해 몇 개의 차원으로 묶어 내는 경우를 R-유형, 응답자들 간의 상관관계를 계산하는 경우를 Q-유형이라고 한다. Q-유형 요인분석은 군집분석과 유사한 방법으로 서로 다른 특성을 갖는 평가자들을 동질적인 몇 개의 집단으로 묶어 내는 것을 말한다.

Step 2. 요인추출모형 결정

요인추출모형에는 PCA(Principle Component Analysis), CFA(Common Factor Analysis), ML(Maximum Likelihood), GLS(Generalized Least Square) 등이 있지만 일반적으로 주성분분석(PCA) 혹은 공통요인분석(CFA)이 주로 적용된다. 주성분분석 방법은 정보의 손실을 최소화하면서 보다 적은 수의 요인을 구하고자 할 때 주로 사용되며 공통요인분석은 변수들 간에 내재된 차원을 찾아냄으로써 변수들 간의 구조를 파악하고자 할 때 이용된다. 따라서 총분산에서 공통분산이 차지하는 비율이 크거나 자료의 특성에 대해 정보가 적다면 공통요인분석을 주로 사용한다.

Step 3. 요인수 결정

요인수는 변수들을 몇 가지 요인으로 추출할 것인가를 결정하는 것이다. 요인수는 연구자가 연구에 맞게 결정할 수도 있지만 다음의 세 가지 방법을 통해 결정하기도 한다.

- 고유치기준 : 고유치(eigen value)는 요인이 설명할 수 있는 변수들의 분산의 크기를 말한다. 고유치가 1보다 크다는 것은 하나의 요인이 변수 1개 이상의 분산을 설명해 준다는 것이다. 따라서 고유치가 1 이상인 변수는 의미가 있다고 판단한다.
- 공통분산의 총분산에 대한 비율 : 공통분산(communality)은 총분산 중에서 요인이 설명하는 분산비율을 말한다. 일반적으로 자연과학 연구에서는 95%를, 사회과학 연구에서는 공통분산의 값이 최소한 총분산에 대해 60%를 설명해 주는가를 기준으로 요인수를 결정한다. 60%라는 것은 40%의 정보 손실은 감수한다는 의미이다.
- 스크리 검정 : 스크리 검정(scree chart)은 각 요인의 고유값을 세로에, 요인수를 가로로 해 나타내는 도표를 말한다. 이 도표에서 한 지점에서 크게 그래프가 꺾이는 점을 추출할 요인수로 판단한다.

Step 4. 요인부하량 산출

요인부하량(factor loading)은 각 변수와 요인 사이의 상관관계 정도를 나타내는 것이다. 일반적으로 요인부하량이 0.4 이상이면 유의한 변수로 판단하고 0.5 이상이면 중요한 변수로 판단한다. 그러나 표본의 수와 변수가 증가할수록 요인부하량은 증가하기 때문에 요인부하량으로 판단하는 것은 신중하게 고려해야 한다.

Step 5. 요인회전 방식 결정

변수들이 비슷한 요인부하량을 나타낼 경우 변수가 어느 요인에 포함되는가를 판단하기 어려운 경우가 있다. 이때 요인회전을 하여 어느 한 요인이 높게 나타나도록 한다. 요인회전 방식은 직각회전(orthogonal rotation)과 사각회전(oblique rotation)으로 구분한다.

- 직각회전 : 직각회전은 회전축을 직각으로 유지하며 회전하므로 요인들 간의 상관계수가 '0'이 된다. 따라서 요인들 간의 관계가 서로 독립적이거나 혹은 독립적이라고 판단되는 경우, 또는 요인점수를 이용해 회귀분석이나 판별분석을 실시할 때 다중공선성을 피하기 위한 경우 등에 사용된다. 그러나 일반적으로 사회과학 연구에서는 변수들 간에 완전한 독립이 어렵기 때문에 사각회전이 많이 사용된다. 직각회전에서는 Varimax, Quartimax, Equimax 등이 사용되는데 주로 Varimax 방식이 많이 사용된다. 이 방식은 또한 각 변수들의 구조를 통해 요인의 특성을 알고자 할 때도 유용하게 사용된다.
- 사각회전 : 사각회전은 대부분의 사회과학 연구에서 종종 사용되면 각 요인들이 서로 직각을 유지하지 않고 회전하기 때문에 직각회전에 비해 요인부하량이 높은 경우는 더 높아지고, 낮은 경우는 더 낮아진다. 사각회전에서는 Oblimin, Covarimin, Quartimin, Biquartimin 등이 있는데 주로 Oblimin 방식이 많이 사용된다.

Step 6. 결과 해석

요인분석에서 결과를 해석하기 위해서는 먼저 요인행렬에서 각 요인들을 검토하고 어떤 요인부하량이 높은지, 어떤 요인부하량이 낮은지 등을 검토한다. 다음에 어떤 변수들이 어떤 요인에 속하는가를 알아보고 이를 연구자가 주관적으로 명명한다. 그리고 그 요인 추출이 의미가 있는가에 대해 여러 가지 자료나 이론 등을 통해 판단해야 한다.

③ 자료

음악치료사는 음악치료사에게 필요한 기술이 무엇인가에 대해 연구를 하고자 한다. 총 5문항의 설문을 했다. 7점 척도이다(7＝매우 그렇다, 1＝전혀 그렇지 않다).
설문은 다음과 같다.

문1. 치료사는 클라이언트에게 공감할 수 있어야 한다.

문2. 치료사는 어떤 노래가 나와도 반주를 할 수 있어야 한다.

문3. 치료사는 자신의 철학이 있어야 한다.

문4. 치료사의 성악기술은 매우 중요하다.

문5. 치료사는 클라이언트의 필요와 수준을 잘 진단할 수 있어야 한다.

- **자료입력방법** : 요인분석을 위해서는 모든 문항의 자료를 입력한다. 이 문제에서는 변수이름을 '문1', '문2' 등 일련번호로 하고 자료값을 입력한다.

④ 과정

분석(A) → 차원감소(D) → 요인분석(F) 여기서 요인분석하고자 하는 변수들은 모두 오른편 변수(V)로 이동한다. 각 버튼에 대한 설명은 다음과 같다(예시 4-111).

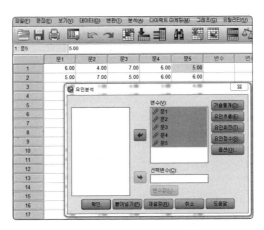

[예시 4-111] 요인분석 초기 화면

- 기술통계 : 기술통계를 클릭하면 다음의 화면이 열린다(예시 4-112). 옵션과 내용은 다음과 같다(표 4-33).

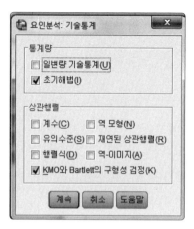

[예시 4-112]   요인분석 : 기술통계 화면

[표 4-33]   요인분석 : 기술통계 : 옵션과 내용

통계량

일변량 기술통계(U)	각 변수의 유효 관측값수, 평균, 표준편차 등을 출력한다.
초기해법(I)	초기 공통성, 고유값, 설명된 분산의 퍼센트 등을 출력한다.

상관행렬

계수(C)	요인분석 시 지정된 변수에 대한 상관행렬을 출력한다.
역모형(N)	역행렬을 출력한다.
유의수준(S)	유의수준을 출력한다.
재연된 상관행렬(R)	상관행렬과 잔차도 함께 출력한다.
행렬식(D)	행렬식을 출력한다.
역-이미지(A)	역-이미지를 출력한다.
KMO와 Bartlett의 구형성 검정(K)	표본 적합도에 대한 검정을 출력한다.

● 요인추출 : 요인추출을 클릭하면 다음의 화면이 열린다(예시 4-113). 옵션과 내용은 다음과 같다(표 4-34).

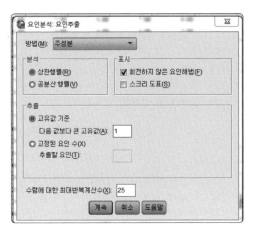

[예시 4-113]   요인분석 : 요인추출 화면

[표 4-34] 요인분석 : 요인추출 옵션과 내용

방법

방법	내용
주성분	관측된 변수의 상관되지 않은 선형 조합을 형성하는 데 사용되는 요인추출방법이다. 성분이 연속될수록 점진적으로 더 작아지는 분산을 나타내며 각 성분은 서로 상관되지 않는다. 주성분 분석으로 초기 해법을 구할 수 있으며 상관행렬이 단순할 때 사용된다.
가중되지 않은 최소 제곱법	대각선을 무시하는 관측 상관행렬과 재연된 상관행렬 간의 차이 제곱합을 최소로 하는 방법이다.
일반화된 최소 제곱법	관측된 상관행렬과 재연된 상관행렬 간의 차이 제곱합을 최소화하는 요인추출방법이다.
최대우도	표본이 다변량 정규분포에서 추출된 경우 관측된 상관행렬을 작성하는 모수 추정값을 생성하는 요인추출방법이다.
주축 요인 추출	공통성의 초기 추정값으로 대각으로 배치된 다중 상관계수를 사용해 원래의 상관행렬로부터 요인을 추출하는 방법이다.
알파 요인 추출	분석할 변수를 잠재 변수의 표본으로 간주하는 요인추출방법이며 이 항목은 알파 신뢰도를 최대화한다.
이미지 요인 추출	커트만에 의해 개발된 것으로 가설요인의 함수보다는 남아 있는 변수에서 선형회귀로 정의된다.

[표 4-34] 요인분석 : 요인추출 옵션과 내용 (계속)

분석

상관행렬(R)	상관행렬을 분석한다.
공분산행렬(V)	공분산행렬을 분석한다.

표시

회전하지 않는 요인해법(F)	회전하지 않은 요인 적재값(요인 패턴 행렬), 공통성, 고유값 등을 표시한다.
스크리 도표(S)	요인수 결정이 필요한 스크리 도표를 표시한다.

추출

고유값 기준	고유값이 1보다 크거나(상관행렬 분석 시) 평균항 분산(공분산 행렬 분석 시)보다 큰 요인이 추출된다.
고정된 요인수	사용자가 지정한 요인수가 추출된다.
수렴에 대한 최대 반복계산(X)	분석을 위해 반복하는 횟수를 말한다. 디폴트는 25회이다.

- 요인회전 : 요인회전을 클릭하면 다음의 화면이 열린다(예시 4-114). 옵션과 내용은 다음과 같다(표 4-35).

[예시 4-114] 요인분석 : 요인회전 화면

[표 4-35] 요인분석 : 요인회전 옵션과 내용

방법

지정 않음(N)	회전 방법을 지정하지 않는다.
베리멕스(V)	직교회전 방법을 지정한다.
직접 오블리민(O)	사각회전 방법으로 지정한다.
쿼티멕스(Q)	각 변수를 설명하는 데 필요한 요인수를 최소화하는 회전 방법이다.
이쿼멕스(E)	요인을 단순화한 베리멕스 방법과 변수를 단순화한 쿼티멕스 방법을 조합한 회전방법이다.
프로멕스(P)	오블리민 회전보다 좀 더 빨리 계산이 될 수 있다.

표시

회전해법(R)	회전 방법을 선택해 회전 해법을 구할 수 있다.
적재값 도표(L)	적재값 도표를 출력한다.
수렴에 대한 최대 반복계산수(X)	요인회전 분석에서 반복계산 횟수를 지정할 수 있다.

● 요인점수 : 요인점수를 클릭하면 다음의 화면이 열린다(예시 4-115). 옵션과 내용은 다음과 같다(표 4-36).

[예시 4-115] 요인분석 : 요인점수 화면

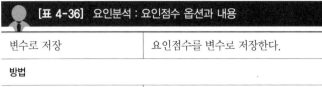

[표 4-36] 요인분석 : 요인점수 옵션과 내용

변수로 저장	요인점수를 변수로 저장한다.
방법	
회귀분석(R)	요인점수 계수를 회귀식을 통해 추정한다.
Bartlett(B)	요인점수 계수를 Bartlett 방법을 통해 추정한다.
Anderson-Rubin 방법(A)	요인점수 계수를 Anderson-Rubin 방법을 통해 추정한다.
요인점수 계수행렬 출력(D)	요인점수 계수행렬을 출력한다.

● 옵션 : 옵션을 클릭하면 다음의 화면이 열린다(예시 4-116). 옵션과 내용은 다음과 같다(표 4-37).

[예시 4-116] 요인분석 : 옵션 화면

[표 4-37] 요인분석 : 옵션의 옵션과 내용

결측값	
목록별 결측값 제외(L)	변수에 대한 결측값이 있는 케이스를 제외한다.
대응별 결측값 제외(P)	대응변수 중 하나 혹은 둘 모두에 대해 결측값이 있으면 제외한다.
평균으로 바꾸기(R)	결측값을 평균으로 대체한다.
계수출력형식	
크기순 정렬(S)	계수를 크기순으로 정렬해 출력한다.
작은 계수 표시 안 함	절댓값이 지정된 값보다 작으면 출력하지 않는다.

⑤ 분석 및 해석

먼저 상관행렬을 보면 문항 1과 문항 3(0.587), 그리고 문항 1과 문항 5(0.651)가 상관관계가 높은 것으로 보인다(예시 4-117).

상관행렬

		문1	문2	문3	문4	문5
상관계수	문1	1.000	.086	.587	.231	.651
	문2	.086	1.000	.372	.472	.031
	문3	.587	.372	1.000	.196	.445
	문4	.231	.472	.196	1.000	.298
	문5	.651	.031	.445	.298	1.000
유의확률 (단측)	문1		.341	.001	.133	.000
	문2	.341		.033	.009	.442
	문3	.001	.033		.174	.013
	문4	.133	.009	.174		.074
	문5	.000	.442	.013	.074	

[예시 4-117] 상관행렬 출력표

KMO-Bartlett 분석은 수집된 자료가 요인분석에 적합한가를 판단할 수 있는 분석이 된다. 표본 적합도를 나타내는 값이 0.5 이상이면 요인분석에 적합하다고 판단할 수 있다. 한편 구형성 검정은 영가설(영가설 : 변수 간 행렬이 단위행렬이다)이 기각되어야 요인분석을 실시하기에 적합하다고 판단한다(예시 4-118).

KMO와 Bartlett의 검정[a]

표준형성 적절성의 Kaiser-Meyer-Olkin 측도.		.587
Bartlett의 구형성 검정	근사 카이제곱	33.622
	자유도	10
	유의확률	.000

a. 상관계수를 기준으로

[예시 4-118] KMO와 Bartlett의 검정

요인분석의 목적은 변수의 수를 줄이는 것으로 어느 정도의 요인으로 설명하는 것이 적합한가에 대한 분석은 다음과 같다. 여기서 1요인의 설명력은 53.022이고 2요인의 설명력은 22.162이다. 따라서 2요인까지의 설명력은 총 75.185 정도로 높다고 할 수 있다(예시 4-119).

설명된 총분산

	성분	초기 고유값[a]			추출 제곱합 적재값			회전 제곱합 적재값		
		합계	% 분산	% 누적	합계	% 분산	% 누적	합계	% 분산	% 누적
원래 값	1	7.236	53.022	53.022	7.236	53.022	53.022	6.563	48.094	48.094
	2	3.024	22.162	75.185	3.024	22.162	75.185	3.697	27.090	75.185
	3	1.679	12.306	87.491						
	4	1.019	7.466	94.957						
	5	.688	5.043	100.000						

[예시 4-119] 설명된 총분산

스크리 도표를 보면 가로축은 요인수, 세로축은 고유값을 나타내고 있다. 그래프를 보면 2요인부터 고유값이 하강하는 것을 볼 수 있다. 이처럼 고유값이 급격하게 작아진 후 완만하게 되는 지점에서 일반적으로 요인수를 결정한다(예시 4-120).

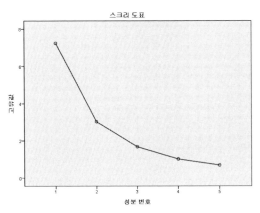

[예시 4-120] 스크리 도표

어떤 변수가 어떤 요인에 포함되는가를 알아보기 위해서 성분행렬을 살펴보면 다음과 같다. 이 성분행렬은 회전시키기 전의 부하량이다. 이 부하량을 보면 문1(0.809), 문3(0.788), 문5(0.760)가 성분 1에서 부하량이 높고 문2(0.777), 문4(0.564)가 성분 2에서 부하량이 높음을 알 수 있다. 회전된 성분행렬은 좀 더 명확하게 차이를 보여 주고 있다. 문1, 문3, 문5는 치료사의 임상적 기술에 대한 전문성이며 문2, 문4는 치료사의 음악적 기술에 대한 전문성으로 요인을 구분할 수 있다(예시 4-121).

성분행렬ᵃ

	성분	
	1	2
문1	.809	-.405
문2	.469	.777
문3	.788	-.065
문4	.566	.564
문5	.760	-.400

요인추출 방법: 주성분 분석.
a. 추출된 2 성분

회전된 성분행렬ᵃ

	성분	
	1	2
문1	.903	.056
문2	.015	.908
문3	.714	.339
문4	.207	.772
문5	.859	.035

요인추출 방법: 주성분 분석.
회전 방법: Kaiser 정규화가 있는 베리멕스.
a. 3 반복계산에서 요인회전이 수렴되었습니다.

[예시 4-121] 성분행렬

회전공간의 성분도표를 보면 문2, 문4와 나머지 문항들이 서로 다른 위치에 있음을 보여 주고 있다(예시 4-122).

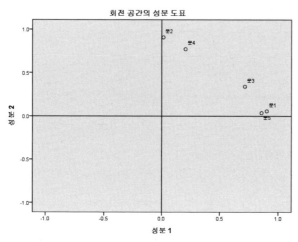

[예시 4-122] 회전공간의 성분도표

성분점수 계수행렬을 보면 각 요인의 점수를 선형결합으로 나타낼 수 있다(예시 4-123).

성분(요인) 1의 점수 $= 0.455x1 - 0.143x2 + 0.311x3 - 0.022x4 + 0.435x5$

성분(요인) 2의 점수 $= -0.110x1 + 0.636x2 + 0.120x3 + 0.509x4 - 0.118x5$

성분점수 계수행렬

	성분	
	1	2
문1	.455	-.110
문2	-.143	.636
문3	.311	.120
문4	-.022	.509
문5	.435	-.118

요인추출 방법: 주성분 분석.
회전 방법: Kaiser 정규화가
있는 베리멕스.
요인 점수.

성분점수 공분산행렬

성분	1	2
1	1.000	.000
2	.000	1.000

요인추출 방법: 주성분 분석.
회전 방법: Kaiser 정규화가
있는 베리멕스.
요인 점수.

[예시 4-123] 성분점수 계수행렬

(3) 요인분석을 활용한 회귀분석

① 적용

치료사의 5가지 전문성이 치료목표 달성에 어느 정도 영향을 미치는가를 알아보고
싶다면 이 요인분석된 변수를 활용해 회귀분석을 실시할 수 있다.

② 통계적 원리

회귀분석은 각 변수들의 관계를 선형식으로 나타내는 것이다. 요인분석을 통해 각
요인들이 다른 요인에 영향을 미친다는 결론이 도출되면 어느 정도 영향을 미치는
가를 회귀분석을 통해 알아볼 수 있다.

③ 과정

요인분석이 끝나면 SPSS 자료 입력 화면에 FACT1_1 FACT2_1의 변수가 생성된다.
이 변수를 독립변수로 하여 종속변수와 회귀분석을 실시한다.

분석(A) → 회귀분석(R) → 선형(L)   여기서 목표달성을 종속변수로 하고 발생된
두 요인을 독립변수로 하여 변수를 각각 이동한다(예시 4-124).

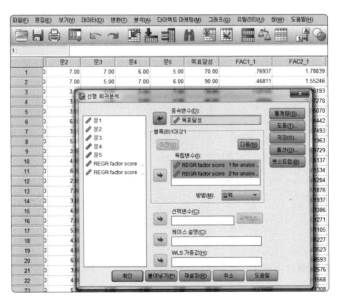

[예시 4-124] 요인분석자료를 이용한 회귀분석 화면

④ 결과 및 해석

모형의 유의성을 보면 다음과 같다. F값은 8.707이고 유의확률은 0.002로 모형은 통계적으로 유의미하다고 할 수 있다(예시 4-125).

분산분석[a]

모형		제곱합	자유도	평균 제곱	F	유의확률
1	회귀 모형	2184.403	2	1092.202	8.707	.002[b]
	잔차	2759.597	22	125.436		
	합계	4944.000	24			

a. 종속변수: 목표달성
b. 예측값: (상수), REGR factor score 2 for analysis 1, REGR factor score 1 for analysis 1

[예시 4-125] 분산분석

각 계수를 보면 Factor1의 t값은 1.842, 유의확률은 0.07로 유의미하지 않지만 Factor2는 t값이 3.744, 유의확률이 0.001로 통계적으로 유의미하다(예시 4-126).

계수[a]

모형		비표준화 계수		표준화 계수		
		B	표준오차	베타	t	유의확률
1	(상수)	66.800	2.240		29.822	.000
	REGR factor score 1 for analysis 1	4.211	2.286	.293	1.842	.079
	REGR factor score 2 for analysis 1	8.560	2.286	.596	3.744	.001

a. 종속변수: 목표달성

[예시 4-126] 계수

이를 식과 도표로 나타내면 다음과 같다(예시 4-127).

$$Y = 66.800 + 4.211F1 + 8.560F2$$

F1 : 치료사의 임상적 기술

F2 : 치료사의 음악적 기술

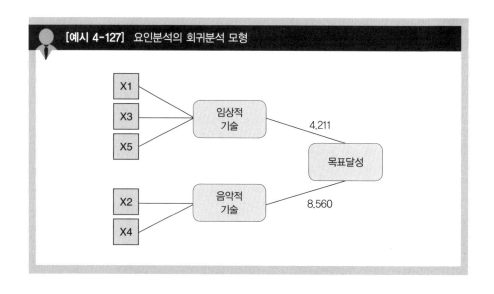

[예시 4-127] 요인분석의 회귀분석 모형

X1
X3
X5
→ 임상적 기술 — 4.211
목표달성
X2
X4
→ 음악적 기술 — 8.560

7) 기타 분석

(1) 메타분석(Meta Analysis)

① 적용

메타분석이란 동일한 주제에 대한 여러 가지 연구 결과를 종합해 체계적으로 분석하는 방법이다. 예를 들면, 스트레스 감소를 위해 음악이 효과적인가를 알아보는 연구들은 많다. 하지만 그 연구 결과들을 살펴보면 결과가 서로 다른 경우도 있고, 결과가 서로 상충되는 경우도 있다. 이런 경우 모든 연구 결과들을 종합해 전체적으로 음악이 스트레스 감소에 효과적인가를 알아보는 것이 필요하다. 이럴 경우, 메타분석을 적용할 수 있다.

메타분석은 개별 연구들을 종합적으로 분석하기 때문에 모수를 좀 더 정확하게 추정할 수 있으며, 다양한 결과를 분석하여 평가할 수 있다. 또한 결과에 영향을 주는 요인들을 분석할 수 있으며 마지막으로 오류와 왜곡을 최소화할 수 있다는 장점이 있다(황성동, 2014).

메타분석의 진행 과정은 다음과 같다.

Step 1 연구 주제 선정 및 연구 질문 하기
포함할 연구를 선정하고 연구 특성에 맞는 질문으로 시작

Step 2 관련 연구 결과를 검색하고 선정하기
관련된 연구들을 분석에 적절하게 코딩하기

Step 3 개별 연구의 질 평가하기
추출된 연구들을 개별적으로 평가하기

Step 4 데이터 분석하기
효과크기 계산, 동질성 검증 및 잠재적 조절효과 검증,
연구 결과 해석 및 오류 검증

Step 5 결과보고서 작성하기

메타분석을 이해하기 위해서는 몇 가지 중요한 개념을 아는 것이 중요하다. 첫째, 효과크기이다. 효과크기(effect size)는 특정 프로그램이나 중재의 효과크기 혹은 변수 간 관계의 크기를 표현한 값이다. 효과크기는 메타분석에서 분석단위가 된다. 일반적으로 효과크기의 유형으로는 표준화된 평균 차이(cohen's d, Hodges'g), 두 집단의 비율(Risk ratio, Odds ratio, Risk difference), 두 변수 간의 상관관계(Fisher's Z) 등이 있다. 메타분석에서는 먼저 개별 효과크기를 계산하고 개별 연구 간 효과크기의 일관성을 검토하며 평균 효과크기를 산출하고 유의성을 검토한다.

둘째, 통계적 유의성이다. 각 연구에서 효과크기는 신뢰구간(confidence interval)을 갖는다. 이 신뢰구간에서 '0'을 포함하면 통계적으로 유의하지 않다고 해석한다.

셋째, 가중치이다. 메타분석에서는 각 연구별로 가중치를 부여한다. 가중치는 일반적으로 분산의 역수이다. 분산은 표본의 크기에 영향을 많이 받기 때문에 표본이 커지면 분산은 작아지고 따라서 가중치는 커지게 된다. 가중치가 큰 연구는 정

밀성이 높은 연구들이며 가중치가 낮은 연구들은 정밀성이 낮은 연구들이라고 할 수 있다.

마지막으로 평균효과크기이다. 메타분석은 개별 효과크기에 가중치를 부여해서 전체 연구의 효과크기인 평균효과크기를 산출한다. 그리고 이 평균효과크기의 유의성을 파악해 효과크기의 의미를 설명하게 된다. 각 연구의 효과크기가 비교적 비슷하다면 연구 간에 일관성이 있어 평균효과크기는 전체효과크기를 대표하는 것으로 인정될 수 있다.

② 통계적 원리

메타분석의 기본 원리는 각 연구의 개별 효과크기를 구해 통계적 유의미성을 확인하고 효과크기의 동질성을 확인한 후 효과크기를 해석하는 것이다. 따라서 먼저 개별 연구들의 효과크기를 구하는 것이 필요하다. 효과크기는 실험집단과 통제집단의 평균 차이를 통합 표준편차로 나눈 값을 의미한다.

$$ESsm = \frac{Xe - Xc}{Spooled}$$

$$Spooled = \frac{\sqrt{(ne-1)\,Se^2 + (nc-1)Sc^2}}{ne + nc - 2}$$

ESsm : 효과크기, Xe : 실험집단의 평균, Xc : 통제집단의 평균

Spooled : 실험집단과 통제집단의 통합표준편차

ne : 실험집단의 사례수, nc : 통제집단의 사례수

Se : 실험집단의 표준편차, Sc : 통제집단의 표준편차

효과크기는 데이터의 유형에 따라 몇 가지로 구분될 수 있다.

데이터 유형	효과크기	부호
연속형 일원적 데이터	표준화된 평균 차이(Cohen's d)	d
	교정된 표준화된 평균 차이(Hodges'g)	g
연속형 이원적 데이터	상관관계계수(r)	r
이분형 데이터	이벤트 발생 비율(Risk Ratio)	RR
	승산 비율(Odds Ratio)	OR
	이벤트 발생 비율 차이(Risk Diffrence)	RD

출처 : 황성동(2014). 알기쉬운 메타분석의 이해, 서울 : 학지사.

메타분석에서는 이처럼 데이터 유형에 따라 효과크기를 다양하게 계산할 수 있으며 해석은 연구자마다 차이가 있다. 일반적으로 d의 경우 0.1~0.3이면 작은 크기, 0.4~0.7이면 중간 크기, 0.8 이상이면 큰 크기라고 한다. 반면 r의 경우는 0.1~0.2는 작은 크기, 0.3~0.5는 중간 크기, 0.5 이상이면 큰 크기라고 해석한다. 예를 들어, d가 0.5라면 실험집단과 통제집단의 평균 차이가 0.5표준편차만큼 차이가 있다는 것으로 해석할 수 있다.

③ 자료

다음은 음악치료가 치매노인에게 효과적인가에 대한 5가지 연구의 결과이다. 효과크기를 계산하라.

연구	실험집단			통제집단		
	평균(M1)	표준편차 (SD1)	표본크기 (N1)	평균 (M2)	표준편차 (SD2)	표본크기 (N2)
연구 1	79.7	7.94	22	61.69	7.64	25
연구 2	16.6	3.13	15	11.7	2.69	15
연구 3	28.9	2.94	24	25.0	2.68	24
연구 4	49.5	3.5	36	42.7	3.9	36
연구 5	37.7	8.8	39	36.2	7.8	37

④ 과정

메타분석을 하기 위해 최근에는 CMA 등의 프로그램을 통해 분석하지만 excel을 통해서도 효과크기를 계산할 수 있다. 먼저 평균의 차이(D)를 구하고 공통분산(Sp^2)을 구할 수 있다. 이후 효과크기 d를 계산할 수 있다.

	M1	SD1	N1	M2	SD2	N2	D	Sp*	d
연구 1	79.7	7.9	22	61.6	7.6	25	18.0	7.781	2.314
연구 2	16.6	3.1	15	11.7	2.6	15	4.9	2.918	1.679
연구 3	28.9	2.9	24	25.0	2.6	24	3.9	2.813	1.386
연구 4	49.5	3.5	36	42.7	3.9	36	6.8	3.705	1.835
연구 5	37.7	8.8	39	36.2	7.8	37	1.5	8.329	0.180

$$D = M1 - M2$$

$$*sp^2 = \frac{(N_1 - 1)\,SD1^2 + (N_2 - 1)SD2^2}{N_1 - N_2 - 2}$$

$$d = D/\sqrt{sp^2}$$

M1 = 실험집단 평균, M2 = 통제집단 평균

N1 = 실험집단 표본크기, N2 = 통제집단 표본크기

다음에는 d를 통해 분산(Vd)을 구할 수 있다.

$$Vd = \frac{1}{N1} + \frac{1}{N2} + \frac{d^2}{2(N1 + N2)}$$

	M1	SD1	N1	M2	SD2	N2	D	Sp*	d	Vd
연구 1	79.7	7.9	22	61.6	7.6	25	18.0	7.781	2.314	0.142
연구 2	16.6	3.1	15	11.7	2.6	15	4.9	2.918	1.679	0.180
연구 3	28.9	2.9	24	25.0	2.6	24	3.9	2.813	1.386	0.103
연구 4	49.5	3.5	36	42.7	3.9	36	6.8	3.705	1.835	0.079
연구 5	37.7	8.8	39	36.2	7.8	37	1.5	8.329	0.180	0.053

이번에는 d(cohen's d)를 교정한 평균 차이(hodges'g)를 구할 수 있다. 효과크기 d는 표본이 작을 경우 효과크기를 과대추정하는 경향이 있기 때문에 이를 교정하는 것이 필요하다. 그리고 표본이 큰 연구와 작은 연구들이 섞여 있을 때에도 교정을 한 g가 필요하다. 교정을 한 후 g에 대한 분산(Vg)을 계산한다.

$$J = \left\{ 1 - \frac{3}{4(N1+N2)-9} \right\}$$

* 교정지수 J

$$g = J \times d(\text{Hodges'g})$$

$$Vg = J^2 \times Vd$$

	D	Sp*	d	Vd	J	g	Vg
연구 1	18.0	7.781	2.314	0.142	0.983	2.276	0.138
연구 2	4.9	2.918	1.679	0.180	0.973	1.634	0.171
연구 3	3.9	2.813	1.386	0.103	0.984	1.364	0.100
연구 4	6.8	3.705	1.835	0.079	0.989	1.815	0.077
연구 5	1.5	8.329	0.180	0.053	0.990	0.178	0.052

이제 효과크기의 표준오차(standard error)와 신뢰구간(confidence interval)을 구하고 유의성을 확인한다. 표본이 클수록 표준오차는 작아지고 표본이 작을수록 표준오차는 큰 값을 갖게 된다. 계산된 결과를 보면 연구 5는 신뢰구간이 0을 포함하고 있으므로 통계적으로 유의미한 차이를 보인다고 할 수 없다.

$$SE = \sqrt{Vg}$$

$$신뢰구간(LL \sim UL) = g \pm 1.96 \times SE$$

$$Z(유의확률) = g / SE$$

	D	Sp*	d	Vd	J	g	Vg	SE	LL	UL	Z	P
연구 1	18.0	7.781	2.314	0.142	0.983	2.276	0.138	0.371	1.548	3.003	6.132	0.000
연구 2	4.9	2.918	1.679	0.180	0.973	1.634	0.171	0.413	0.824	2.443	3.954	0.000
연구 3	3.9	2.813	1.386	0.103	0.984	1.364	0.100	0.316	0.744	1.983	4.312	0.000
연구 4	6.8	3.705	1.835	0.079	0.989	1.815	0.077	0.278	1.271	2.360	6.532	0.000
연구 5	1.5	8.329	0.180	0.053	0.990	0.178	0.052	0.228	−0.268	0.624	0.783	0.434

이 값을 이용해 평균효과크기(M)를 계산하기 위해 가중치(Wi)를 구해야 한다. 표본이 클 경우 가중치는 큰 값을 갖게 된다. 가중치는 분산의 역수로 구할 수 있다.

$$Wi = \frac{1}{Vi}$$
$$Wg = Wi \times g$$

	d	Vd	J	g	Vg	SE	LL	UL	Z	P	w	wg
연구 1	2.314	0.142	0.983	2.276	0.138	0.371	1.548	3.003	6.132	0.000	7.262	16.525
연구 2	1.679	0.180	0.973	1.634	0.171	0.413	0.824	2.443	3.954	0.000	5.858	9.570
연구 3	1.386	0.103	0.984	1.364	0.100	0.316	0.744	1.983	4.312	0.000	10.001	13.638
연구 4	1.835	0.079	0.989	1.815	0.077	0.278	1.271	2.360	6.532	0.000	12.944	23.499
연구 5	0.180	0.053	0.990	0.178	0.052	0.228	−0.268	0.624	0.783	0.434	19.301	3.441

⑤ 분석 및 해석

최종 결과를 보면 평균효과크기는 $M = \frac{\sum Wigi}{Wi}$ 이다.

연구결과를 종합하면 M=1.2042(66.673/55.365), Vm=0.0181(1/55.365), SEm=0.1344($\sqrt{0.0181}$), LLm=0.9408(1.2042−1.96×0.1344), ULm=1.4677 (1.2042+1.96×0.1344), Z=8.9605(1.2040/0.1344). P=0.0000이다. 즉 전체 평균효과크기는 1.2042이며 표준편차는 0.1344, 이 값의 신뢰구간은 0.9408~1.4677로 '0'을 포함하지 않으므로 유의미한 값이라고 할 수 있다.

	d	Vd	J	g	Vg	SE	LL	UL	Z	P	w	wg
연구 1	2.314	0.142	0.983	2.276	0.138	0.371	1.548	3.003	6.132	0.000	7.262	16.525
연구 2	1.679	0.180	0.973	1.634	0.171	0.413	0.824	2.443	3.954	0.000	5.858	9.570
연구 3	1.386	0.103	0.984	1.364	0.100	0.316	0.744	1.983	4.312	0.000	10.001	13.638
연구 4	1.835	0.079	0.989	1.815	0.077	0.278	1.271	2.360	6.532	0.000	12.944	23.499
연구 5	0.180	0.053	0.990	0.178	0.052	0.228	−0.268	0.624	0.783	0.434	19.301	3.441
											55.365	66.673

(2) 구조방정식

① 적용

최근 연구에서는 여러 가지 변인들을 종합적이고 전체적인 관점에서 관계를 연구하는 경향이 증가하고 있다. 즉 한 가지 변인의 관점에서 상황을 판단하는 것이 아닌 여러 가지 변인들을 시스템적으로 연구하는 것이다. 시스템적으로 연구한다는 것은 복잡한 문제들을 논리적이고 구조적으로 접근하고 해결한다는 것이다. 논리적이고 구조적인 접근은 변인들 간의 인과관계 유형을 이해하고 변인들 간의 모형 구조에 관심을 갖는 것이다.

모형이란 사물이나 현상의 특징을 모아 구성한 것으로 사회과학에서는 관련된 인과관계를 설명할 수 있는 좋은 수단이 될 수 있다. 모형은 일반적으로 간단하고 포괄적이어야 하며 실제 현상을 정확하게 표현할 수 있어야 한다. 이러한 모형들은 인과관계를 기본으로 설명되는데 인과관계가 성립하기 위해서는 다음의 조건들이 필요하다.

첫째, 독립변수와 종속변수가 모두 변화해야 한다. 어느 한 변수가 변화하지 않고 고정되어 있다면 인과관계는 성립될 수 없다. 이를 위해서는 두 변수가 어느 정도 상관관계가 존재해야 한다. 두 번째로 시간적 우선순위가 있어야 한다. 즉 원인이 되는 변수가 먼저 발생하고 다음에 결과가 되는 종속변수가 발생해야 한다. 마지막으로 외생변인이 통제된 상태에서 독립변수와 종속변수의 관계가 발생해야 한다. 외생변인이 통제되지 않은 상태에서는 허위적으로 인과관계가 있는 것처럼 보일 수 있기 때문에 반드시 외생변인 통제 후 관계가 성립되어야 한다.

구조방정식에서는 인과관계를 중심으로 모형을 설정한다. 인과관계의 유형은 다음과 같이 여러 가지 형태가 있다(예시 4-128). 먼저 직접 인과관계는 모형 내에서 하나의 독립변수(x)가 하나의 종속변수(y)에 영향을 미치는 것을 나타낸다. 즉 독립변수의 변화가 종속변수에 직접적으로 영향을 미치는 직접효과(direct effect)를 나타낸다고 할 수 있다. 이에 반해 간접 인과관계는 독립변수의 효과가 다른 중간 변수을 통해 영향을 미치게 되는데 이런 경우를 간접효과(indirect effect)라고 한다.

의사관계는 실제로 독립변수가 종속변수에 영향을 미치는 것은 아니지만 다른 변수에 의해 두 변인 모두 영향을 받기 때문에 독립변수가 종속변수에 영향을 미치는 것처럼 보인다. 상호직접인과관계는 독립변수와 종속변수가 서로 영향을 주고받는 관계를 나타내며 조절인과관계는 독립변수와 종속변수의 영향이 조절변인에 의해 영향을 받는 것을 말한다.

구조방정식은 최근 사회과학 분야에서 변인들의 인과관계를 분석하기 위해 종종 사용된 것으로 측정변수들 간의 공분산을 이용해 분석하므로 공분산구조분

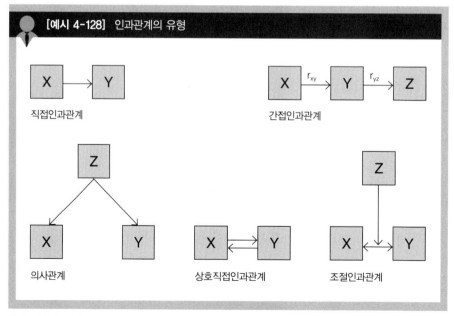

[예시 4-128] 인과관계의 유형

직접인과관계

간접인과관계

의사관계

상호직접인과관계

조절인과관계

출처 : 강병서, 김계수(2009), Spss 17.0 사회과학 분석통계, 서울 : 한나래아카데미.

석(covariance structure analysis)이라고도 한다. 구조방정식(Structural Equation Modeling, SEM)은 어떤 현상에 대한 체계적인 이론을 분석하기 위한 다변량분석 기법으로 전통적인 다변량 통계분석에 비해 두 가지 장점이 있다. 첫째는 동시추정이 가능하다. 예를 들어 A → B → C의 관계를 볼 때 회귀분석을 하면 A → B, A → C, B → C의 관계를 추정하지만 구조방정식으로 분석을 하면 이뿐만 아니라 B의 매개를 통한 분석도 함께 추정할 수 있다.

다음으로 측정오류를 반영할 수 있다. 측정오류는 잘못된 측정 도구를 사용함으로써 발생하는 체계적 오류(systematic error)와 실수에 의한 비체계적 오류(nonsystematic error)가 있다. 일반적으로 측정오류를 탐지하고 줄이기 위해서는 cronbach's α값을 사용하는데 이 값은 분석에서는 반영되지 않는다. 하지만 구조방정식 분석에서는 각 구조를 측정하는 데 발생하는 오류의 크기들이 모형의 적합도에 영향을 미침으로써 반영될 수 있다. 즉 오류가 커지면 모형의 적합도는 낮아진다.

구조방정식은 측정모형(measurement model)과 이론모형(structural model)을 통해 모형 간의 인과관계를 파악하는 것을 말한다. 또한 구조방정식은 변인들의 인과관계를 분석하기 위해 요인분석과 회귀분석이 결합된 분석방법이라고 할 수 있다.

② 통계적 원리

음악치료사는 음악치료에 영향을 미치는 변인들을 알아보기 위해 구조방정식 분석을 실시하고자 한다. 구조방정식 연구의 단계는 다음과 같다[황은영(2008), 음악치료 결과에 영향을 미치는 변인들의 구조분석, 숙명여자대학교 음악대학원 박사논문을 참고로 하였음].

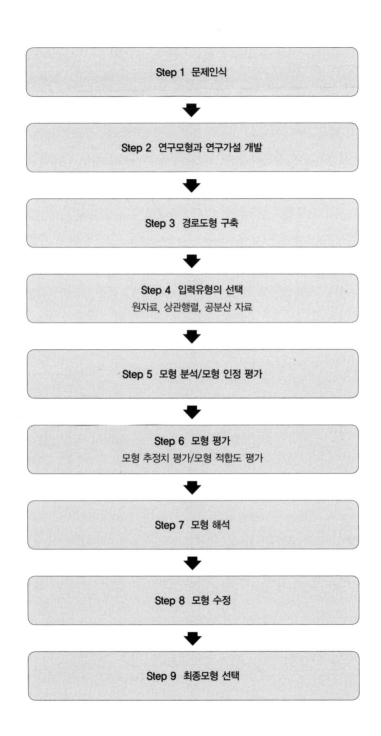

Step1. 문제인식

첫 번째 단계는 구조방정식을 통해 분석할 수 있는 문제들을 문헌이나 이론검토를 통해 생각할 수 있다. 구조방정식은 다양한 모형을 통해 관측변수들 간의 관계를 나타내는 통계적 방법이다. 예를 들면 '음악치료 결과에 영향을 미치는 변인들의 관계'를 알아보기 위해서는 기존의 연구를 통해 관련된 다양한 변인들을 고려하여야 한다.

Step 2. 연구모형과 연구가설 개발

두 번째 단계는 연구모형과 연구가설을 개발하는 것이다. 연구모형은 기존 이론이나 경험적 연구를 통해 과학적으로 설정하여야 한다. 연구자는 초기에는 몇 가지 수정모형을 고려할 수 있다. 모형은 간결하고 명확하게 설정하여야 한다. 연구자는 음악치료 결과에 영향을 미치는 요인으로 치료사, 클라이언트, 음악요인을 고려하여 가설을 설정하였다(예시 4-129).

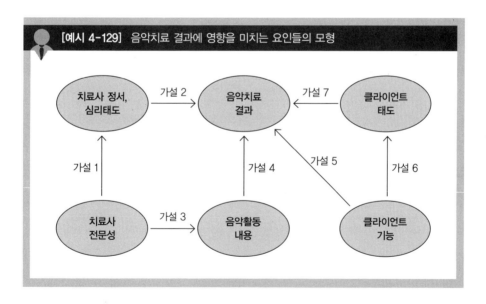

[예시 4-129] 음악치료 결과에 영향을 미치는 요인들의 모형

Step 3. 경로도형 구축

세 번째 단계는 경로도형을 구축하는 것이다. 경로도형은 프로그램(AMOS 등)을 활용하여 분석을 시작하는 첫 단계라고 할 수 있다(예시 4-130). AMOS 프로그램 상에서 도형과 기호의 표기와 설명은 다음과 같다(표 4-38).

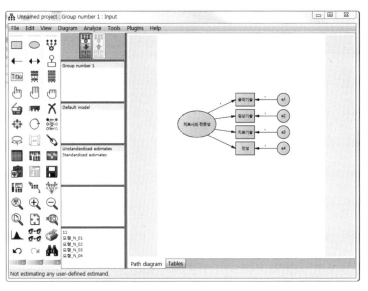

[예시 4-130] AMOS 프로그램 화면

[표 4-38] 도형의 표기와 설명

표기	설명
F	잠재변인(latent variable)은 요인(factor)이라고도 하며 직접적으로 관찰되거나 측정되지 않는 변인을 의미한다. 이 값으로는 전체 통계량을 측정하기 어렵기 때문에 관측변인을 통해 측정한다. 구조모형식에서 원이나 타원으로 표시한다.
V	관측변인(observed variable)은 측정변인(measurement variable)이라고도 하며 잠재변인을 측정하기 위해 직접 관찰되거나 수집된 변인을 의미한다. 구조모형식에서 사각형으로 표시한다. 관측변인은 오차항과 함께 표시되어야 한다.
V ◄── F	측정변수와 잠재변인 간의 경로계수를 의미한다.
F ──► F	잠재변인 사이의 요인 간의 경로계수를 의미한다. 연구에서 잠재변인과의 관계는 중요한 가설이 된다. 이때 화살표의 시작은 외생변인(exogenous variable)이라고 하며 화살표를 받는 변인은 내생변인(endogenous variable)이라고 한다.
F ◄── D	잠재변인 예측과정에서 발생한 오차를 의미한다. 구조오차라고 하며 잠재변인의 예측과정에서 발생한다.
D ──► V	측정변인과 관련된 오차를 의미한다. 측정오차라고 하며 관측변인 측정과정에서 발생한다.

또한 구조방정식에서 관계를 표시하는 문자와 의미는 다음과 같다(표 4-39).

[표 4-39] 구조방정식에서 기호와 의미

표기	발음	의 미
ξ	크사이	외생 잠재변인
η	에타	내생 잠재변인
γ	감마	외생 잠재변인으로부터 내생 잠재변인의 경로계수
β	베타	내생 잠재변인으로부터 내생 잠재변인의 경로계수
λx	람다x	외생 잠재변인 측정변인의 요인부하량
λy	람다y	내생 잠재변인 측정변인의 요인부하량
ϕ	파이	외생 잠재변인의 공분산(혹은 상관관계)
δ	델타	측정 변인 x의 오차항
ε	엡실론	측정 변인 y의 오차항
$\theta\delta$	세타 델타	측정변인 x와 관련된 잔차 분산과 공분산
$\theta\varepsilon$	세타 엡실론	측정변인 y와 관련된 잔차 분산과 공분산
ζ	제타	내생 잠재변인의 오차항

출처 : 이학식, 임지훈(2013), 구조방정식 모형분석과 AMOS 20.0, 서울 : 집현재.

이를 사용하여 나타낸 모형은 다음과 같다(예시 4-131).

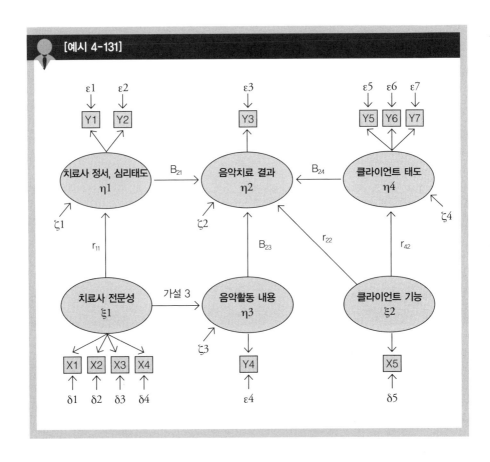

[예시 4-131]

Step 4. 입력유형의 선택

네 번째 단계는 입력유형의 선택이다. 입력유형을 선택할 때는 원자료, 공분산 행렬, 상관행렬 등이 사용되지만 일반적으로 공분산 행렬이 주로 사용된다. 일반적으로 추정통계분석에서는 표본의 크기가 클수록 표본추출오차를 줄이고 실제 값에 가까운 추정치를 얻을 수 있다고 한다. 그러나 지나치게 표본이 크면 시간, 비용, 노력 등이 많이 소요되므로 최적의 표본 크기를 결정하는 것이 필요하다. 구조방정식에서는 표본의 크기를 다음의 기준으로 설정한다(표 4-40).

[표 4-40] 표본 선정의 기준

기 준	표본의 크기
잠재변인이 5개 이하 각 잠재변인당 3개 이상의 측정변인 모든 communality가 0.6 이상이면	100~150개
일부 communality가 0.45~0.55 일부 잠재변인에서 측정변인이 3개 미만	약 200개 이상
일부 communality가 0.45 이하 다수의 잠재변인에서 측정변인이 3개 미만	약 300개 이상
잠재변인이 6개 이상 그중 일부는 3개 미만의 측정변인 다수의 communality가 낮음	약 500개 이상

communality는 하나의 잠재변인에서 측정변수들의 분산 중에서 측정모형에 의해 설명되는 분산의 비율이 평균
출처 : 이학식, 임지훈(2013), 구조방정식 모형분석과 AMOS 20.0. 서울 : 집현재.

Step 5. 모형 분석/모형 인정 평가

다섯 번째 단계에서는 먼저 이 모형이 가치 있는 모형으로 받아들여질지 여부를 식별(model identification)하는 과정이 필요하다. 즉 가지고 있는 정보의 수가 추정하고자 하는 변수의 수보다 많아야 모형이 식별될 수 있다. 경로계수의 표준오차가 매우 큰 경우(일반적으로 2.5 이상), 혹은 오차의 분산이 음수이거나 추정치가 이상하게 큰 경우, 추정된 상관계수가 매우 큰 경우(1에 가까움)에는 모형의 식별과정에서 문제가 있다고 판단하고 수정이 필요하다. 수정을 위해서는 변인 혹은 요인 간에 불필요한 경로가 있으면 경로계수를 '0'으로 고정시킨다. 혹은 추정한 경로계수를 감소시켜서 자유도를 증가시키거나 잠재요인의 오차분산을 고정시킨다(0.005 이하의 값으로 고정시킴). 또는 문제가 있는 변수를 과감하게 제거한다.

Step 6. 모형 평가

여섯 번째 단계는 설정된 모형의 적합성을 평가하는 단계이다. 모형의 적합성은 몇 가지 통계량을 통해 적합도를 평가할 수 있다. 일반적으로 사용되는 지표는 절대적합도지수, 증분적합도지수, 간명적합도지수 등이 있다.

- 절대적합도지수(Absolute Fit Index) : 절대적합지수는 모델의 전체적인 적합

도를 평가하는 것으로 카이제곱으로 나타난다. 적합도는 입력된 공분산 행렬과 추정공분산 행렬의 값의 차이를 통해 적합도를 구한다. 적합도가 높으면 모형이 현실을 잘 반영하고 있다고 할 수 있다. 적합도는 카이제곱(χ^2)을 통해 검정하는데 이 값이 클수록 적합도가 나빠 연구모형이 자료에 적합하다는 가설(영가설 : 입력 공분산 행렬＝추정 공분산 행렬)이 기각될 가능성이 크다는 것을 의미한다. 그러나 이 값은 표본의 크기와 측정변인의 수에 민감하기 때문에 영가설이 기각된다는 것이 반드시 적합도가 낮다고 판단할 수 없으며 다른 지표들과 함께 판단해야 한다.

이 중에서 기초부합지수(Goodness of Fit Index, GFI), 조정부합지수(Adjusted Goodness of Fit Index, AGFI)가 많이 사용되는데 이들 모두 1에 가까운 값을 가지면 좋은 모델이며 일반적으로 0.9 정도면 바람직하다고 판단한다. 이 외에도 '카이제곱/자유도'의 비율로 판단하기도 하는데 이 값은 보통 3보다 작을 경우 모형이 적합하다고 판단한다. 또한 RMSR(Root Mean-Square Residual)도 지표로 활용되는데 이 값은 입력 분산 공분산 값들과 추정 분산 공분산 값의 차이를 제곱한 값들의 평균 제곱합인데 이 값이 0.05 이하이면 바람직하고 0.1 이하이면 수용할 만한 모형이라고 판단한다(김계수, 2007). 이를 표준화한 SRMR(Standardized Root Mean Residual)도 모형 간의 비교를 위해서는 유용하다.

- 증분적합도지수(Incremental Fit Index) : 증분적합도지수는 기초모형에 대한 제안모형의 적합도를 의미하는 것으로 기초모형과 제안모형의 비교를 통해 모형의 개선정도를 파악할 수 있다. 증분적합지수에는 표준적합지수(Normed Fit Index, NFI), Turker-Lewis index(TLI), 비교적합지수(Comparative Fit Index, CFL)를 사용한다. 이 지수들은 모두 0.9 이상이면 모형이 적합도에 만족한다고 할 수 있다.

- 간명적합도지수(Parsimony Fit Index) : 간명적합도지수는 제안모형의 적합수준, 즉 모형의 복잡성과 객관성의 차이를 비교하는 것으로 여기서 간명성이란 모형이 각 추정계수에 필요한 적합도에 최대로 도달하는 정도를 나타낸다. 이 중 간명기초적합지수(Parsimony Goodness of Fit Index, PGFI)와 간명표준

적합지수(Parsimony Normed Fit Index, PNFI)는 높을수록 적합한 모형이라고 판단한다.

Step 7. 모형 해석

일곱 번째 단계에서는 위의 적합도지수를 통해 모형을 해석한다. 적합성 판단에는 주로 절대적합지수인 카이제곱이 사용되지만 이는 구조방정식 모형이 처음 개발될 당시 지표로 사용된 것으로 영가설, 즉 모형이 적합하다는 가설이 너무 쉽게 기각될 위험이 높다. 또한 카이제곱 값은 표본의 크기에 매우 민감하다는 문제점이 있다. 즉 표본크기가 커지면 카이제곱 값은 커지게 되어 있으며 따라서 모형이 적합하다는 영가설이 기각될 확률이 커질 위험이 있다.

이러한 문제점으로 인해 모형의 적합도는 카이제곱만으로 판단하는 것이 아닌 몇 개의 적합지수를 동시에 고려하는 것이 좋다. 또한 때로는 통계량과 적합도뿐만 아니라 연구자의 전문지식을 고려하여 판단하는 것도 필요하다. 이와 같은 방법으로 모형의 적합도에 만족하는 모형을 선정한 후에는 각 추정치에 대한 해석을 하고 논리적으로 결론을 내린다.

Step 8. 모형 수정

여덟 번째 단계는 모형의 수정이다. 모형을 식별하고 적합도에 따라 판단한 후 최적의 모형이 선택되도록 모형을 수정하여야 한다. 모형의 수정은 다음의 3가지 측면에서 고려될 수 있다.

- 요인부하량 : 요인부하량이 유의하지 않으면 그 항목은 제거해야 한다. 또한 각 표준화 요인부하량이 0.5 이상이 되어야 하며 0.7 이상이 바람직하다. 그러나 0.5 이하이고 통계적으로 유의미하지 않아도 그 항목을 제거하는 것을 고려해야 한다. 만약 요인부하량이 1을 넘어서는 경우도 있는데 이는 자료에 문제가 있을 수 있으므로 그 자료를 제거해야 한다.
- 표준화 잔차 : 구조방정식은 입력 공분산 행렬과 추정 공분산 행렬의 차이인 잔차를 계산한다. 두 모형이 차이가 클수록 잔차는 커지고 적합도는 낮아진다. 표준화 잔차는 각 값을 표준오차로 나눈 것이다. 이를 분석하여 절댓값이

4보다 크면 해당 두 항목 중 한 개를 제거하기를 고려해야 한다.

- 수정지수 : 구조방정식에서는 모형 분석결과를 수정지수로 산출한다. 수정지수(Modification Index)는 현재의 분석 모형에서 추정하도록 요청되지 않은 어떤 잠재변인, 측정변인 혹은 항목과의 관계를 추정하는 경우 적합도가 얼마나 향상될 것인가를 χ^2값을 통해 나타낸다. 일반적으로 수정지수의 기준치로 3.84를 사용하며 보수적으로는 10.0 혹은 더 큰 값을 사용하기도 한다.

- 구조의 타당성 : 구조의 타당성은 잠재변인과 측정변인 간의 일치성의 정도에 관한 것이다. 즉 어떤 측정도구가 측정하고자 하는 잠재변인 값을 정확히 측정하는 정도를 말한다. 첫 번째 수렴타당도(convergent validity)로 평가한다. 수렴타당도는 하나의 잠재변인에 대한 두 개의 측정도구가 상관관계를 갖는 정도를 말한다. 상관관계가 클수록 두 측정도구의 타당도는 크다고 할 수 있다. 이를 평가하기 위해서는 요인부하량이 0.5 이상 되어야 하며 0.7인 경우 바람직하다고 한다. 또한 AVE(Average Variance Extracted), 즉 표준화 요인부하량의 제곱은 그 항목의 분산 중 그 잠재변인에 의해 설명되는 비율을 의미하는데 이 값이 5 이상이면 집중타당도를 갖는다고 한다.

    두 번째 판별타당도(discriminant validity)로 평가한다. 판별타당도는 한 잠재변인과 다른 잠재변인이 얼마나 다른가를 말한다. 판별타당도는 첫째, 평가의 대상이 되는 두 잠재변인 간의 상관관계를 1로 고정시킨(1로 고정시킨다는 것은 두 잠재변인이 동일하다는 의미) 모형과 원래의 모형을 비교하여 원래의 모형이 더 나은 것으로 판명되면 판별타당도가 있다고 한다. 또한 두 잠재변인 각각의 AVE와 두 잠재변인 간의 상관관계의 제곱을 비교하여 AVE가 모두 상관관계 제곱보다 크면 두 잠재변인 사이에 판별타당도가 있다고 할 수 있다. 즉 한 잠재변인을 설명하는 것보다 자체의 측정변인들을 잘 설명한다고 볼 수 있기 때문이다.

    세 번째, 이해타당도(nomological validity)로 평가한다. 이해타당도는 어떤 특정 개념과 관련된 개념들 간의 관계가 체계적인가를 묻는 것으로 한 잠재변인의 측정도구와 다른 잠재변인의 측정도구의 상관관계와 관련된다. 즉 기존 연구에서 두 잠재변인이 '+'의 상관관계를 갖는다고 밝혀진 경우 각 잠재변인의 측정도구들 간의 상관관계가 '+'로 나타난다면 이해타당도를 갖는다고 할 수 있다.

Step 9. 최종모형 선택

마지막 단계는 모형을 분석하여 최종적으로 선택하는 것이다. 구조분석 결과를 해석하는 것은 일반 측정모형의 분석 결과를 해석하는 것과 유사하지만 구조분석에서는 구조(construct) 간의 관계에 초점을 맞춘다. 일반적으로 구조분석은 다음의 절차에 따라 모형을 최종적으로 선택한다. 이러한 과정을 통해 최종 선정된 모형은 다음과 같이 나타낼 수 있다(예시 4-132).

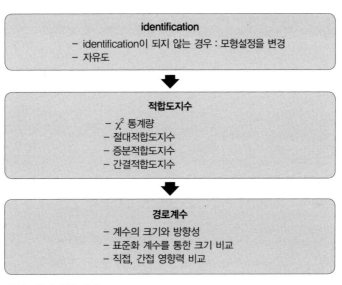

분석모형의 선택 단계

- identification : 모형 설정이 잘못되면 identification 문제를 일으킬 수 있다. 주로 발생하는 오류는 내생 잠재변인에 오차항이 설정되지 않은 경우, 측정변수와 오차항 관계에서 계수를 지정해야 하는데 하지 않은 경우, 잠재변인 혹은 측정변수의 이름을 부여하지 않은 경우 등에 발생할 수 있다. 이 경우 측정변인의 수를 증가시키거나 추정 모수의 수를 줄이므로 조정할 수 있다. 예를 들면, 오차분산을 0 혹은 매우 작은 값 0.005 등으로 지정할 수 있다.
- 적합도 지수 : 일반적으로 가장 기본지수인 χ^2을 먼저 보고 판단할 수 있지만

표본의 수에 의해 영향을 많이 받기 때문에 절대적합지수와 증분적합지수 각각 적어도 한 개는 보고할 것을 권장하고 있다. 모형을 비교할 경우 간명적합지수를 보고하는 것도 중요하다.

- 경로계수 : 측정모형을 분석할 때 계수와 유의도는 중요한 것처럼 구조모형에서도 각 잠재변인을 잇는 경로계수의 방향성과 유의성은 중요하다. 이를 통해 각 잠재변인의 영향력을 평가할 수 있다. 또한 표준화 경로계수를 통해 각 잠재변인 사이의 크기를 비교할 수 있다. 구조분석에서는 또한 영향력을 각각 직접영향력(direct effect)과 간접영향력(indirect effect)으로 산출한다.

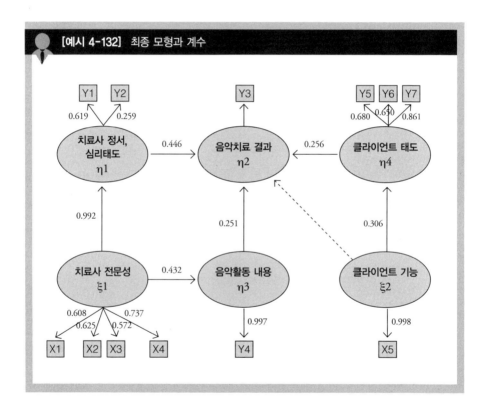

[예시 4-132] 최종 모형과 계수

결과를 보면, $\chi^2 = 86.996(p = 0.000)$으로 모형이 적합하다는 영가설이 기각된다. 다른 지표를 통해 판단한다. $\chi^2/df = 1.891$로 보통 3보다 작으면 적합도가 높다고 판단한다. GFI = 0.913, CFI = 0.917로 모두 0.9보다 높다. 따라서 모형이 비교적 잘 적합되었다고 판단할 수 있다.

또한 경로계수를 살펴보면 '치료사 전문성'이 '치료사 정서 심리태도'에 영향을 미치는 계수는 0.992, '치료사 정서 심리태도'가 '음악치료 결과'에 영향을 미치는 계수는 0.446이다. 한편 '치료사 전문성'이 '음악활동 내용'에 영향을 미치는 계수는 0.432이다. 클라이언트와의 관계를 보면 '클라이언트 기능'이 '클라이언트 태도'에 영향을 미치는 계수는 0.306이며 다시 '음악치료 결과'에 영향을 미치는 계수는 0.256이다.

이 분석결과에 의하면 '음악치료 결과'에 영향을 미치는 직접적인 영향 정도를 치료사, 클라이언트, 음악의 관점에서 분석하면 치료사의 태도가 가장 큰 영향을 미치며(0.446), 다음으로 클라이언트(0.256), 그리고 음악활동으로 해석할 수 있다 (0.251).

참고문헌

강병서, 김계수(2009). spss 17.0 사회과학 통계분석. 서울 : 한나래아카데미.

김계수(2004). AMOS 구조방정식 모형분석. 서울 : 한나래.

이학식, 임지훈(2013). 구조방정식 모형분석과 AMOS 20.0. 서울 : 집현재.

황성동(2014). 알기쉬운 메타분석의 이해. 서울 : 학지사.

연구보고서 작성법

연 구자는 연구 결과를 보고서로 작성해야 한다. 연구보고서에는 일반적으로 다음의 내용이 포함된다.

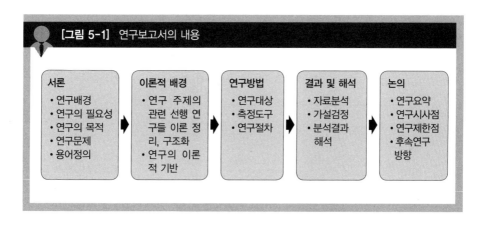

[그림 5-1] 연구보고서의 내용

서론	이론적 배경	연구방법	결과 및 해석	논의
• 연구배경 • 연구의 필요성 • 연구의 목적 • 연구문제 • 용어정의	• 연구 주제의 관련 선행 연구들 이론 정리, 구조화 • 연구의 이론적 기반	• 연구대상 • 측정도구 • 연구절차	• 자료분석 • 가설검정 • 분석결과 해석	• 연구요약 • 연구시사점 • 연구제한점 • 후속연구 방향

1. 서론

서론에서는 연구의 필요성 및 목적, 연구 문제, 용어 정의 등을 충분히 제시할 수 있어야 한다. 학회지에 게재하는 연구에서는 보통 서론과 이론적 배경을 묶어서 제시하지만, 학위 논문에서는 대체로 서론이 연구의 첫 장에 해당되고 이론적 배경은 두 번째 장으로 따로 제시한다. 일반적으로 연구는 전문적 용어를 사용하여 작성되므로 전문지식이 없는 독자는 이해하기 어려운 경우가 생길 수 있다. 연구자는 가능하면 독자가 이해하기 쉽게 쓰도록 노력해야 한다. 문단 간에, 문장 간에 논리적인 흐름을 항상 생각하여 주어, 술어를 맞게 써야 하며, 한 문단이 한 문장으로 이루어지지 않도록 되도록 간결한 문장으로 작성해야 한다.

1) 연구의 제목 쓰기

연구의 제목은 연구 내용을 간결 명확하게 표현한 것으로, 제시할 때는 몇 가지 주의할 점이 있다(성태제, 시기자, 2006).

첫째, 연구의 제목은 연구 내용을 설명할 수 있도록 구체적이며 간결 명확하게 서술해야 한다. 연구의 제목을 통해 연구 내용을 쉽게 알 수 있어야 하므로 연구 제목이 연구 목적이나 연구 가설을 대표하도록 한다(예 : 우울성향이 불안상태에 미치는 영향, 음악치료 프로그램이 학교부적응청소년의 자아존중감에 미치는 효과 등).

둘째, 연구 내용을 대표하는 핵심어(key word)를 포함시켜야 한다. 핵심어를 보면 전공분야는 물론 세부영역까지 쉽게 알 수 있기 때문에 관련논문을 참조할 때 유용하다. 또한 연구 제목에 핵심어가 포함되면 좀 더 명확하게 내용을 파악할 수 있는데, 연구를 작성할 때 핵심어 몇 개를 제시하는 것도 전공분야 및 세부 전공영역을 쉽게 구분하기 위해서이다.

셋째, 연구 제목은 지나치게 길어지지 않도록 하는 것이 좋다. 연구 제목이 길어지면 산만해져서 주제나 내용의 초점을 상실하게 된다. 그렇다고 연구 제목을 가능하면 짧게 하는 것이 좋다는 것은 아님을 유의하자. 연구 제목이 간결 명확한 것이 좋다고 해도 너무 짧아서 연구 내용을 대표하지 못하는 것은 바람직하지 않으며, 연구 내용을 모두 표현하기 위하여 논문 제목을 지나치게 길게 하는 것도 바람직하지 않다. 대부분의 독자들은 핵심어를 통해 관심 있는 연구를 검색하여 제목을 보고 그 연구를 읽을 것인지를 결정한다. 그러므로 긴 연구의 내용을 한두 줄로 요약하여 제목을 만드는 일은 중요하다.

넷째, 되도록이면 연구 제목에 쉬운 용어를 사용하는 것이 좋다. 제목에 해당 전문영역의 사람들만이 알 수 있는 전문용어를 사용할 경우 그 집단에 속하지 않는 독자는 연구 내용을 짐작할 수가 없다. 연구 제목에 특수한 전문용어를 사용하는 것은 가능하면 피하는 것이 좋다. 인접영역에서 이해하지 못하는 특수한 전문용어로 연구 제목을 표현할 경우 인접 학문분야에서 참고하기가 어려워 학문적 유관성을 저해하는 요인으로 작용할 수도 있으므로 특수한 전문용어를 대치할 수 있는 다른 용어로 바꾸어 주는 것이 좋다. 연구는 발표된 후 다른 연구에 참고가 되어 많이 인용될수록 학문적 공헌도가 높은 연구라고 평가된다.

다섯째, 연구 제목은 가치중립적인 단어를 사용해야 한다. 연구자는 객관적이고 과학적인 방법으로 연구를 진행하여 연구 결과를 도출하고 그 결과에 대하여 순응하는 자세를 가져야 하므로, 연구 제목이 연구자의 감정적이거나 부정적인 느낌으로 표현되는 것은 바람직하지 않다. 예를 들어, '장애인관련법이 특수학교 교육을 황폐화시킨 이유 분석'이라고 했을 때, 연구자가 무엇을 밝히고자 하는지를 정확히 알 수 있지만 연구자 개인의 감정이 개입되었다는 인상을 받게 된다. 따라서 '장애인관련법이 특수학교 교육에 미친 영향'이라고 하는 것이 훨씬 적절할 것이다.

여섯째, 가능하면 부제를 원제에 포함시키는 것이 바람직하다. 연구 제목을 표기하거나 연구 대상을 구체화하기 위하여 원제목 뒤에 :(콜론)으로 부제를 다는 경우가 있으나 부제를 붙이는 것보다는 부제에 해당되는 내용을 압축하여 원제에 포함시키는 것이 연구 제목의 성격상 바람직하다. 예를 들어, '음악치료경험과 음악흥미도 간의 상관관계 연구 : 발달장애아동을 중심으로'라는 제목은 '발달장애아동의 음악치료경험과 음악흥미도 간의 상관관계 연구'로 고치는 것이 좋다.

일곱째, '＿＿＿에 관한 연구', '＿＿＿＿＿의 실험연구', '＿＿＿방법', '＿＿＿ 결과'라는 문장 형태를 사용하지 않는 것이 좋다. APA(American Psychological Association, 2001)가 발행한 출판 안내서(publication Manual)에서는 방법(method)이나 결과(result)와 같은 단어를 연구 제목에 포함시키지 않도록 권유하고 있다. 왜냐하면 연구에는 당연히 방법과 결과가 포함되므로 이와 같은 단어를 굳이 제목에 넣을 필요가 없다고 여기기 때문이다.

2) 연구의 필요성과 목적 쓰기

연구의 필요성은 이 연구가 왜 필요한지를 논리적으로 제시하는 것이다. 즉 이 연구가 왜 중요하고 왜 필요한지를 객관적으로 설명해야 하는데, 특정 현상을 설명하면서 나타나는 문제점을 해결한다든지, 새로운 이론을 만들고, 방향을 제시한다든지 등은 좋은 예가 될 수 있다. 이처럼 연구의 필요성은 학문적 요구뿐만 아니라 현장 적용의 필요성 등 여러 가지가 될 수 있다. 연구자는 연구의 필요성을 제시함에 있어 일반적 사실을 기술하는 것이 좋으며, 이때 불필요한 인용은 하지 말아야 한다.

연구와 관련된 일반적 현상을 설명하며 연구분야와 연구영역이 무엇인지를 자연스럽게 인식할 수 있도록 서술해야 한다. 간혹 발표된 연구들을 살펴보면, 연구의 필요성을 제시하면서 '_____연구가 전무한 실정이라 연구를 한다'라고 서술하는 경우가 있는데, 이는 별로 좋지 않다. 이미 발표된 연구들 중에 유사한 연구나 관계있는 연구가 있을 수도 있기 때문에 이런 경우 이를 찾지 못한 실수를 연구자 스스로 인정하는 것이 되기 때문이다. 설령 기존 연구가 없다고 하더라도 그런 연구가 없었다는 사실을 전문가들이 이미 알고 있기 때문에 굳이 사전연구가 없어서 연구를 하게 되었다는 표현은 좋지 않다.

일반적으로 연구 필요성의 도입부분은 연구 주제가 속하는 영역에 대한 진술로부터 넓게 시작해서 연구자 본인이 연구하려는 주제로 초점을 좁혀 나가는 것이 좋으며, 기존 연구에 대한 소개는 너무 자세히 하지 말고, 가장 대표적이거나 논지를 펴기 위해 꼭 인용이 필요하다고 여겨지는 것 몇 개로만 제한하는 것이 좋다. 이는 기존 연구의 자세한 소개보다는 연구자가 자신의 연구 주제에 대해 가지고 있는 관점을 제시하고 이 연구가 필요하다는 것을 설득하는 것이 더 중요하기 때문이다. 또한 기존 연구들 간에 서로 의견이 맞지 않아 충돌을 일으키거나 어긋나고, 부족한 부분 등을 지적하여 연구의 필요성을 부각할 수도 있다. 이렇게 연구의 필요성을 서술함에 있어 고려해야 할 사항들이 있다(서대진, 장형유, 김봉화, 2011). 우선, 연구 문제의 배경, 예를 들어, 연구 문제와 관련된 교육적 경향, 미해결된 문제, 사회적 관심 등을 고려해야 한다. 연구에 있어 기본적 난점이나 관심영역 및 필요성 같은 연구 문제 상황의 기술과 연구의 실제적 결과나 산물의 강조 및 연구 목적과 연구 문제에 대한 개념적 또는 실제적 가정(필요조건) 같은 연구의 목적 지향성도 고려해야 한다. 또한 이론적 근거 또는 이론적 체계, 선행 연구의 검토, 연구의 범위와 한계(관심사항의 한정)를 고려해야 하며, 연구의 목적을 방향성에서 설명하는 것 역시 고려해야 한다.

연구의 필요성을 기술한 이후에는 연구의 목적을 기술한다. 연구 목적은 가설, 영가설, 대립가설, 연구 가설 등의 구체적인 형태로 연구의 목적을 서술하는 것이 아니라 연구의 개괄적인 목적을 독자가 편안한 마음으로 쉽게 이해할 수 있도록 서술해야 한다. 연구 목적을 서술함에 있어 너무 많은 연구를 인용하면 이후 이론적 배경에서 인용할 연구와 중복으로 인용하게 된다. 여기에서는 연구를 유도하는 데 필요한 사회현상을 설명하거나 연구의 필요성을 강조할 수 있는 논문만을 인용하는 것이 좋다. 연구 결과나 결론과 관련된 논문이 서론 부분에 많이 인용되면 독자가 논문에 자연스럽게 몰입하기가 어려워진다.

연구의 목적을 서술할 때는 우선 주제와 목적을 이해한 후, 간단한 배경과 목적을 서술하고, 마지막에 배경과 목적을 근거로 하여 더욱 구체적인 목적이나 연구 문제를 제시해야 한다. 연구 목적 진술의 주요 구성요소는 다음과 같다(Creswell, 2009/2011).

- 연구의 가장 중요한 의도를 나타내는 목적, 의도, 목표와 같은 용어들이 포함되어야 한다. "이 연구의 목적(혹은 목표, 의도)은 …이다(이었다, 일 것이다)." 로 시작한다.
- 연구에서의 이론, 모델, 개념적 틀을 검증해야 한다. 왜냐하면 연구 목적 진술에서 제시하는 이론, 모델 등은 중요하다는 것을 강조하는 것이며, 이 이론, 모델 등이 연구에서 사용됨을 암시하기 때문이다.
- 연구에 활용되는 매개변인이나 통제변인뿐만 아니라 종속변수와 독립변수를 분명히 밝히는 것이 필요하다.
- 독립변수와 종속변수가 서로 관련되어 있다는 것을 나타내기 위해서, 두 개 혹은 더 많은 변인들의 ' … 사이의 관계'라는 용어를 사용하고, 둘 혹은 그 이상의 많은 집단과는 '비교'라는 용어를 사용한다. 대부분의 연구(양적 연구)에서

는 연구 목적을 제시하면서 변인들을 관련시키기 위한 방안으로 위에 제시한 두 가지 중 하나를 선택한다.

- 연구에서 사용한 특정한 탐구전략을 밝힐 필요가 있다.
- 연구 참여자에 대하여 설명하고 연구 장소를 언급한다.
- 이전의 문헌에서 대체적으로 받아들여지고 확립된 정의를 사용하여 각각의 핵심변인을 정의할 필요가 있다. 이렇게 일반적인 정의를 사용함으로써 독자들은 연구 목적을 잘 이해할 수 있다.

3) 연구 문제 쓰기

연구 문제는 서론의 앞부분에서 서술한 연구의 필요성과 목적에 따라서 구체적으로 어떤 문제들을 연구하겠다고 제시하는 것이다. 연구 문제 대신 가설을 제시할 수도 있는데, 가설을 제시하는 경우에는 서론에 포함하지 않고 이론적 배경을 제시한 다음에 제시하기도 한다("2. 이론적 배경의 5) 연구 가설 설정하기" 참고). 연구 문제는 간단명료하게 구체적으로 기술하고, 연구 문제들이 서로 관련이 있는 경우 번호를 사용하여 구분하기도 한다. 또한 연구의 필요성과 목적에서 언급하지 않은 연구 문제가 갑자기 제시되지 않도록 연구 문제는 연구의 필요성과 목적에서 제시한 것부터 논리적으로 도출된 것이어야 한다.

연구 문제를 구체적으로 진술하기 위한 절대적 형식이 존재하는 것은 아니지만, 일반적으로 가능한 한 의문문 형식으로, 변인과 변인 간의 관계로, 연구 문제에 진술된 각 변인은 측정 가능하고, 진술된 변인 간의 관계가 경험적으로 해결 가능하게 진술되어야 한다. 연구 문제를 서술식으로 기술하는 것이 잘못된 것은 아니지만, 연구자가 연구하고자 하는 연구 문제를 보다 분명하게 제시할 수 있기 때문에 가능한 한 의문문 형식을 사용하는 것이 좋다(Kerlinger, 1988). 특히 연구에서 다루고자 하는 연구 문제가 여러 개일 경우, 서술문의 형식으로 진술하게 되면 구체적으로 어떤 변인들 간의 어떤 관계를 알아보고자 하는지를 명료하게 제시할 수 없기 때문에 각 연구 문제를 하나씩 별개로 의문문의 형태로 진술하는 것이 좋다.

연구 문제에 진술된 변인은 반드시 개념적 설명이 아닌 조작적으로 정의된 측정

가능한 형태로 진술되어야 하는데, Gay(1996)는 가장 잘 진술된 연구 문제란 의문문의 형태로 진술된 연구 문제를 서술문으로 바꿨을 때 연구 가설이 될 수 있는 경우라 했다. 예를 들어, '교수법에 따라 수업만족도에 차이가 있을 것인가?'라는 연구 문제는 '교수법에 따라 수업만족도에 차이가 있을 것이다'라는 연구 가설로 진술될 수 있다.

연구 문제의 진술은 연구 문제의 중요성에 관한 진술부분과 연구 가설의 도출 근거를 제시하는 부분이 명백하게 구분되어야 하는데, 만약 그렇지 못할 경우 연구 문제의 진술이 연구의 중요성이나 이론적 배경 및 선행연구 고찰의 내용과 혼동될 수 있다(송인섭 외, 2008). 그러므로 연구 문제는 연구 목적과 관련되어 진술하는 것이 좋다. 연구 목적이 잘 반영된 연구 문제는 연구 방법 및 내용, 연구 결과 등이 추측 가능하다. 일반적으로 집단비교연구, 인과관계 및 상호관련성 연구, 모형 개발과 타당화 연구 등 연구 목적에 따라 연구 문제를 진술하는 방법에 차이가 있다.

첫째, 집단비교연구는 어떠한 처치를 가한 집단과 다른 처치를 가한 집단 또는 아무 처치도 가하지 않은 집단 간의 차이를 통해 처치효과를 확인하는 연구이다. 이 경우, 실험을 통해 프로그램 처치효과의 유무에 따라 집단을 서술하고 집단 간의 유의한 차이가 있는가에 대한 의문문의 형태로 진술한다.

둘째, 인과관계연구는 독립변수가 종속변수에 미치는 영향에 대한 연구로 연구자가 변인을 조작 및 통제한 후 두 변인 간의 관계를 파악하고자 하는 연구이며, 상호관계연구는 두 변인 간의 상관분석을 통해 상호 관련성을 밝히는 연구이다. 이러한 경우, 두 변인 간의 관련성을 파악하여 어떠한 관계를 나타내는지에 대해서 의문문의 형태로 진술한다.

셋째, 모형 개발과 타당화 연구는 연구자의 관심 영역에 대한 현상을 설명하기 위해 어떤 모형을 개발하고 검증하는 연구이다. 이 경우, 모형 개발 과정과 타당화 방법에 대해 구체적인 부연 설명으로 진술한다.

4) 용어 정의 쓰기

일반적으로 경험적 연구에서는 개념적 정의와 조작적 정의가 제시된다. 개념적 정의는 연구에 포함된 변인의 의미를 개념적으로 설명하는 것이고, 조작적 정의는 그 변인이 구체적으로 어떻게 구성 또는 측정되는지를 설명하는 것이다. 학위 연구논문에서 용어 정의를 제시할 때, 연구 문제에 포함된 변인 각각에 대해서 별도로 구분하여 개념적 정의를 제시하고, 변인들이 어떤 이론이나 모델에 근거한 것인지도 개념적 정의에서 제시한다. 또한 서론부분에서 개념적 정의가 제시된 모든 변인들에 대해서는 연구 방법 부분에서 조작적 정의를 제시해야 한다.

2. 이론적 배경

이론적 배경은 해당 연구 주제에 관련되는 선행연구들 및 이론에 대해 정리하고 구조화하여 연구의 이론적 기반을 세우는 부분이다. 서적, 논문, 정기 간행물 등 다양한 문헌을 인용할 수 있다. 이론적 배경을 작성하기 위한 단계별 고려사항은 다음과 같다.

1) 선행연구 탐색을 통해 준비하기

연구자가 이론적 배경을 잘 작성하기 위해서는 해당 연구 주제에 관련되는 선행연구들이나 이론에 대한 탐색과 공부가 충분하게 되어 있어야 한다. 이론적 배경에 포함될 선행연구를 탐색하는 일은 '연구계획서'의 준비단계에서 가장 집중적으로 이루어지지만 연구가 끝날 때까지 계속된다. 연구보고서를 작성하는 동안에도 계속해서 새로운 문헌들을 찾아 참고하고, 이미 찾아본 문헌들을 다시 검토하면서 연구의 내용을 보완해야 한다. 그러므로 연구계획서 준비단계에서 찾았던 문헌이라도 연구를 마무리할 때까지 계속 확인해야 한다.

2) 주제에 초점 맞춰 작성하기

연구의 이론적 배경은 연구에서 다루는 연구 주제의 초점에 맞춰 작성해야 한다. 너무 유사한 선행연구만 정리하거나 너무 넓은 주제에 대해서만 다루어 연구에 포함된 변인에 대한 교과서적 내용을 나열하는 방식은 좋지 않다. 구체적으로 서론에서 제시한 '연구 주제가 속하는 영역에 대한 진술부터 넓게 시작해서 연구자 자신이 연구하려는 주제로 초점을 좁혀 나간다'는 방식으로 전개하는 것이 좋다.

예를 들면, 연구 주제가 아동의 인지적 발달상태에 관한 것이라면, 인지적 발달상태보다 넓은 영역인 전반적인 발달상태부터 이론적 배경은 시작하게 된다. 그다음으로 '인지적 발달상태', 그리고 '아동의 인지적 발달상태'로 점차 초점을 좁혀 나가면서 필요한 정보를 제시해야 한다. 피아제의 이론 중 인지발달에 대한 내용으로만 이론적 배경을 구성해서는 안 된다. 이론적 배경은 서론에서 충분하게 제시하지 못한 근거들을 보다 충분히 자세하게 나타내 주어야 한다는 점에서 서론과 다르다.

3) 선행연구를 구조화하여 제시하기

이론적 배경은 연구 전체 내용 중 가장 많은 분량을 차지하는 부분인 경우가 많은데, 내용이 많기 때문에 어떤 순서로 어떻게 제시할 것인지 연구자 나름의 계획이 필요하다. 우선, 개요를 중심으로 절과 소절로 이루어진 목차를 미리 만드는 것이 좋은데, 가능한 서론과 이론적 배경이 상호 연관관계를 가지도록 정리한다. 절과 소절로 구성된 목차를 만든 후에, 각 소절에 어떤 선행연구를 포함시켜 정리할 것인지 선행연구를 배치해 보며 정한다. 이러한 과정이 순조롭게 잘 진행되려면 선행연구들을 물리적으로 한 곳에 두어 잘 정리해야 하며, 각 선행연구들의 내용 전체를 다시 읽으려면 시간이 많이 걸리므로 가능한 미리 요약본을 준비하고, 유사한 연구끼리 분류해 두는 것도 좋다.

4) 연구자의 말로 재구성하여 표현하기

이론적 배경은 연구 주제에 대한 근거를 제시하는 부분인 만큼 연구자의 생각이나 말이 가장 적게 포함되는 부분이다. 그러나 선행연구에서 기술된 내용을 그대로 옮겨 적는 것은 바람직하지 않다. 이론적 배경이 여러 선행연구들을 근거로 제시되는 부분이라 할지라도 그 내용에는 선행연구를 요약하여 차례로 나열하는 것이 아니라 연구자의 관점으로 정리해서 제시해야 한다. 이론적 배경에는 여러 가지 다양한 정보가 제시되기 때문에, 각 정보가 왜 필요한지, 이미 제시한 정보는 물론 앞으로 제시할 내용과는 어떤 관련이 있는지 등에 대해 설명해야 한다. 또한 선행연구를 인용할 때는 인용 규칙을 정확하게 지켜야 한다.

5) 연구 가설 설정하기

연구 가설은 연구 목적을 구체화한 가설로, 연구를 유도하기 위하여 만든 잠정적인 결론이다. 연구자는 가설을 설정하는 과정을 통해 연구 문제를 보다 명확하게 규정할 수 있고, 연구 주제에 대해 다시 검토할 수 있는 기회를 가지게 된다.

가설에는 영가설과 대립가설이 있으며, 일반적으로 대립가설이 연구 가설이 된다. 연구 가설을 통해 연구자가 주장하고자 하는 연구 결과가 항상 나타나지는 않으나, 이론적 배경이 강하고 연구 절차가 치밀하다면 일반적으로 연구자가 기대하는 연구 가설대로 연구 결과가 나오기 쉽다. 일반적으로 연구 가설은 연구자가 주장하고자 하는 내용이 된다.

예를 들어, 새로운 교수법과 전통적 교수법에 의한 학업성취도 차이를 비교하여 새로운 교수법의 효과를 분석하는 연구를 한다면, 영가설은 "두 교수법에 따른 학업성취도의 차이는 없다"가 되고, 대립가설은 "두 교수법에 따른 학업성취도의 차이는 있다"가 된다. 여기에서 이론적 배경이 뒷받침되었다면 영가설은 "새로운 교수법에 의한 학업성취도가 전통적 교수법에 의한 학업성취도보다 낮거나 같다"가 되고, 대립가설은 "새로운 교수법에 의한 학업성취도가 전통적 교수법에 의한 학업성취도보다 높다"이고 이것이 연구 가설이 된다.

연구 목적에 따라 연구 가설의 수가 다양할 수 있으나 연구 가설이 너무 많으면 연구의 초점이 흐려지므로 적당한 수의 연구 가설을 설정하는 것이 바람직하다. 가능하면 그 연구에서 중요하다고 생각하는 연구 가설 순으로 나열하는 것이 좋으며, 연구 내용이 유사한 연구 가설끼리 근접하도록 배열하여 서술하는 것이 연구를 이해하는 데 도움이 된다.

3. 연구 방법

연구 방법은 연구를 실시하는 세부절차를 기록하는 부분이므로 객관적이며 사실적으로 기술하는 것이 좋다.

1) 연구 대상

연구 대상은 연구에 참여하는 사람 혹은 대상을 말한다. 표본의 크기에 대해 Gall, Gall과 Borg(2003)는 전통적으로 상관연구에는 최소한 30명 이상의 연구 대상이 필요하고, 비교-실험연구에서는 비교되는 각 집단마다 최소한 15명 이상이 있어야 하며, 조사연구에서는 각 하위 그룹별로 20~50명씩 최소한 100명 이상은 되어야 한다고 했다(성태제, 시기자, 2006, 재인용). 그러나 이것은 대략적인 기준일 뿐, 연구에서 실제로 표본이 크기를 결정할 때는 연구 문제의 성격, 연구에서 다루는 변인의 수, 모집단의 크기, 표집 당시의 여건 등을 고려해야 한다.

　연구 대상 선정이 연구 목적에 맞게 이루어졌는지 제시해야 한다. 연구 대상의 연령이나 학령 등이 연구 주제에 적합한 시기인지도 함께 제시하는 것이 좋다. 또한 연구 대상 선정이 어떤 방식으로 진행되었는지 자세하게 기술해 주어야 한다. 일반적으로 실험연구일 경우 무선할당의 방법을 사용하고, 조사연구일 경우는 일반화를 목적으로 하기 때문에 이런 목적에 타당한 표집 방법을 사용해야 한다. 보통 연구 대상의 속성이나 개별 정보에 대해 기술함에 있어 독자들이 한눈에 볼 수 있도록 표로 제시하는 것이 일반적이다. 요즘 연구 과정에서 필수사항이 되고 있는 항목 중 연구 대상 선정 시 연구윤리를 준수해야 한다는 것인데, 예를 들어 연구 대상이 아동일 경우 아동뿐만 아니라 아동의 교사나 부모에게도 연구 참여에 대한 동의를 구해야 한다.

2) 측정 도구

연구 결과를 분석하기 위하여 속성을 측정하는 측정도구가 필요하다. 예를 들어, 직접 측정이 가능한 혈압, 키, 무게, 시간 등이라면 직접 측정 도구(자, 시계, 저울 등)에 대해 자세하게 설명할 필요는 없으나, 특수한 기기를 사용할 경우에는 측정 도구에 대해 자세하게 설명해야 한다.

한편 인간을 대상으로 하는 연구에서는 일반적으로 인간의 잠재적 특성, 비가시적 특성을 측정하기 때문에 직접 측정이 불가능하다. 그러므로 검사를 사용하여 측정을 하게 되는데, 연구의 종속변수인 속성뿐 아니라 매개변수 측정을 위해서도 검사가 사용된다. 검사나 설문지를 사용할 경우 검사의 이름, 검사의 목적, 특성, 문항 수, 타당도와 신뢰도 등의 정보를 자세히 서술해야 한다. 연구자는 측정 도구 선정 시 이론적 배경의 선행연구의 개관에서 다룬 연구 주제 또는 변인의 설명과 유관하게 만들어진 측정 도구를 선정해야 하고, 선정한 측정 도구의 타당도와 신뢰도를 같이 보고해야 한다.

측정 도구로 사용하는 검사가 표준화 검사가 아니라 연구자가 개발한 검사라면 검사의 특성, 측정 목적뿐만 아니라 문항의 내용까지도 설명해야 한다. 사회조사연구에서 설문지를 사용할 경우에도 설문지의 목적, 설문지의 구성, 설문지를 통해 측정하려는 내용, 설문지의 특징을 기술한다. 표준화된 설문지를 사용할 경우 설문지 사용설명서에 기록되어 있는 설문지의 목적, 특성 등을 요약하여 서술한다. 관찰연구에서는 관찰 내용을 일화기록법으로 기술할 경우, 관찰 결과 측정 방법에 대한 자세한 설명이 필요하지 않으나 관찰표에 의하여 연구 결과를 기록할 경우는 관찰표의 형식, 관찰 내용, 관찰 결과의 분류 등을 상세히 기술한다. 측정 도구로 쓰이는 검사나 설문지, 관찰표 등은 본문에 포함시키지 않고 '부록'으로 첨부한다.

3) 연구 절차

연구 대상이 선정된 후 연구 결과를 얻기 전까지 일어나는 모든 연구 행위를 단계적으로 기술해야 한다. 실험연구의 경우, 실험집단과 통제집단을 결정한 후 각 집단에 어떤 처치를, 얼마 동안, 어떤 방법으로 가했는지를 기록해야 한다. 만약 실험연구에서 기구나 장비를 사용했다면 연구에 사용된 기구와 장비에 대해서도 기술해야 한다. 예를 들어, 소리를 내는 음향기기라든가, 컴퓨터의 멀티비전 등과 같은 특수한 장비를 사용했을 경우 이에 대해서도 상세히 설명할 필요가 있다.

한편 조사연구의 경우, 표집 방법이 결정되었다면 어떤 방법으로 연구를 실시할 것인지를 설명해야 한다. 면접법으로 연구를 한다면 언제, 어디서, 어떻게, 무엇을 물을 것인지를 기술해야 하고, 설문지 조사로 연구를 한다면 언제, 어떤 방법으로 연구 대상에게 설문지를 발송하고, 언제, 어떤 방법으로 설문지를 회수하며, 그 뒤에는 어떤 절차에 의해 자료를 분석할 것인지를 기술해야 한다.

관찰연구일 경우, 연구 대상의 행위를 어떤 방법으로, 어떻게, 얼마만큼 시간 간격을 두고 관찰할 것인지, 관찰 결과는 어떻게 기록할 것인지, 또한 몇 명의 관찰자가 동원될 것인지, 관찰자의 자질과 훈련 정도는 어떠한지, 관찰 결과의 불일치가 있을 때는 어떻게 할 것인지 등을 기술해야 한다. 연구 절차는 실제 연구하는 단계대로 기술해야 하므로 사전연구를 통하여 연구 절차를 모의 시행하여 보강, 교정하는 것이 바람직하다.

4. 결과 및 결론

1) 논의

논의는 연구의 결과를 간략하게 요약하면서 결과에 대한 해석과 결과의 이론적, 실제적 중요성에 대해 기술하는 부분으로, 단순히 결과만을 요약, 정리하는 부분이 아니다. 일반적으로 논의에 포함되는 내용은 다음과 같다.

첫째, 논의에서는 연구 문제와 연구 방법을 간단하게 기술한다. 보통 논의는 연구 문제와 연구 방법의 간단한 기술로 시작하는데, 예를 들면 "이 연구에서는 부모의 양육태도가 아동의 사회성과 관련 있는지 알아보았다. 연구 대상자는 S시에 위치한 다섯 곳의 초등학교에 재학 중인 5학년 아동 300명과 아동의 어머니, 아버지 300명이었다."와 같이 기술할 수 있다. 연구 문제와 연구 방법은 연구의 해당 부분에서 자세하게 기술되므로 논의의 시작부분에서는 최대한 간단하게 기술하는 것이 바람직하다.

둘째, 논의에서는 중요한 연구 결과를 강조하여 기술한다. 또한 이 결과가 실제나 이론적으로 기여하는 바가 무엇인지 등에 초점을 맞추어 기술한다. 이렇게 연구 결과를 기술할 때에는 연구의 가설과 관련하여 가설의 검증 결과를 우선 다루어 주는 것이 좋은데, 연구의 가설과 관련하여 특정한 가설에 대한 연구 결과를 기술하고, 가설이 지지되었는지 혹은 가설이 기각되었는지를 다루어 준다. 특히 기존의 선행연구들과 비교했을 때 이 연구의 고유한 결과 부분을 강조해서 자세히 제시한다.

셋째, 논의에서는 연구 결과의 이론적이고 실제적인 함축된 의미를 기술한다. 연구 가설의 검증 결과가 이론적, 실제적 측면에서 어떤 의미가 있는지를 통찰하여 함께 기술해 주는 것이 필요하다. 따라서 연구자는 자신의 연구가 어떤 정보를 제공하고 있으며, 이러한 정보가 어떤 의미가 있는지 혹은 해당 분야의 실제에 어떻게 활용될 수 있는지를 구체적으로 기술해 주는 것이 좋다.

넷째, 논의에서는 연구 결과를 선행연구의 결과와 통합하여 제시한다. 즉 연구의 결과가 선행연구의 결과와 어떻게 연속성을 갖는지 제시하고, 선행연구의 결과와 비교하여 왜 이러한 결과가 나타나는지에 대한 잠정적인 가설을 선행연구와 관련해 제시한다. 즉 선행연구의 결과와 유사한 결과인지 차이가 나타나는 결과인지, 유사한 결과라면 어떤 의미가 있는지, 차이가 나타난다면 왜 그런 차이가 나타나는 것으로 보이는지를 해석하는 것이다.

이처럼 논의는 연구 결과가 어떤 의미를 갖는지를 분명하게 기술해야 하는 과정이다. 그러므로 연구자의 전문적인 지식의 통합이 필요한데, 이때 연구자는 몇 가지 주의해야 할 사항이 있다. 우선, 논의에서는 연구 결과에서 드러난 사실(fact)을 바탕으로 기술해야 한다. 연구 결과를 지나치게 확대해석하여 연구 결과에 나타나지 않은 사실까지 논의를 하면 안 된다. 또한 선행연구와 통합하여 논의가 이루어질 때 선행연구를 과도하게 인용하는 것은 바람직하지 않다. 연구자는 자신의 연구 결과의 의미를 가장 잘 드러내는 선에서 적절하게 필요한 연구만 인용하는 것이 좋다. 마지막으로, 연구의 가설이 지지되지 않은 부분, 즉 통계적으로 유의미한 결과가 나타나지 않은 부분에 대해서도 중요하게 다루어야 한다. 연구자는 연구 가설 중 어떤 부분이 지지되지 않았는지를 기술하고, 이 결과가 어떤 의미가 있는지 왜 이런 결과가 나타나게 되었는지를 논리적으로 기술하는 것이 좋다.

2) 연구의 제한점 및 후속연구를 위한 제언 쓰기

모든 연구는 제한된 시간과 범위 안에서 이루어진다. 아무리 우수한 연구로 평가받은 연구라 할지라도 완벽한 연구는 존재하지 않는다. 연구자는 연구를 수행함에 있어 최선을 다하지만, 연구의 제한된 초점 및 선택한 연구 방법으로 인해 제한점을 갖게 된다. 연구자는 연구의 제한점을 알리고, 독자가 연구 결과를 받아들일 때 이러한 제한점도 함께 받아들여야 한다는 정보를 주기 위해 이루어지며, 연구의 제한점에 기초해서 이를 보완할 수 있는 후속연구를 위한 제언이 이루어진다.

연구의 제한점을 살펴보면, 연구자가 채택한 연구 방법으로 인해 연구의 제한점이 생기게 되는 경우가 많다. 첫째, 연구 설계 측면에서 보면, 기술연구에서는 탐색하는 현상의 원인을 파악하기 어렵고, 상관연구는 변인들 간의 관계를 밝히기는 하지만 인과관계를 명확하게 설명해 낼 수는 없다. 또한 실험연구는 실험상황이라는 제한된 상황에서 인과관계를 밝혀 주지만, 이를 실험상황이 아닌 일반적 상황으로 확장해서 적용할 수 있을지에 대해서는 설명하지 못한다. 둘째, 연구 대상과 관련한 표집의 문제가 있을 수 있다. 표집의 대표성 문제, 충분한 표집의 크기, 임상적인 표집인지의 여부 등이 해당된다. 셋째, 검사 도구의 신뢰도와 타당도 문제도 흔히 연구의 제한점이 될 수 있다. 연구자가 현실적으로 사용 가능한 검사 도구를 사용했다 하더라도 연구 결과 신뢰도와 타당도에 문제가 나타나는 경우가 있을 수 있다. 이러한 경우에는 사용한 검사의 제한점과 함께 이를 보완할 수 있는 제언을 함께 제시해야 한다.

연구의 제한점을 기술할 때 '일반화의 문제가 있으므로 더 많은 참여자를 대상으로 연구가 진행되어야 한다'는 등의 다소 모호한 표현보다는, 표집의 어떤 특성 때문에 일반화가 어려운지, 더 많은 참여자란 어떤 특성을 가진 참여자가 표집에 포함되는 것이 바람직한지 등, 구체적으로 연구의 제한점을 기술하고 이에 바탕을 둔 후속연구를 위한 제언을 기술하는 것이 좋다.

후속연구를 위한 제언은 다음의 몇 가지 측면에서 이루어질 수 있다. 우선, 연구의 방향은 흔히 관심 현상의 탐색과 기술, 원인에 대한 탐색, 문제의 예방과 교정을 위한 개입 연구 등의 순서로 진행되는 것이 일반적인데, 현재의 연구가 이 중 어느 단계에 속한 연구인지를 평가하는 것이 중요하다. 이후 연구 과제에 대한 후속연구를 제안할 수 있다. 또한 연구자가 자신의 연구 결과를 해석하면서 제시한 다양한 추측과 가설 또한 후속연구에서 다루어질 수 있는 좋은 주제가 되며, 연구 방법의 제한점도 후속연구를 위한 제언의 가장 기본적인 바탕이 된다.

5. 참고문헌, 초록, 부록 작성

연구는 글로 다른 사람들과 의사소통하기 위해서 지켜야 하는 여러 가지 규칙이 있다.

1) 참고문헌 작성법

참고문헌은 연구에서 인용한 문헌의 원문을 찾아보고 싶은 독자를 위해 정확한 사항을 정리하는 부분이므로, 누구라도 쉽게 원문을 찾아볼 수 있도록 원문의 서지

사항을 빠짐없이 정확하게 제시해야 한다. 참고문헌에 제시되는 서지사항을 표기하는 방법에는 여러 양식이 있어 해당되는 양식에 맞게 잘 작성해야 한다. 일반적으로 사회과학분야에서는 APA(American Psychological Association) 양식을, 인문학분야에서는 MLA(Modern Language Association) 양식을, 일반적인 주제분야에서는 Chicago 양식을, 역사연구분야에서는 Turabian 양식을, 생의학분야에서는 Vancouver 양식을, 자연과학/공학분야에서는 ACS(American Chemical Society) 양식을 사용한다.

2) 초록 작성법

초록(abstract)은 연구의 요약문을 말하며 일반적으로 국문초록과 영문초록을 모두 작성한다. 초록은 연구의 목적, 연구 문제(또는 가설), 연구 방법, 연구 결과 등을 차례로 제시하고 시사점을 간단하게 적는 것으로 구성되는데, 분량에는 제한이 없다. 그러나 통계치와 같은 구체적인 숫자는 상세히 적지 않는 등 필요한 내용만 간략하게 제시하는 것이 좋다. 초록의 마지막에는 핵심어를 3~5개 정도 제시하는데, 변인명, 연구 주제, 연구 대상의 특성, 방법론 명칭 등이 포함될 수 있다. 연구자는 자신의 연구의 특성이 잘 드러나는 핵심어를 제시하는 것이 중요한데, 이는 다른 연구자들이나 독자들은 논문을 검색할 때 핵심어를 위주로 검색하는 경우가 많기 때문이다.

3) 부록 작성법

부록이란 연구의 본문에 싣기에는 분량이 많지만 연구를 잘 이해하기 위해서는 필요한 자료들을 제시하는 부분이다. 부록에 포함되는 대표적 내용은 연구도구 원본이나 처치 도구, 원자료, 분석표 등이다. 대부분 연구용으로 공개된 검사 도구를 사용하기 때문에 문항을 공개하는 것이 원칙이다.

검사 도구는 실제 사용한 것을 안내문과 함께 그대로 제시하는 것이 원칙이다. 연구를 수행하는 동안 수집된 자료 중 연구 결과로 제시하진 않았지만 독자에게 참고가 될 만하다고 여겨지는 자료도 부록으로 제시할 수 있다. 부록은 본문의 내용보다 더 많은 양을 제시하지 않는 것이 좋고, 수집된 모든 자료를 그대로 부록으로 제시하는 것이 아니라 참고할 만한 자료를 중심으로 제시해야 한다.

참고문헌

서대진, 장형유, 김봉화 (2011). 인문사회과학도를 위한 학위논문 작성법 교과서. 서울 : 일문사.

성태제, 시기자 (2006). 연구 방법론. 서울 : 학지사.

송인섭, 박소연, 이희연, 김누리, 한윤영, 김효원 외 (2008). 실제논문작성을 위한 연구 방법론. 서울 : 교육과학사.

Creswell, J. W. (2011). 연구 방법 : 질적, 양적 및 혼합적 연구의 설계 (김영숙, 류성림, 박판우, 성용구, 성장환, 유승희 외 역). 서울 : 시그마프레스(원저는 2009년 출판).

Gay, L. R. (1996). *Educational research: Competencies for analysis and application* (5th Ed.). Upper Saddle River, NJ : Prentice Hall.

Kerlinger, F. N. (1988). *Foundations of behavioral research* (3rd Ed.). New York: Holt, Rinehart & Winston.

참고문헌 쓰기

* 여기서는 APA(American Psychological Association) 양식에 맞게 제시하였다.

참고문헌에는 연구에서 인용한 모든 문헌의 서지사항이 빠짐없이 제시되어야 한다. 재인용의 경우에도 재인용한 연구의 서지사항뿐만 아니라 처음 인용한 문헌의 서지사항도 포함되어야 한다. 참고문헌은 독자가 쉽게 찾아볼 수 있도록 서지사항의 제시 순서를 지켜야 한다. 한글문서를 먼저 가나다순으로 제시하고, 영어문서를 알파벳순으로 차례로 제시한다. 동일한 저자의 문헌을 여러 개 제시할 경우 출판연도가 이른 문헌부터 제시해야 한다.

쉼표, 콜론, 세미콜론 다음에는 한 칸 띄어야 하며, 본문인용에서 쉼표를 사용함에 있어 3개 이상 되는 일련의 항목들(and와 or의 앞에) 사이에 사용한다.

예) the height, width, or depth(O)

in a trudy by Stacy, Newcomb, and Bentler(1991) (O)

in a trudy by Stacy, Newcomb and Bentler(1991) (X)

1. 본문에서의 참고문헌 인용

1) 저자 1인의 단독연구

저자의 성(Jr.와 같은 접미어는 포함하지 않음)과 출판연도가 본문의 적당한 위치에 삽입된다.

김지연(2004)은 아동의 지적 발달과정을

아동의 지적 발달과정에 관한 최근 연구(김지연, 2004)에서

Walker(2000) compared reaction times

In a recent study of reaction times(Walker, 2001)

2) 다수 저자의 단일연구

- 저자 2인이 단일연구를 수행한 경우에는 항상 본문에 인용문이 사용될 때마다 두 저자의 이름을 기입한다.
- 저자 3인, 4인 또는 5인이 단일 연구를 인용하는 경우에는 참고문헌이 본문에 처음으로 인용될 때 모든 저자의 이름을 기입한다. 한 단락 내에서 동일한 저작물을 인용하게 되는 경우에는 그다음 인용부터 첫 번째 저자의 이름(영문으로 표기하는 경우에는 성) 다음에 "등" 또는 "외"(영어로는 "et al.")를 써서 나타내고, 소괄호 안에 출판연도를 기입한다. 이때 "et" 뒤에는 마침표가 없으나, "al" 바로 뒤에는 마침표를 찍어야 하고 이탤릭체로 표기하지 않는다는 점에 유의한다.

  이 결과는 김지연, 문지현, 박은주, 백윤미(1997)에 의하여…
  [본문에서의 첫 번째 인용 시 이러한 형식을 취한다.]
  김지연 등(1997)은… [두 번째부터의 인용형태]
  Wasserstein, Zappulla, Rosen, Gerstman, and Rock (1994) found
  [본문에서의 첫 번째 인용 시 이러한 형식을 취한다.]
  Wasserstein et al. (1994) found [두 번째부터의 인용형태]

- 예외 : 동일한 연도에 출판된 두 편의 참고문헌이 동일한 형태로 줄여진다면 (예 : Bradley, Ramirez, & Soo, 1994와 Bradley, Soo, Ramirez, & Brown, 1994 는 Bradley et al., 1994로 줄일 수 있음), 두 참고문헌을 구별하는 데 필요한 수만큼의 첫 번째 저자와 그다음에 기입된 저자들의 성을 인용하고 쉼표와 et al.

(국문논문의 경우에는 "등" 또는 "외")을 기입한다.

김성수, 백승숙, 그리고 박수현(2004)과 김성수, 박수현 등(2004)은
Bradley, Ramirez, and Soo (1994) and Bradley, Soo, et al. (1994)

- 6인 이상의 저자들에 의한 단일 연구를 인용할 경우에는 첫 번째 저자의 성만 인용하고(한국인 저자인 경우에는 이름을 기입함), "et al."을 붙이고, 첫 번째 인용과 그 후의 인용에 대해 연도를 기입한다.(그러나 참고문헌 목록에는 첫 6명의 저자들의 머리글자와 성을 기입하고 나머지 저자들은 et al.를 기입한다.)
  단, 6인 이상의 저자가 쓴 두 편의 참고문헌을 같은 형태로 줄인다면, 첫 번째 저자들의 성을 적고, 두 개의 참고문헌을 구별하는 데 필요한 수만큼 저자 명을 기입하고 난 다음에 "et al."을 붙인다. 예를 들어 다음과 같은 참고문헌을 입력하고자 한다고 했을 때,

Kosslyn, Koenig, Barrett, Cave, Tang, and Gabrieli (1996)
Kosslyn, Koenig, Gabrieli, Tang, Marsolek, and Daly (1996)
본문에서 이 참고문헌들은 다음과 같이 인용할 수 있다.
Kosslyn, Koenig, Barrett, et al. (1996) and Kosslyn, Koenig, Gabrieli, et al. (1996)

본문에 여러 저자의 인용 나타낼 때는 and라는 단어(국문논문의 경우에는 '와' 또는 '과')로 저자명을 연결한다. 소괄호 속에 저자명을 기입하는 경우, 표와 표제에 있어서, 그리고 참고문헌 목록에서는 and의 약자 기호인 앰퍼샌드(&)로 저자명 사이를 연결한다(국내 저자명을 쉼표로 연결한다).

성한나와 손달라(2001)가 주장한 것처럼
최근의 연구(김현아, 이지혜, 2000)에서 입증된 것처럼
as Nightliner and Littlewood (1993) demonstrated

as has been shown (Joreskog & Sornom, 1989)

3) 저자로서의 집단

저자명으로 기입되는 집단명(예 : 회사, 학회, 협회, 정부기관 등)은 보통 본문에 인용될 때마다 전체 이름을 풀어서 기입한다. 집단명에 따라서 본문에서 처음으로 인용될 때만 완전한 이름을 기입하고, 그 후로는 약자로 표기하기도 한다.

- 참고문헌 목록에 입력하는 경우 :
  한국과학기술연구원. (2005).
  National Institute of Mental Health. (2004).

- 본문에서 처음으로 인용될 때 :
  (한국과학기술연구원, 2005)
  (National Institute of Mental Health, 2004)

- 추후 인용하는 경우 :
  (과기원, 2005)
  (NIMH, 2004)

인용유형	본문에서 첫 인용	본문에서 그 이후 인용	소괄호 형태, 본문에서 첫 인용	소괄호 형태, 본문에서 그 이후 인용
단독저자의 단일저작물	Walker(2007)는 ~	Walker(2007)는 ~	(Walker, 2007)	(Walker, 2007)
저자 2인의 단일저작물	Walker와 Allen(2004)은~ Walker and Allen(2004)~	Walker와 Allen(2004)은~ Walker and Allen(2004)~	(Walker & Allen, 2004)	(Walker & Allen, 2004)
저자 3인의 단일저작물	Bradley, Ramirez, 그리고 Soo(1999)는~ Bradley, Ramirez, and Soo(1999)~	Bradley 등 (1999)은~ Bradley et al.(1999)~	(Bradley, Ramirez, & Soo, 1999)	(Bradley et al., 1999)
저자 4인의 단일저작물	Bradley, Ramirez, Soo, 그리고 Walsh(2006)은~ Bradley, Ramirez, Soo, and Walsh(2006)~	Bradley 등 (2006)은~ Bradley et al.(2006)~	(Bradley, Ramirez, Soo, & Walsh, 2006)	(Bradley et al., 2006)
저자 5인의 단일저작물	Walker, Allen, Bradley, Ramirez,그리고 Soo(2008)~ Walker, Allen, Bradley, Ramirez, and Soo(2008)~	Walker 등(2008) 은~ Walker et al.(2008)~	(Walker, Allen, Bradley, Ramirez, & Soo, 2008)	(Walker et al., 2008)
저자 6인의 단일저작물	Wasserstein 등 (2005)은~ Wasserstein et al.(2005)~	Wasserstein 등 (2005)은~ Wasserstein et al.(2005)~	(Wasserstein et al., 2005)	(Wasserstein et al., 2005)
저자로서의 집단(약자사용 가능)	한국과학기술연구원(과기원, 2005)은~ National Institute of Mental Health(NIMH, 2003)~	과기원(2005)은~ NIMH(2003)~	(한국과학기술연구원[과기원], 2005) (National Institute of Mental Health[NIMH], 2003)	(과기원, 2005) (NIMH, 2003)

기본인용양식(출처 : American Psychological Association, APA논문작성법, 2012/2013, p.276)

4) 동일한 성을 가진 저자들

영문으로 표기되고 동일한 성을 가진 2인 이상 저자들의 저작물을 본문에서 인용할
경우, 비록 출판연도가 다르더라도 불필요한 혼동을 피하기 위해서 인용을 할 때마
다 저자들 이름의 머리글자를 기입해야 한다.

R. D. Luce (1959) and P. A. Luce(1986) also found
A. D. Baker(2000)와 M. H. Baker(2000)는

5) 동일한 소괄호 내의 2편 이상의 저작물

동일 저자(동일한 순서로 배열된)에 의해 작성된 두 편 이상의 저작물들은 연도순
으로 배열하되, 근간(in-press)인 참고문헌은 가장 뒤에 오게 한다. 저자들의 성은
한 차례 제시한다. 그 후부터는 각 저작물에 대해 연도만 제시한다.

선행연구들(이찬미, 2001, 2005)
선행연구들(김현아, 1996, 2000, 근간)
Past research (Edeline & Weinberger, 1991, 1993)
Past research (Gogel, 1984, 1990, in press)

동일한 출판연도에 동일한 단일 저자나 동일한 순서로 수록된 2인 이상의 저자에
의해 쓰인 저작물들을 동시에 인용하는 경우에는 되풀이되는 출판연도 바로 뒤에
a, b, c 따위의 어미를 첨부하여 구분한다. 이러한 경우, 저자명과 출판연도가 동일
하므로 제목을 가나다순 또는 알파벳순으로 배열하여 참고문헌으로 표기하고, 출
판연도 뒤에 붙이는 어미 역시 참고문헌란에 수록한다.

여러 연구들(김여경, 2000a, 2000b, 근간)은
Several studies (Johnson, 1991a, 1991b; Singh, 1983, in-press-a, in-press-b)

같은 괄호 안에 인용되지만, 서로 다른 저자에 의해 쓰인 둘 이상의 연구들은 첫 번째 저자명의 가나다순 또는 알파벳순으로 배열한다. 인용 출처들 사이는 세미콜론으로 구분한다.

최근의 연구들(김지연, 2000; 문지현, 2004)은

Several studies (Balda, 1980; Kamil, 1988; Pepperberg & Funk, 1990)

6) 출처의 특정 부분

출처 자료의 특정 부분을 인용하기 위해서는 본문의 적절한 부분에 쪽수(page)와 장(chapter), 그림, 표, 또는 방정식을 삽입하고, 반드시 인용 출처의 해당 쪽수를 명시해야 한다. 이때 본문 인용에서 쪽수(page)와 장(chapter)은 약자로 표기된다는 점에 유의한다.

(권나미, 1997, p. 200)

(Cheek & Buss, 1981, p. 332)

(Simamura, 1989, chap. 3)

2. 참고문헌 목록의 참고문헌 순서

모든 서양인 저자의 이름은 성(family name)을 먼저 쓰고, 나머지 이름은 머리글자(initial)만을 쓰되, 모두 6인까지만 수록한다. 저자의 수가 7명 이상인 경우에는 일곱 번째와 나머지 저자들은 et al.로, 한글 저자들은 ~외 또는 ~등으로 표기한다. 저자의 이름이 하이픈으로 연결되어 있다면 하이픈을 그대로 놓아두고 각 머리글자 다음에 마침표를 찍는다. 저자명, 성과, 이름, 그리고 이름과 접미어(예 : Jr.와 III)는 그 사이에 쉼표를 붙여 분리한다. 두 명의 저자나 그 이상의 저자들에 대해서는 마지막 저자명 앞에 앰퍼샌드(&)를 붙인다. 줄이 바뀔 때는 들여쓰기(스페이스바 5번)하고, 같은 논문은 한 번만 제시한다.

- 동일한 첫 번째 저자의 여러 참고문헌의 순서

  동일한 저자에 의해 단일 저자의 참고문헌은 출판연도순, 즉 연도가 빠른 것부터 먼저 수록한다.

  김지연 (2007).

  김지연 (2010).

  Hewlett, L. S. (1996).

  Hewlett, L. S. (1999).

- 단일 저자는 동일한 성으로 시작되는 여러 저자들의 참고문헌, 즉 공저의 참고문헌보다 먼저 기입한다.

  김연아 (2004).

  김연아, 김민정 (2005).

  김연아, 백윤미 (2009).

  Alleyne, R. L. (2001).

  Alleyne, R. L., & Evans, A. J. (1999).

- 첫 번째 저자는 동일하나 두 번째 또는 세 번째 저자가 다른 참고문헌은 두 번째 저자의 성에 따라 한국인 저자는 가나다순, 서양인 저자는 알파벳순으로 기입한다. 만일 두 번째 저자가 동일한 경우에는 세 번째 저자의 성에 따라 알파벳순으로 기입한다.

  문희현, 박미영, 박충수 (2003).

  문희현, 신이지 (2005).

  Gosling, J. R., Jerald, K., & Belfar, S. F. (2000).

  Gosling, J. R., & Tevlin, D. F. (1996).

  Harwafd, D., Firsching, A., & Brown, J. (1999).

  Harwafd, D., Firsching, A., & Smigel, J. (1999).

- 동일 저자들이 동일한 순서로 기입된 참고문헌은 출판연도순으로 기입하되, 출판연도가 이른 것부터 기입한다.

성한나, 손달라 (2004).
성한나, 손달라 (2005).
Cabading, J. R., & Wright, K. (2000).
Cabading, J. R., & Wright, K. (2001).

- 동일 저자들(또는 동일한 둘 이상의 저자가 동일한 순서로)의 참고문헌이 같은 해에 출판된 경우에는 제목에 따라 가나다순 또는 알파벳순으로 기입한다. 단, 영문으로 작성된 참고문헌의 제목이 A 나 The로 시작되는 경우, 이와 같은 관사는 고려 대상에서 배제한다.

예외 : 동일한 저자가 같은 해에 출판한 참고문헌들이 시리즈로 출판되었다면 (예 : 제1부, 제2부, 또는 Part 1 and Part 2), 제목에 따른 가나다순 또는 알파벳순이 아니라 시리즈순으로 배열한다. 이때 a, b, c 등의 소문자를 소괄호 안의 출판연도 바로 다음에 기입한다.

이찬미 (2005a). 초등학교 상담…
이찬미 (2005b). 유치원 상담…
Baheti, J. R. (2001a). Control…
Baheti, J. R. (2001b). Roles of…

- 단체 저자들

협회, 부서 또는 기관들과 같은 단체저자들은 그 명칭의 첫 번째 중요한 단어에 따라 알파벳순으로 기입한다. 이때 반드시 공식적인 명칭을 완전하게 기입해야 한다(예 : APA가 아니라 American Psychological Association, 교원대가 아니라 한국교원대학교). 모체가 되는 단체명이 하위기관명보다 먼저 기입한다(예 : University of Michigan, Department of Psychology; 한국교원대학교 교육학과).

3. 참고문헌의 일반형태

논문 제목을 제시할 때, 제목, 소제목, 그리고 고유명사의 첫 글자만 대문자로 표기한다. 이때 이탤릭체로 표시하지 않으며, 큰따옴표도 붙이지 않는다.

예 : Mental and nervous diseases in the Russo-Japanese war : A historical analysis.

1) 정기간행물

정기간행물(학술지, 뉴스레터, 잡지)의 제목은 제목전체를 대문자와 소문자로 표기하는데, 이탤릭체로 표기한다.

저자명, 저자명, 저자명 (연도). 논문의 제목. 정기간행물의 이름, 권(호수), 페이지.

Author, A. A., Author, B. B., & Author, C. C. (1994). Title of article. *Title of Periodical*, *xx*(x), xxx-xxx.

2) 단행본

단행본(서적, 보고서)의 경우, 제목과 소제목의 첫 글자만 대문자로 표기하고, 고유명사도 첫 글자만 대문자로 표기한다. 이탤릭체로 표기하며, 마침표로 끝마친다.

저자명 (연도). 서적 제목. 출판사 소재지 : 출판사명.

Author, A, A. (1997). *Title of book*. Location : Publisher.

[표 A-1] 참고문헌의 예시

본문인용 시	참고문헌
① 최병철(1999)은 ~ ② ~하였다(최병철, 1999).	최병철 (1999). 음악치료학. 서울 : 학지사.
① Davis, Gfeller, 그리고, Thaut(1992)는 ~ ② ~하였다(Davis, Gfeller, & Thaut, 1992).	Davis, W., Gfeller, K., & Thaut, M. (1992). *An introduction to Music Therapy: theory and practice*. Dubuque, IA: Wm. C. Brown Publishers.
① Gaston(1968)은 ~ ② ~하였다(Gaston, 1968).	Gaston, E. T. (1968). *Music in therapy*. New York, NY: the MacMillan Company.
① Hudson(1978)은 ~ ② ~하였다(Hudson, 1978).	Hudson, W. C. (1978). Music; a Physiological Language. *Journal of Music Therapy*, *10*(3), 137-140.
① Robbins과 Nordoff는 ~ ② ~하였다(Robbins & Nordoff, 1995).	Robbins, C., & Nordoff, P. (1995). *Music Therapy in special education*. Ann Arbor, MI: Cushing-Malloy, Inc.
① Sherwin(1953)은 ~ ② ~하였다(Sherwin, 1953).	Sherwin, A. C. (1953). Reactions to Music of Autistic Children. *American Journal of Psychiatry*, *109*(11), 823-831

① : 문장에 포함시키는 경우, ② : 문장이 끝난 경우

참고문헌

American Psychological Association (2013). APA 논문작성법 (강진령 역). 서울 : 학지사 (원저는 2012년 출판).